就算牠沒有臉

黃宗慧、黃宗潔 著

目次

編按：每一篇末會標註該篇作者的英文名字，Iris為黃宗慧，Cathy為黃宗潔。

第二部 生命教育

【第十二題】動物影像

推薦序／

跨越同溫層來溝通動物倫理的難題

李美慧

閱讀《就算牠沒有臉》，讓我感受到兩位作者有心想要對人類世攸關動物的十二道難題更深入討論及跟不同想法者溝通，個人雖然關心動物議題，但是對於動物倫理及動物保護應該是所謂非同溫層的人，而且過去曾做過動物實驗的研究及生態科學調查，我可能比較像是書中所言不同立場者，但是在閱讀本書時，讓我感受到兩位作者如何用生動流暢的文筆，理性書寫對動物保護不同層面的思考及複雜感性的情感，本來理性與感性就不是互斥的，而是一體兩面，特別是不以倫理道德框架對不同立場者進行評論，而是希望也由剖析不同立場者的思考來論述動物倫理的難題，進而達到對於不同立場者相互理解與溝通的可能。

最近不論是學界或是一般大眾皆不約而同以人類世的論點，來討論各式各樣環境議題，從氣候變遷、生物多樣性危機、到環境污染與破壞等現象。多數自然科學或人文社會科學的研究者，也認為目前地球受到不同人類活動的直接或間接影響，已經超越自然力量對於地球的改變。過去數十年來雖然有許多的生態與環境科學相關研究，讓我們對於自然生態現象有更多了解與認識，但是這些科學知識累積似乎無法解決目前許多環境問題，反而現今我們的環境問題不斷出現或甚至惡化。如同作者在書中討論外來入侵種問題所言，這些問題其實背後都是因為人類活動所造成。因此在面對目前我們共同遭遇的環境問題之困境及我們所面對的對待動物難題，唯有深入反思許多人類活動之影響，或許才有可能改變我們破壞地球環境及傷害其他生物的行動與活動。

本書的兩位作者過去都長期持續投入及關心動物保護議題與活動，具有非常豐富的動物書寫的經驗，在本書的每章皆先以鮮明吸睛的標題吸引讀者目光，接著從某個發生在日常生活上的案例談起，進而舉出其他許多不同資料來源的類似例子，包括新聞、網路媒體、文學作品、影片、照片、藝術作品、科學書籍及科學期刊研究論文等，藉以說明不同立場者心中不同的思維與糾結。可說是同時兼顧理性與感性思考，再經由對寫方式更廣泛與深入地表達所想討論的，攸關動物倫理的十二道難題。個人閱讀書中厭惡動物、可愛動物、寵物咖啡廳、圈養動物、外來種、都市生態、飲食文化等論述，讓我想到近年來人文地理學術發展有一支是強調人與非人間的相互關聯之研究取向，本書中諸多的人與動物關係的探討，能夠提供跨越人與其他非人物種間的多重與多元複雜關係與文化研究之思考。當閱讀〈數位時代的人與（虛擬）動物關係〉的章節時，也讓我思考如何跨越人與物質之間的連結，開啟新的想像，重新擴展人與物質世界互動的倫理，讓我們可以愛護自然環境的非生物資源。

在本書中談到從外來種移除到實驗動物倫理的動保議題常是「鐵板一塊」，但是最近幾年有關實驗動物議題還是有出現正面改變的可能。例如美國環保署在過去對於評估環境污染及化學物質毒性測試研究之指引與規範，多是強調以實驗動物之研究數據資料為基礎，來評估化學物質對人體健康及環境保護的影響，可算是一個使用大宗試驗動物實驗的主要機構，每年約使用二萬到甚至超過十萬隻的試驗動物，但現在卻成為美國第一個訂定明確期限停止動物試驗的聯邦政府機構。在二〇一九年美國環保署宣布開始推動減少使用動物試驗，並且提供五所大學共計美金四百二十五萬元的研究經費，發展其他非使用動物測試毒性的方法的研究計畫，並預計在二〇二五年減少百分之三十的研究預算於哺乳動物試驗研究計畫，到二〇三五年將全面停止哺乳動物試驗研究計畫的資助，希望鼓勵科學界運用新的研究思維與技術方法努力減少非必要的動物實驗，由這個例子也顯示在動物實驗的相關動物倫理議題思維也是有逐漸改變的可能。

《就算牠沒有臉：在人類世思考動物倫理與生命教育的十二道難題》討論許多人與動物的關係來論述動物倫理難題，但不是用絕對道德主義的價值觀，直接用倫理道德批判不同立場者誰對誰錯，其實這些議題也真的不是那麼直接可以用簡單的二分法評斷，只能有單一的方式或答案。但是閱讀本書提醒我們必須將動物的利益及痛苦，列入人類該如何對待動物之行為考量的範圍。對於動物的尊重與珍惜之情，本來就可以說是人皆有之。我們應該怎麼樣對待動物，個人非常認同書中談到考量動物倫理時，要「先覺察，才有在乎、回應的可能」。本書除了適合關心動物倫理及動物保護議題的讀者閱讀外，個人更想特別推薦對於動物倫理及動物保護議題是異溫層的朋友來閱讀本書，你會發現本書中所討論的一些人們內心裡對於不同情況下攸關動物的倫理議題的糾結，其實在我們每個人心中，多多少少都曾浮現過相關思考及歷經過不同程度的掙扎，我更樂觀地認為對於動物倫理不同立場者，彼此之間的距離並沒有那麼遙遠，讓大家一起為共同促進動物福利與動物保護努力。

李美慧，台灣大學地理環境資源學系教授

推薦序／

成為人以外的

柯裕棻

初讀《就算牠沒有臉：在人類世思考動物倫理與生命教育的十二道難題》書稿，內心情感雲湧起伏，想起許多與動物相伴的至福時刻，也想起恐慌與心碎的告別。

每個人多少都記得一些關於動物的事，有些切身的動物記憶會在心底留下炫目的光影。幼時摯愛的貓狗、朋友家絢爛的魚、生物解剖課裡心臟持續跳動的青蛙、不小心對望一眼的下水道口倉皇濡濕的老鼠，或是被狗咬過、被鵝追過、被雞啄過的記憶。除了寵物和食物，多數人的動物經驗也都在遠方——假期生活中偶然的農場牛羊、泰國大象、北海道企鵝、澳洲袋鼠。或是更遠更危險的，山林海洋或柵欄裡不可及的猛獸。

其實現代都會的日常生活充滿了動物。大樓窗外有斑鳩築巢，郊山步道常遇見獼猴、松鼠和藍鵲。新聞裡的動物就更多了：花蓮迷途小熊野放歸山；金門藍孔雀氾濫所以鼓勵孔雀料理；屏東大舉獵殺綠鬣蜥；防堵禽流感整座養雞場數千隻雞全數銷毀；一夕撲殺數十萬頭豬以控制豬瘟……或是校園流浪貓狗遭虐殺。

這些恬暖或驚怖的動物事件忽近忽遠，平時感覺它們邈邈的在文明生活的邊陲，可是一旦湧現又殘酷得難以直視。這些事件讓我們一瞥真相，揭露我們漫不經心的清潔與方便是建立在怎樣的犧牲之上。動物從來不在邊陲，牠們是文明核心碾壓消音的暗面。

我曾經養過十幾年的兔子，前後三隻。兔子的習性和坊間傳說不大相同。兔子要喝水，多吃乾草，不能給太多胡蘿蔔。他們性格不溫馴，喜歡蹦跳，脾氣大，像貓一樣叫不來。極愛乾淨所以必須時常整理便盆，而且他們非常安靜。我把客廳隔起來讓兔兔自由活動，多數時候客廳毫無聲響像一座寂靜草原，我學會從各種細微的雜音裡分辨兔兔的動靜。喀哳喀哳，小爪子走動。飼料碰著瓷盆，叮嚶叮嚶。撥弄苜蓿草，窸窣窸窣。吃菜葉子戚戚滋滋。從水瓶子喝水是最響的，氣泡咕嚕咕嚕。如果從水碗喝水，就是輕輕地舔一下，再舔一下，像微雨落在水面上。

兔子非常謹慎，他們不以聲音傳達意念或情感。有人說兔子沒有知覺，或兔子非常無聊，這大概是因為人們習於以聲音大小判斷生命的強度和重量。然而兔兔即使謹小慎微，他仍有快樂和不滿。吃飽後直接咕咚翻身倒下，心滿意足拉長身子睡覺。發怒時翻倒食盆再回頭看看我發現了沒有。制止他胡鬧抱開時，兩腿空蹬，聳鬚看我，明明白白的不高興。

我的第三隻兔子是白毛灰耳。他知道自己的名字，我工作時他會在書桌旁的墊子睡覺，坐沙發上看電視他會從椅背跳到我肩上像《鬼燈的冷徹》裡的芥子兔。每天早上他也像貓狗一樣等早餐青菜，我過了時間還不回來他也會等在玄關的角落。一旦理解了這些沉默行為的意義，對我而言，他作為一個生命體的顯著性不亞於任何人。

但是兔子不長命，他們很難活得像貓夠那麼久。兔子走的時候我也像貓狗的飼主一樣難過。有人不理解，說兔子那麼小，你難過什麼。我也無法理直氣壯地反駁，畢竟對很多人而言兔子就是逗貓棒的原料罷了。對這種居於食物鏈末端的動物投注真心做什麼呢？只有一．六公斤的生命對世界有何意義呢？他如果在森林裡，很可能不到一年就被狐狸吃掉了不是嗎？他說不定根本不認得你，兔子有感覺嗎？他們只是上帝創造的食物吧？歐洲人不是吃兔子嗎？

這些提問大概都攸關情感的尺度與法則，關鍵之處並非大小重量或值不值得放感情，而是價值。兔子有經濟效益和使用價值，通常被視為商品和原料，而任何人一旦對原料投以情感，事情就複雜了，因為除了懷裡依我而存的這隻以外，其他的同類是要被綑綁、實驗、剝皮、放在超市販賣的。我知道除非有一天能終結這荒謬的差異，否則我的愛與哀悼永遠會受到質疑，永遠不如貓狗的飼主那樣合理。但是，要多少愛與哀悼才能撼動如此龐大的生物經濟系統呢？我一開始非常弱氣，覺得自己的傷心難以言說，我也沒把握能讓誰明白。

養兔子的十幾年，我慢慢從兔子的位置理解世界。我當然無法明白生為一隻兔子是什麼感覺，但我因此啟蒙理解一些生而為人的事實。我看見從前毫無所悉的，人的作為。比如說，宣稱經實驗測試的洗髮、美容、化妝品，究竟是怎麼在兔子的眼睛和皮膚做實驗的。或者，毛茸茸看起來很可愛的風衣帽緣、冬天的毛小背心、綁頭髮的飾品，如果是真兔毛那麼它就是剝皮製成的，我一伸手去摸，立刻知道那是合成毛或曾是一個會疼痛的生命。或者，曾有人把小幼兔放進夾娃娃機裡夾著玩，就這樣整死了。或者，有些人買兔子給小孩玩一個月之後，懶得理牠就活活餓死或渴死在籠裡。實在不能再細講，生而為人的各種抱歉。

儘管我持續關注「零殘忍」和「零皮草」行動，偶爾也會想起一些常見的嘲諷：如果你這麼在乎，你何不哀悼一隻雞腿或一片里肌肉呢？或，如果你反實驗，你就別吃藥打針了。或幾近人身攻擊：你生個孩子就不會想這麼多了。這樣的反諷其實都不否認動物的悲哀，只是他們認為既然什麼都無法改變，倒不如狠著心活下去比較不偽善。但這種論點對於善良的定義異常嚴苛——任何人試圖改變若無法一次到位就等於虛偽。事實上也不難明白種種拒斥否認所從何來，因為一旦對制度性殘忍產生共哀，日常就太沈重了。所以有人會別開眼去，拒絕理解。因為只要看見了、知曉了，對事實的理解成為感知，世界觀就從此不同了。

如果我們生而為人的意義和價值是經由與其他生命相遇的路徑構成，那麼這些曾給予溫暖或因我們而折損的生命，也是構成生為人的部分意義——這意義究竟如何，大概必須探尋人以外的境地，懷著動物給予的洞察和啟發活下去。

第三隻兔子生病的那幾個月我一邊寫論文一邊定時餵藥。兔子走後我不再養動物了。那篇論文拖了兩年仍無法完稿，因為我覺得有些段落非常苦。某天半夜滑手機看見Iris在臉書上寫，她一邊照顧生病的貓一邊寫論文，後來貓走了，論文發表後她覺得字句仍留有貓咪的記憶。看見這段話，我一直收妥在心裡的，像兔兔一樣謹小慎微安靜的悲哀忽然擾動起來。我知道Iris能懂得這種難以言說的悲哀，儘管不熟我還是冒昧在深夜寫了訊息，告訴她各種矛盾的感傷。

我們往復寫了將近一小時。我還記得她寫了什麼，她說，愛與哀悼不需要理由。

柯裕棻，作家

自序／被動物拯救的人

黃宗慧

我是被動物拯救的人，而這本書，是寫給同樣覺得被動物拯救、願意想想還能為動物做些什麼的讀者。其實，以人類對動物的依賴與利用之深，廣義來說，「我們都是被動物拯救的人」，所以我自然也希望這本書同時能觸及到還沒有察覺此點的讀者，唯有如此，這本書才能發揮更大的影響力，而常感對動物們「無以為報」的我，也稍能算是以文字回饋了動物吧？

這樣說既不誇張也並非濫情，因為我確確實實地因著自己想回報動物、想為動物說點什麼的心情，熬過了無比艱難的二〇二〇年。這一年，突如其來的病痛讓我的身心狀況陷入了谷底。而我之所以能承受其中的種種辛苦，除了是靠母親、姊姊與妹妹的守護，以及先生無微不至的照顧，也是靠著這個「對寫」計畫。這是當初簽下書約時，所不曾想像的。

時間回到二〇一九年的暑假。我和妹妹的共同好友，《潛水時不要講話》的作者栗光，覺得我們和她的編輯淑怡有著同樣關心動物的共通點，於是熱心地介紹我們認識，淑怡遂邀請我和妹妹以「對寫」的方式，出版一本探討動物議題的書。我們姊妹各自都已有與動物相關的著作，原本短期內無意再出書——事實上，我的第一本書可說是靠著當時的編輯辰元苦口婆心地勸進與等待，才終於完成，且一寫完我就揚言要封筆，只願意當「一片歌手」。拖沓的原因，是由於長年開設動物保護的通識課，研究也以動物倫理為重心，我不知道還有多少耐性，願意繼續透過寫書回答諸如「人虐貓就不可以，貓玩蟑螂就可以？」、「提倡人道屠宰的友善農業難道不是偽善？動物最後還不是要死？」、「就算不吃肉，難道植物就不是生命？」等問題。但對寫這個主意，卻頗吸引討厭老調重彈的我們：說不定在一問一答的對話中，會激盪出許多新的想法？就這樣，《就算牠沒有臉：在人類世思考動物倫理與生命教育的十二道難題》，拍板定案。

萬事起頭難，加上兩人教學與研究的忙碌，對寫計畫雖有吸引力，卻沒有進度。多虧人氣韓劇《愛的迫降》的出現，給了我「成功的一半」。記得當時我原本也和眾多劇迷一樣，把焦點放在男神女神的戀愛劇碼上，但後來竟因女主角無法吃

「打過照面」的豬這段情節，瞬間畫錯重點地出了戲：覺得動物「有臉」而無法將之當作食物，是動物倫理哲學所關心的議題，而哪些動物有臉、哪些又沒有？沒有臉，就不需要被倫理對待了嗎？這不正是動物倫理倡議者最常被詰問的難題之一？在韓劇的「助攻」下，對寫計畫如此這般地由我起了頭，妹妹則以〈就算牠沒有臉〉接續回應。我們合寫的這本書，於是決定以貫穿主旨的這個篇名為題，從「愛的倫理」和「生命教育」兩個面向，對談十二道我們在動物研究的範疇或動物保護實踐的場域常被詢問／質問的難題。

對寫進行到第二題時，一向不太注意身體健康、總是只專注工作與照顧動物兩件事的我，卻被迫先回應「身體要我休息」這難題。對於一個習慣把日子塞滿行程的人來說，「養病」這件事似乎分外艱難，得同時面對身體的不適與不能用意志操控／剝削身體的沮喪。在那些或者昏沉或者喪氣的日子裡，從各種意義上來說，動物都是重要的支撐力量。寄養在獸醫院的貓、社區的貓、家裡的七貓二龜（遺憾我終究因病沒能更周到地照顧小龜的健康，在年初時送別了牠），身邊的動物彷彿在叮嚀我，為了「不離不棄」的承諾，我得聽身體的話，好好照顧自己。在這幾乎卸下其他所有工作負擔的期間，對寫計畫成為我生活的寄託所在。許多先前沒時間沉澱下來靜心回答的問題——包括那些在動保論戰中經常跳針般出現、被我視為只是挑釁而不想再多做回答的問題，因為我有了大把的時間，而得以好好地梳理，再平心靜氣地書寫。換句話說，一些我在「常態」下不想再回應的問題，這回得以一題題挑出來，姊妹輪流作答。

「這個社會的流浪動物不都是那些自稱動保人士但只愛可愛貓狗的人造成的嗎？憑什麼要整個社會跟著付出代價？」、「揭露動物所遭遇的不當虐待，非得訴諸殘酷影像不可嗎？強迫大家看這些影像的動保人士和『恐怖主義者』有什麼兩樣？」、「動物倫理難道可以凌駕於傳統之上嗎？為什麼動保可以對神豬文化說三道四？」、「想以『人類才是入侵種』來阻止大眾『看到外來種就開槍』，這不過是缺乏科學與保育精神的濫情高調吧？」……我們在書中嘗試回應的，是諸如此類的難題，但並不意在提供正解。我們所希望的，是示範某種對話的可能，讓大家不要一碰到這類棘手的問題，就因為某些預設的立場，封閉了後續的對話。

無論成果如何，我自己都已是這場對話下最大的受惠者。在那些精神不濟的日子裡，對寫使我專注到忘記了身心的不適。由自己「出招」，擬定題目書寫「發起篇」時，收到妹妹的「回應篇」就像是得到了另類的家書——這是研究興趣一致的我們所能給予對方的珍貴回饋；而自己負責「接招」時，則懷抱著忐忑與興奮的心情——忐忑是因為多少會擔心若兩人想法相近，會不會想說的已經被說完了而辭窮？興奮則來自於期待自己因此激發出更多新的想法。在書寫與閱讀的一來一往中，動物的苦難放大得更為清晰明確，而我個人的艱難，不但相較之下不算什麼，實際上也因為自己投入對寫計畫造成的「分心」效應，減輕了許多。

關於這本書，我還想再補充介紹的部分，是附錄〈為動物尋找寫作蜜源的人——宗慧與宗潔的對談側記〉。花蓮時光書店的小美聽打對談的逐字稿時，形容我們姊妹的語速是常人的一點五倍，她辛苦地完成了長達三萬字的逐字稿，再整理成這篇側記。我擅自認為，她之所以接下這個苦差，應該是基於身為我們姊妹對寫中「第三者」的使命感？除了閱讀對寫的初稿並給我們建議，在我們共同的聊天室裡，她也「目睹」了我們姊妹被彼此對動物的心意感動的「芭樂」場景。不管是對寫過程中的趣事，或是沒能列入這十二道題、但我們仍意猶未盡想談的主題，在這篇附錄中都能得見。

我的動保路上，始終不乏同行的夥伴給我力量，這一兩年我身心困頓時，也有幸得到朋友們諸多幫助（特別是欣瑜、明玉、海妖，以及姚鈞瑋醫師）。但既已是再度出書，有點不好意思再像得獎致詞似地，以長串名單羅列所有親朋好友。我內心深知，大家一直都在我身邊支持著我，也會理解，我為何總把感謝名單中最後也最重要的，留給動物。謝謝為人類貢獻許多的動物們，即使更該說的或許是抱歉；謝謝從過去到現在所有與我相遇、相伴的動物們，你們教我愛、教我溫柔地善待生命，讓我不管如何自我厭棄，都會記得要拉自己一把，會想起能替動物代言的自己，有義務要繼續努力回饋動物，即使道阻且長。

獻給始終和我一同守護著動物家人的彥彬

自序／

動物的事是永不刪除的待辦事項

黃宗潔

老實說，關於姊妹「對寫」這個想法，我一開始是不太有信心的，實在是因為對過去兩人「合作」的印象太鮮明——我們曾在報紙專欄輪流撰寫家中動物的小故事，結果該月只要輪到對方交稿，內心都非常歡喜；也曾試過某次我答應了一個文學雜誌的小專題，想「拗」Iris寫其中一篇稿子，兩人在地下街的茶店裡，像談判一樣把一本佛洛伊德在桌上推過來又推過去，那畫面仍然歷歷在目。（不瞞各位，就連這篇序文，我一開始都耍賴說，不如妳寫完了讓我聯名，我就不用寫了。）因此最初收到編輯淑怡的邀約時，我隱隱擔心著該不會又像之前一樣，彼此都想把稿子推給對方去寫就好？

沒想到我多慮了。或許是因為對於動物議題，我們雖然實在有太多話想說，卻又已經說過太多，加上都是很害怕重複的個性，若要單打獨鬥，未必還有動力用出書這樣的形式來談，畢竟大部分的議題，都各自在之前的書裡談論過了。但淑怡邀約的「提問與回應」形式，讓我們思考說不定這會打開一些新的討論空間，也可以更具體地去梳理這些年在演講、上課時，會遇到的一些疑問或質疑。於是我們最初挑選了二十多個常見的問題，再把其中類似的、或是可以合併處理的部分稍微彙整，很奇妙地，框架和脈絡好像自然而然就浮現了。

但更奇妙之處，或許是這本對寫之書，也隱微地扣連著我們兩人身體狀況很艱難的兩年。記得第一次和淑怡相約在咖啡店討論時，是我嚴重貧血加上正要手術的暑假期間，但那天下午，卻是那陣子的我，久違地感受到「體力」（或腎上腺素？）存在的時刻。等到我比較恢復時，卻是Iris的身體需要休息。但在身體的課題、工作的繁瑣和生活的各種責任之間，這本書，或說這些「信」，卻還是一封封地在時間的縫隙中「長」了出來。不是刻意逞強，而是因為動物永遠是我們的「待辦事項」，而且是在行事曆中永久有效、不會被刪除的待辦事項。人生總有很多感到虛無的時刻，牠們是我最切切實實感受到意義的所在。

而這十二個問題，也並未如我們最初所擔心的「重複」或「都說過了」。很多議題固然都曾談過，但動物的處境、社會看待動物議題的方式，卻改變得很緩慢，因此有時透過一些新的狀況帶出舊的問題，有時則是在對話之中，深化了一些過去未必碰觸到的思考面向，在對談之中彷彿也產生了相互補充的效果。在寫的時候，Iris提到的很多心情，我更深深地共鳴。例如在【動物影像】那題中，她對德希達「哭泣需要用全部的眼睛」一語的回應：「今晚我用全部的眼睛哭泣……即使為非人類的生命受虐而哭不被認可，甚至會被許多覺得自己看得最清楚的人睥睨，我還是會用我全部的眼睛哭泣。」又或是在【虛擬動物】一題所引用的那則漫畫：蜂蘭所擬態的蜜蜂已經滅絕了，自身亦難逃同樣的命運，但聽完蜂蘭遭遇的小人兒對著蜂蘭說：「蘭花啊，我會記得你的蜜蜂，我會記得你。」我總覺得，漫畫裡那兩個念念不忘的小人兒，就是為什麼我們依然在這裡，寫下這些文字的原因。因為記得，因為不想忘記。

用全部的眼睛哭泣，並不代表這本書只是寫給「同溫層」看的，動之以情的書。雖然其中確實有很多動之以情的部分，甚至常在剛寫完交換閱讀時，先打動了對方——畢竟我們是「超級同溫層」，有時還會半開玩笑地自我懷疑：所謂同溫層，裡面會不會只有我們姊妹？但我們更希望的，是能夠打開複數的視野，打破所謂理性與感性、野保與動保這些人為框限出的對立盲點。希望能有更多人體會到

「情緒也是一種訊息處理的形式，因此也是某種形式的認知」[1]，任何排除直覺感受或缺乏理性思維的「真理」，恐怕都說服不了太多人；把動保和野保粗暴分開，更讓台灣社會長期以來虛耗了許多能量。任何議題都如此複雜，怎麼可能會有一個一體適用的標準答案？這是我們心心念念，特別想要破除的迷思。

這本書的最後一篇，我用「我們永遠到得太晚」做為標題，寄託這些年來，投身動保運動的許多感慨。身為一個對動物的災難記性太好的人，日子是很辛苦的。很多時候，我的痛苦來自於對痛苦的想像力，太能想像那痛苦，因此痛苦。但我總私心希望，在理性、感性之外，如果再加上一些想像力，會不會有更多人能夠為牠們的痛而痛？這本書，希望能成為這樣的一個起點。一個無關同溫層、異溫層；無關動保、野保；甚至也無關議題的起點。希望它能打開一個入口，讓人們回歸到生命本身，回歸到人與牠者，共感的想像力。那麼，或許有些事情就不會太晚，至少，不總是太晚。

1 艾力克・肯德爾（Eric R. Kandel）著，黃榮村譯注：《啟示的年代：在藝術、心智、大腦中探尋潛意識的奧秘 從維也納1900到現代》，台北：聯經，二〇二一。

最後，畢竟是合寫的書，也就容我不再重複前兩本曾經羅列的，多年來關心與照顧我的朋友。我很幸運，在許多挫折的時刻，依然能感受到視我如家人般關愛的友情，不是人人都能體會到這樣的緣份，因此格外珍惜。也要特別謝謝在繁忙的教學與研究中，依然願意幫忙寫序的柯裕棻老師和李美慧老師。美慧老師在序中所補充的，動物實驗的曙光，或許也是念念不忘，必有迴響的證明吧。裕棻老師對兔子細微而深情的描述不只深深打動了我，文中那句「探尋人以外的境地，懷著動物給予的洞察和啟發活下去」更令我深感共鳴。也謝謝幾位推薦人：我和Iris的動保啟蒙者錢永祥老師、以及同樣關心動物議題的番紅花、林清盛、謝佩霓，謝謝促成這段緣分的栗光，讓這本書成為可能的淑怡，以及在過程中提供了許多協助的小美。

最後的最後，依然要謝謝所有的動物，謝謝你們給我的，所有的愛與相遇。

獻給父母與家人，獻給動物

第一部

愛的倫理

【第一題】動物的臉

不吃有臉的動物

在南韓和台灣同樣掀起熱議的韓劇《愛的迫降》，敘述了南韓財團千金因為滑翔傘事故誤入北韓，邂逅北韓軍官進而相識相戀的故事，揪心的愛情橋段與南北韓文化差異的呈現，成為吸引觀眾目光的焦點。

然而「職業病」相當嚴重的我，觀劇時發現的「彩蛋」，卻是女主角拒吃曾和她對視、「打過照面」的小豬那段情節。[1]因為在短短幾分鐘的劇情內，竟然出現了許多可以延伸探討動物倫理爭議的對話。如果說男主角到了南韓之後，教女主角冬天發車之前要先敲敲引擎蓋，以免有躲在裡面取暖的小動物來不及逃出去，是直接了當地「置入性行銷」愛護街貓守則，[2]那麼原本無肉不歡的女主角在準備離開北韓前，因為沒辦法吃打過照面的動物，而毅然拒絕大啖烤乳豬，兩造情境對比下，後者可說更為曲折、有更多可以思辨的空間。

不吃豬，改吃魚？

劇情呈現女主角隨著眾士兵們到達野餐地點時，意外地發現「主菜」是一路上同行的小豬。北韓士兵解釋，因為冷藏食物不便，所以才在郊遊時牽著豬出門，以便整隻烤來吃。這解釋顯然無法說服女主角：「我已經和牠對視好幾次了，怎麼吃得下去？」她的大驚失色引來的反應則是，「之前不是一日三餐都說要吃肉，為什

1 劇集的中譯「打過照面」，原文是「안면을트다」，字面的意義是指「第一次見面」，該句台詞用以表達一種「不吃放了感情的動物」之意。感謝韓文老師林瑋婷提供以上說明。

2 但亦有動保團體指出，敲打引擎蓋也可能讓貓因害怕躲得更深，建議掀開引擎蓋，檢查輪胎框等處，或加裝防濺底板，以防貓由汽車底盤鑽入。詳Podcast節目《貓談社談貓》第一季，EP10! 引擎蓋可能是街貓溫暖的被窩，出發前拍打車子是對的嗎？二〇二〇年十二月七日。

麼突然裝善良？那要吃什麼？」儘管如此，眾人還是尊重了女主角的選擇：鏡頭一轉，女主角含笑看著士兵們歡樂地在河裡捕魚。不吃豬，改吃魚。

這段情節之所以讓我印象深刻，是因為同時涉及了好幾個複雜的動物倫理議題。首先，女主角「見其生，不忍見其死；聞其聲，不忍食其肉」，卻被質疑是裝善良，正反映了長期以來這種「君子遠庖廚」的態度確實很常被譏諷為偽善；而她強調和小豬「對視了好幾次」，所以吃不下去，不但凸顯「動物的眼神」在喚起人類共感上的重要性，也印證了我們特別容易偏心「有臉的動物」，因為選擇不吃小豬的下一刻，我們不就看到成為替代方案的，正是不會和人對視、「沒有臉」的魚？

女主角的不忍，終究只是偽善嗎？這雖然不是劇情的重點，但如果我們硬是「戴上動保的眼鏡」如此提問，得到的答案，大概也會是言人人殊。畢竟「獨獨不忍心吃小豬，卻不覺得活生生的魚是生命」這樣的印象，很容易讓人覺得，女主角確實有著「雙重標準」。

但在我看來，雙重標準並不盡然等於偽善。至少，隨著女主角誠實無比地披露自己的心情，我們的思考將能觸及更多關於倫理決定的艱難與複雜。

先談她不忍忽視的，待宰動物的眼神。德國思想家阿多諾（Theodor Adorno）便曾指出，如果受傷動物的眼神望向了人，人卻以「畢竟牠只是隻動物」來抵抗這種眼光對自己造成的衝擊，殺戮，就有可能發生。因為動物受苦或求助的眼光其實是相當具有「穿透力」、會打動人的。如果拒絕「對看」，不想被這樣的眼神困擾，就有可能進一步讓更多殘酷的行為被合理化，例如認為「非我族類」，都可以毫不留情地殺害。[3] 從這個角度來看，女主角不忍見與她對視過的小豬被宰殺，就顯得分外有意義了。當然從動物權的角度，或是從素食者的立場來看，我們大可以說她「為德不卒」。但至少她不曾否定動物的眼神，而且被這樣的「對看」喚起了溫柔的慈悲心。

3 雖然阿多諾在此主要是討論反猶太主義與大屠殺的問題，但他也明確指出對待動物的殘酷與對人的殘酷兩者之間有其相似性。當加害者面對的是人，卻反覆告訴自己，對方「只是動物」（例如被看成與猿猴無異的猶太人），那麼暴行就不遠矣。儘管他們明明知道，連面對受傷的動物，眼神的交會都很難讓人以「只不過是動物」為由，完全無動於衷。見*Minima Moralia: Reflections from Damaged Life*.

不吃打過照面的動物？

而不吃「打過照面」的動物，又是另一個值得從動物倫理的角度來探討的問題。能夠與女主角對看的小豬，顯然是有「臉」的，但在人類的眼中，卻並非所有的動物都有臉。那麼，難道被當成沒有臉的動物，就無所謂「打過照面」的問題，也就理當被人吃嗎？

必須釐清的是，這裡說的臉，並不是外表、生理上的結構，而是哲學家列維納斯（Emmanuel Levinas）所定義的臉。列維納斯認為，人與人的倫理關係往往建立在臉，透過臉，他者以他的脆弱，向我們發出了某個要求，召喚著我們做出倫理的回應。以生活化的例子來說，不妨試想，如果在路邊遇到兜售玉蘭花的小販但卻決定不買時，是不是往往就會迴避看著對方的臉？顯然，他者的臉，是會發出召喚的。列維納斯的臉，指的就是希望我們能給予回應、要求我們建立倫理責任的，一種面貌。

但是當列維納斯被問到「動物有沒有臉？」時，他的回答卻是，我們不能完全否定動物有臉，譬如狗就有臉，可是談論臉與倫理的問題時，重點還是應該放在人身上。要界定動物的話，應該是依照其他的特色，譬如生命力、求生本能之類，因為動物的臉不像人那麼「純粹」。甚至，他在訪談中還說，「我不知道蛇有沒有臉，我無法回答這個問題。這需要更明確的分析。」[4] 顯然，對哲學家而言，狗和蛇這兩個物種是有差別的：狗有臉、蛇未必有臉。倘若如此，那麼對女主角來說，豬有臉，魚卻似乎沒有，是否也就不足為怪，反而可說是反映了多數人的看法與態度？

其實，美國影集《六人行》（*Friends*）也曾有類似的橋段：六位主角之一的菲比是素食者（但並非純素者），某一集裡她拒絕服務於餐廳的雙胞胎姊姊遞到面前的食物時說：「妳忘了嗎，我不吃有臉的。」不吃有臉的動物，乍聽之下很奇怪，但卻呈現了一個事實——我們一旦覺得動物有臉，就比較容易和牠們產生共感，也就比較不忍傷害。至於那些我們覺得有臉部表情的動物，例如貓狗，也就更容易讓我們產生「差別心」、特別去憐憫與愛護。[5]

這對魚，當然不公平。明明也是生命，但英文甚至有魚素（pescetarian）這個

4 見"The Paradox of Morality: An Interview with Emmanuel Levinas"一文，收於*The Provocation of Levinas: Rethinking the Other*一書。

5 這個部分將在〈「可愛動物保護主義」的迷思〉篇再詳談。

詞，中文也有海鮮素的說法。吃魚竟然可以當成是吃素？難怪我們在動畫《馬達加斯加》（*Madagascar*）裡會看到，一度獸性大發、想吃斑馬等其他朋友的愛力獅，「戒肉」的方式就是學吃魚，彷彿魚不是動物，而是食物（在這部動畫中，要被吃的魚不但沒有表情，還很快就在砧板上變化為生魚片）。就眾生平等的概念而言，這的確說不過去，但務實地看待現況的話，我們會發現，許多人確實被根深柢固的觀念所影響，認為動物的智力，是如線性排列般，從魚類、到兩生類、爬蟲類，再到鳥類、哺乳類、靈長類、人類，由低到高漸次發展。[6] 而動物的智力又影響了和人類的親疏遠近關係，於是愈高智力的動物，人類也才愈傾向於回應。換句話說，這種「哺乳動物中心主義」（mammalism）下的「差別心」，恐怕長期以來是「人同此心，心同此理」。

先覺察，才有在乎、回應的可能

這並不是說我們應該把差別心無限上綱。相反的，覺察到差別心的存在，才有可能去面對自己在倫理實踐上的矛盾與不一致，從而去思考：如果現階段還沒辦法超越自己的差別心，那麼，就沒有我們能夠為這些「（目前）沒有臉」的動物做的事了嗎？

一旦開始這樣的自我質疑，就會發現可以做的事情很多。以魚來說，不管是拒絕如「陰陽活魚」之類的殘酷料理，或是支持動保團體所倡議的拒買「活體弓魚」，都是身為消費者很容易做到的事情。[7] 此外，還可以主動關心如何選擇「永續海鮮」、避免食用會枯竭海洋資源的海產。諸如購買食物鏈底層的海鮮、認識漁撈方式並且不買使用非永續漁法的漁獲，都是透過累積相關知識就可以落實的原則。[8]

---

6 見凱瑞．沃爾夫（Cary Wolfe）的*Before the Law*一書，但他指出這一點並不是為了要肯定這種觀念，相反的，他認為高智慧的頭足類就足以打破此迷思。

7 根據台灣動物社會研究會指出，傳統市場裡，有些魚攤會販賣所謂「活體弓魚」，例如鱸魚就是很常見的例子。被綑綁的鱸魚在緩慢窒息之前都得承受身體變形的疼痛，在死前長時間處於痛苦、緊迫的狀態。「這項行之有年，強調可以讓魚『活比較久』的殘酷做法，除了造成魚離開水面後的窒息與緊迫外，因為刻意將魚鰓打開增加與空氣的接觸，藉以勉強延長魚的呼吸，卻讓魚陷入長久、緩慢死亡的痛苦。魚類獸醫權威東尼沃爾醫生（Dr. Tony Wall）表示：『活綁鱸魚，魚會非常痛苦，魚肉品質也會下降，魚肉也有被細菌污染的風險。』」詳見《台灣動物社會研究會》網站：〈魚也會痛！虐待魚，不會有好肉—請拒買痛苦窒息而死的「活綁鱸魚」〉，二〇一九年十月四日。

8 詳情可參考《中央研究院數位文化中心》建置網站〈台灣魚類資料庫〉中的「台灣海鮮選擇指南」。

更積極的做法，則是擴大我們願意回應的動物的範圍，不再局限於哺乳類或脊椎動物。即使無法一步到位成為純素主義者，[9]在動物倫理的路途上，依然不會沒有任何可做的事，至少，覺察自己「為什麼看不到某些動物的臉？」，就有可能是未來願意對更多生命做出倫理回應的起點。

以和魚同樣被歸為沒有臉的蝦子為例，大概只有在諸如《鯊魚黑幫》（*Shark Tale*）這樣的動畫裡，我們才會看見蝦子的「臉」——為了博取鯊魚的同情，蝦子瞪大了眼睛、揮動著手一般的螯足，甚至連觸鬚也可憐兮兮地下垂，果真乞得鯊魚開恩，逃過一劫——但那畢竟只是動畫。

一般來說，做為節肢動物，蝦子甚至比魚更難讓人產生共感。但當我在課堂上提及「海鮮素」一詞的矛盾之後，曾經有學生在課後的心得報告中，反思了喜歡釣蝦的自己為何對於蝦的死亡無感：「如果要在現場吃蝦，洗完蝦，就要拿竹籤貫穿蝦子，在一大片鹽盤上滾動，再直接拿去烤。第一次弄的時候，覺得怕怕的，因為蝦子的腳會一直動，穿竹籤的時候會動，身上抹了一堆鹽之後還在動，甚至在烤的時候繼續動。而且把蝦子在鹽盤上滾動時，看著牠們的腳在那邊亂動亂折，會有一種自己骨折的錯覺。一開始對於殺生，多少會有罪惡感，但也許因為蝦看不到血，而且是節肢動物，那種罪惡感比較容易淡化，不易持續。」[10]

曾經有機會出現的共感（骨折的錯覺）與罪惡感，因蝦子失去生命的過程不見血，慢慢消失了。學生顯然發現了自己的「無感」之所以產生的關鍵，而這樣的知覺，已經和單純的無感不再相同，距離未來更友善地對待動物牠者，也又前進了一小步。覺察，是在乎的開始，也是個人倫理行動的起點。我如此樂觀地相信著。

（Iris）

本文初稿原刊於《鳴人堂》，二〇二〇年二月十九日。

9 事實上，完全不殺生，是任何生命存活在世都不可能做到的。如同《深層素食主義》中一位受訪者曾坦承的，即使他吃素，在生活上也避免不了動物製品：「我努力想做個純素食者——亦即完全不使用任何動物製品。那是不可能的。我擁有一台鋼琴，它有毛氈。這是橡膠，它的硬化處理過程使用到某種動物製品。一張打上亮光劑的漂亮桌子，使用了某種動物油……。」也因此，減少對其他生命的傷害可以做為一種努力達到的理想，但目的卻不是用來要求自己或他人成為道德聖人，否則很可能會推開有意量力而為、為動物做些什麼的人；而愈多人視素食為畏途，認為「既然做不到毫無差別心地對待所有生命，乾脆什麼也不做」，動物倫理行動就愈難以有所進展。可參考傅可思（Michael Allen Fox）著，王瑞香譯：《深層素食主義》，台北：關懷生命協會，二〇〇五。

10 摘自農化系張可好同學一〇七—二學期「文學、動物與社會」課堂心得。另外要說明的是，之所以看不到血，是因為蝦子的血是透明無色的。當蝦子血液中的血青素（血藍蛋白）氧化，就會呈現藍色。詳見《行政院農業委員會水產試驗所》〈水產知識館〉中的漁業問答，來函日期二〇一六年八月十一日。

就算牠沒有臉

【篇前回應】

上篇提到《愛的迫降》女主角無法吃「打過照面」的豬，讓我想起《愛麗絲幻遊奇境與鏡中奇緣》裡不願意「認識」布丁，以免沒東西可以吃的愛麗絲。「吃認識的動物」對多數人來說，在飲食倫理上的心理負擔顯然是比較大的，不過當然也有例外，小川糸《蝸牛食堂》裡女主角的媽媽，就以「我走了之後我的豬會很悲痛」為理由，要求臨終前把自己的寵物豬吃掉。讀到這段的時候，我對這個安排感到難以接受，但動物能不能既是寵物，也是食物呢？或許對某些人來說，這條倫理界線並沒有那麼難以跨越。正因為倫理的選擇是如此複雜，我很同意妳說的，雙重標準不等於偽善，事實上，有時我們眼中的「雙重標準」，或許只是因為別人所畫下的倫理界線、甚至他們對某些概念的定義一開始就與我們不同。因此下篇想從這個角度切入，思考動物如何能被我們視為「有臉的動物」，以及，如果動物沒有臉，難道就真的無法被放入倫理的考量中？

不吃「打過照面」的動物，在我印象中最經典的，自然是《愛麗絲幻遊奇境與鏡中奇緣》裡那句：「拜託，不必介紹布丁和我認識，不然我們什麼都吃不到了。」愛麗絲之所以說出這句話，是因為紅棋皇后先介紹了羊腿讓她認識，接著又在愛麗絲想切羊腿的時候，指責她怎麼可以切剛認識的朋友，並派人把羊腿撤走。所以她連忙阻止皇后繼續介紹其他的食物，以免什麼都沒得吃。在此，紅棋皇后對「認識」的定義顯然是「打過招呼」就叫做「認識」，和所謂「打過照面」就不吃的邏輯是類似的。

但我覺得這個段落更有趣的地方在於，「打過照面」其實不妨礙愛麗絲本人吃的意願，她只是被皇后阻止了而已。也就是說，羊腿對她行屈膝禮，她覺得古怪，但反正已經遇到一堆稀奇古怪的事情了，所以在介紹完羊腿之後，她對切下這隻羊腿的肉並沒有表現出抗拒。如果用《愛的迫降》來類比，愛麗絲反而比較接近那些可以牽著小豬上路，再把牠殺來吃掉的士兵，紅棋皇后「另類」的飲食邏輯，則比較像讓大家無所適從的女主角。

不過，不吃認識的食物／動物，真的有那麼另類嗎？儘管愛麗絲在打完招呼之後還是覺得可以切下羊腿，但與其說她認為吃掉朋友也沒關係，不如說她不認為這樣叫做「認識」。如果我們將共感的能力視為一個光譜，將「打過照面」就定義為認識，並因此認為不該吃掉小豬或羊腿的韓劇女主角和紅棋皇后，共感能力顯然比其他人更敏銳；但如果有選擇，大部分的人確實也會像愛麗絲一樣，覺得吃飯之前，「不必介紹布丁和我認識」吧？

這讓我想起松本大洋的漫畫《Sunny》，其中一回描述春男等「星之子學園」的院童，對著附近高木先生飼養的豬丟泥巴，導致牠們驚慌逃出，其中一隻跑得特別遠，主角之一的小靜在附近的水邊找到牠之後，自顧自地對小豬聊起心事，而他和小豬溝通的第一步，是為牠取了一個名字：噗太。當然，噗太很快就被發現並且被抓回去了，他們的「友誼」連一個下午的時間都不到。但是後來，靜和春男進行了這樣一段對話：

靜：「但是，我還是覺得那些豬很可憐……」

春男：「你怎麼就是搞不懂——真是的。我們讓那些傢伙去瞧了一眼外面的世界耶。在牠們變成炸豬排之前，將牠們從那個糞坑解放出去耶。牠們現在一定在天堂感謝我們。那些豬真的很笨，才剛逃出去，一下子就被抓到了——如果是我的話，絕對會讓他們抓不到。」

靜有被春男說服嗎？松本大洋沒有交代，但這個段落結束在靜在心裡默默地想著炸豬排這個詞，和他取名為噗太的那隻小豬的樣子。我們可以確定的是，「噗太」這隻和靜有著短短交集的豬，在他心中的意義，已然不同於春男口中的「那些傢伙」了。沒有任何線索可以讓我們過度推論到靜從此會不吃炸豬排，但可以合理想像的是，他不會想吃噗太做成的炸豬排。

在此，噗太對靜來說，確實成為了一隻「有臉的動物」，符合哲學家列維納斯對於「臉」的倫理討論，也就是擁有「要求我們建立倫理責任、希望我們能給予回應的，一種面貌」。而列維納斯所提出的，關於「動物是否也有臉？」這個問題，也讓許多哲學家、藝術家據此延伸出更多動物與人類關係的思辨。例如藝術家尼基．庫茲（Nicky Coutts）就曾經將一系列動物的照片，包括牛、羊、狐狸、鷹、蛇等等，配上人類的眼睛。有趣的是，當牛羊原本的眼睛被置換為人類的眼睛時，觀者未必會立刻發現，但當人眼被拼貼在猛禽或是蛇的「臉」上時，幾乎所有人都會意識到這突兀的錯置。這些照片某程度上，將列維納斯的提問具象化了——蛇有沒有臉？如果蛇擁有一雙人類的眼睛，我們會比較願意承認蛇也有蛇的臉嗎？答案恐怕呼應了列維納斯本人對此問題的「不確定」。

其實說到底，列維納斯連對於與人最親近的狗是否「有臉」，態度也不是那麼篤定。儘管他曾經寫了一篇非常動人的，關於他的狗巴比的文章，但對「狗有沒有臉」這個問題，他最後等於還是將其排除在「face to face」的道德範疇之外，有些哲學家與動物倫理倡議者遂對此提出批判。黛博拉．羅斯（Deborah Bird Rose）在《野犬傳命》這本書中，引用彼得．史蒂夫斯（Peter Steeves）的文章，質疑為什麼巴比的臉不是臉：「巴比到底缺少了什麼？難道吻部太長就不能稱為臉嗎？是因為鼻子太濕？或是耳朵太垂？抑或是因為耳朵來回晃動的關係？為什麼這不能算是一張臉呢？」羅斯和史蒂夫斯對於「為什麼巴比的臉不算是臉」的耿耿於懷，凸顯的或許是，儘管列維納斯最後仍然認定「人的臉才是純粹的」[11]，但對一般人來說，如果有辦法對這隻動物產生某種（情感上的）連結，臉就可能浮現。

而若要進一步討論噗太為何會「有臉」，我認為更重要的關鍵在於，牠變成了靜「認識的一隻動物」。換句話說，要產生情感的連結，讓動物的臉浮現，前提在於我們必須先「認識」這隻／這種動物。至於「認識」的起點，很多時候可能僅僅需要一個「個別化」的名字，就能讓一隻豬從炸豬排的食材，變成「噗太」。

美劇《荒唐分局》（*Brooklyn Nine-Nine*）第四季當中，恰好也有一段類似的情節，主角之一的查爾斯為了感恩節大餐訂了一隻火雞準備現宰，但吉娜與蘿莎兩人不忍心看到火雞被宰殺的過程，不只「綁架」了火雞，還幫牠取了查爾斯兒子的名字，希望藉此讓他下不了手。讓動物擁有一個名字，當然不是免死金牌或建立連結

11 不過，鄧元尉在《野犬傳命》推薦序中也提醒了我們，「列維納斯的他者概念不是其一個有待理性思維去處理的課題，而是推動他的思想工作的動力，對列維納斯本人來說，他者概念的指涉最終是以相當限定的方式體現在『受難的猶太人』身上；而對任何從其哲學獲得啟發的人來說，完全可以將他者概念體現在其他指涉上（當然也包括其他生靈）」。見黛博拉・羅斯著，黃懿翎譯：《野犬傳命：在澳洲原住民的智慧中尋找生態共存的出路》，台北：紅桌文化，二〇一九。

的萬靈丹，但賦名確實具有重要的象徵意義，讓個體從面貌模糊的概念被具體化，成為獨一無二的存在。一如在外人眼中可能長得一模一樣（或至少大同小異）的嬰兒，對新手父母來說卻是珍貴的寶貝，他們會用寶寶的名字或暱稱來稱呼他，而不會叫他「那個嬰兒」。所有家庭寵物都會被取名也是一樣的道理，它是辨識個體性、建立情感連結的第一步。

這也說明了為何有些讀者或觀眾，在看了《夏綠蒂的網》（*Charlotte's Web*）或《我不笨，所以我有話說》（*Babe*）這些以小豬為題材的作品後，會萌生不吃豬肉的念頭。當小豬成為主角，牠的名字和個性因此得以凸顯，儘管是擬人化的凸顯，依然提供了情感連結的可能性。能和蜘蛛對話的小豬韋柏（Wilbur）以及名為寶貝（Babe）的豬，都成為和人類一樣有夢想、有恐懼的情感動物，成為讀者和觀眾不僅「打過照面」，而且「認識」的動物。當這樣的情感連結強烈到一個程度，它就有可能從單一動物身上擴大到整個物種，從「雙重標準」（不吃認識的豬，但可以吃其他豬），變成「單一標準」（所有豬肉都不吃）。

當然，如果再往下推論，不吃所有的豬，但可以吃「沒有臉」的魚，看似只是另一種雙重標準，然而誠如前述，我也非常同意雙重標準並不盡然等於偽善，追求極端

「一致性」的道德標準是一種理想，卻很難真正落實在日常生活的實踐中。即使在同一個人身上，我們也會看到道德選擇的各種雙重標準，在社會上要建立或尋找一個普遍性的道德準則，自然就更困難。就算我們試圖訂定「一致的道德守則」，人們也會因為認知和詮釋的不同而產生態度上的分歧。由前文已經可以看出，就連什麼程度才算「認識」、什麼樣的臉才能算是臉，每個人也有不同的答案。

因此，名字也好、臉也好，它可以是建立連結的起點，卻不必然是產生共感的充分條件。甚至在某些情況下，當人們只是把動物視為投射不安與不滿情緒的對象時，名字產生的連結想像，反而會用來當成發洩負面情緒的方法——例如故意讓家中動物和討厭的上司同名，心情不好時就踢牠兩腳——至於之前美國德州聖安東尼奧動物園（San Antonio Zoo）在情人節舉辦的活動Cry Me a Cockroach，更可說把這種投射發揮到極致：他們讓民眾付費替蟑螂或老鼠取上前任情人的名字，再將其拿去餵食狐獴或爬行動物，不只可以透過直播全球收看，命名者還可以得到動物園發的證書。[12] 這樣

12 聖安東尼奧綜合外電報導：〈幫蟑螂取你前任的名字 美國動物園玩情人節另類商機〉，《中央通訊社》，二〇二〇年二月十一日。中央社洛杉磯綜合外電報導：〈蟑螂取名前男女友 動物園情人節直播讓狐獴吞食〉，《中央通訊社》，二〇二〇年二月九日。

的活動，幾乎是《荒唐分局》裡為火雞取名的逆向操作了。[13]

反過來說，就算動物沒有名字，也未必代表我們永遠沒有機會看見牠們的臉。理查．舒懷德（Richard Schweid）《當蟑螂不再是敵人》這本書中，有個令我印象深刻的說法：研究蟑螂的科學家泰瑞．佩吉（Terry Page）在長期和蟑螂「相處」之後，得出了「每隻蟑螂的長相都不一樣，每張臉都有些微差異」的結論。當然，多數人可能並不願意仔細端詳「蟑螂的臉」，但當我們發現有些人能看見蟑螂的臉時，會不會至少願意開始思考，或者說想像，狗的臉、蛇的臉、魚的臉……讓連結的可能性開始擴大？就算思考或想像的結果，依然覺得這些動物沒有臉，至少有機會從其他的地方去看見一個會痛、會感受的生命。就像看見蝦子的腳在竹籤上或是鹽盤上亂動時，會有骨折的錯覺，就已經是共感的起點、連結的起點。

記得之前看過一則新聞，有一隻「求生欲強大」的小龍蝦，在被丟進滾燙的火鍋後彈跳到鍋邊，但牠的左螯已被煮熟，小龍蝦馬上用右螯將其夾斷逃生。影片流出後引發許多人的關注，該名拍攝影片的民眾表示，已經「收養」這隻小龍蝦（放入魚缸裡）。[14] 雖然失去左螯的小龍蝦能否存活令人懷疑，但牠的行徑無疑打開了原本將牠視為食物的民眾的情感開關，成為一隻「打過照面」的龍蝦，提醒了我們食物是生命這個基本事實。並不意外地，對於「被龍蝦求生的意志觸動而不吃那隻龍蝦」，依然會被許多人認為雙重標準或偽善，但我總覺得，當我們為了維持自己比較輕鬆、沒有情感與道德負擔的日常，而否定動物感受的能力，好將牠們排除在倫理考量之外的時候，我們真正否定的，是我們自己感受的能力，感受他者痛苦的能力。

（Cathy）

13 關於上述活動背後所反映出的，看待厭惡動物的心理機制，將在〈保留所有可怖之物〉篇再詳談。

14 陳慶餘撰文：〈難忍高溫火鍋 小龍蝦竟彈出鍋外斷臂逃生〉，《中時新聞網》，二〇一八年六月一日。

【第二題】厭惡動物

保留所有可怖之物

你眼中的可愛動物？他心中的大眾臉！

以兩個日本關西的高中男生，每天放學後在河畔閒聊為故事主軸的漫畫《瀨戶與內海》中，有一回的主題恰好呼應了我們之前談的，關於動物的臉。內海對瀨戶抱怨：「不要定期傳貓的照片給我，我已經想不出來要怎麼回了。」瀨戶非常驚訝，對方竟然不覺得貓很可愛？由此開啟的對話非常有趣：

內海：「沒感覺，每隻貓的臉根本都長得一樣。」

瀨戶：「什麼?! 差多了好嗎！你那是無法分辨現代偶像長相的歐吉桑思維。」

內海：「那你分辨得出來小龍蝦的臉嗎？」

瀨戶：「貓跟小龍蝦又不一樣。」

內海：「對我來說都一樣。」

瀨戶：「你是說可愛程度？」

內海：「用可愛排行榜來說，貓大概排第46，小龍蝦是47。」

瀨戶：「幸好貓還贏了小龍蝦。」

內海：「但第45名是魩仔魚喔。」

認為每隻貓長得一模一樣，對於喜歡貓的瀨戶來說是不可想像的事；但在內海眼中，貓和貓之間的差別，就如同小龍蝦或魩仔魚，牠們的「臉」就算存在，也容貌相仿、大同小異。當然，之前已討論過，每個人對於動物「有沒有臉」、能不能納入倫理的考量範圍，各有不同標準，但此處瀨戶與內海的對話，帶出了我們判斷動物有沒有臉的另一個重要關鍵字，就是「可愛」與否。我們無從得知內海如果認真排列他的「可愛排行榜」，前四十四名會是哪些動物，但這個信手拈來的排名，無疑只是想表達貓對他來說，和魩仔魚、小龍蝦的意思是差不多的，換句話說，牠們一樣「不（夠）可愛」。

要多可愛才「夠可愛」呢？提出這樣的問題，將會如同糾結於列維納斯的狗巴比，到底為什麼不算「有臉」一般，陷入思考的困局。但如果換個角度來看，貓和小龍蝦一樣（不）可愛，是否意味著小龍蝦（或代換成任何其他動物）對某些人來說，也和貓一樣可愛，並且，值得愛？在此，我想以松本大洋的漫畫《竹光侍》當中一個饒富意味的角色設定，做為這個問題的參照。

老鼠的曖昧性：大眾心中的厭惡動物，劍客眼中的蘋果

在《竹光侍》這部以江戶時代為背景的浪人劍客故事中，有一個形象如惡鬼般的劍客木久地，高大醜陋、殺人不眨眼，連他自己都形容自己是「披著人皮的怪

物」。但這樣的木久地，卻非常反差地養著一隻取名為「飯」的小老鼠。對從小貧困的他來說，飯是「世界上最美的東西」，他最心愛的寵物，自然值得「飯」這個最美的名字。「飯」宛如木久地的小小分身，不只形影不離，連許多動作都「神同步」[1]。乍看之下，木久地和飯的組合充滿了違和感，但事實不然，因為木久地的形象就和「飯」一樣，在一般人眼中，是令人夾雜著恐懼、厭惡與噁心感的存在。

書中有段耐人尋味的情節，敘述木久地在料理店與聘僱他刺殺主角瀨能的雇主大村崎談話時，突然心不在焉地開始東摸西摸，甚至趴在地上到處張望，繼而站起來驚慌大喊：「飯不見了！」另一邊廂，人們正在指指點點：「這種地方竟然有這麼大的老鼠！」「真噁心……」「快幫我打死牠！」木久地發現後，打了正在抓老鼠的男子一拳。將飯捧在手心說：「飯啊，我的飯！」大村崎問他：「你要吃……老鼠嗎？」木久地回答：「是名字啊！這傢伙的名字！」「你想知道為何要叫牠『飯』吧？」大村崎冷冷地說：「不想。」但木久地依然自顧自地強迫在座的人收

1 關於《竹光侍》的分析，可參考筆者〈松本大洋的動物世界——《羅浮宮的貓》和《竹光侍》中的動物元素〉，《鏡好聽》，二〇二〇年五月四日。

聽「飯」之所以叫做「飯」的理由。

此處光用文字敘述，還不足以讓讀者充分體會松本大洋如何運用生動的筆觸、分鏡的大小與文字的比例，活靈活現地刻畫出整個情境的氛圍、情緒的變化和張力。當木久地找到「飯」之後，松本大洋甚至在這碩大如鬼魅的男人旁邊畫了心花朵朵開的小圖。更值得注意的是，在眾人試圖捕捉「飯」時，松本大洋畫了一張「飯」的特寫，發抖的牠看來瘦削、恐懼——就是一隻普通的老鼠形象。但牠在木久地身上時，不只線條比較圓滑，表情也微妙地總是與木久地一致。簡單來說，木久地眼中的「飯」，就是動物版的情人眼裡出西施——你心中的厭惡動物，是他「眼中的蘋果」。

蛇鼠不同窩？：厭惡vs.恐懼

有趣的是，雖然「飯」的名字和松本大洋的彩圖，都指向「飯」是一隻白鼠，但牠如果是白鼠，很可能是得了白化症的褐家鼠（我們如今認知的實驗室大白鼠，是刻意培育的白化褐家鼠）。但無論飯是較少見的白子，或一般褐色的溝鼠，顯然對於木久地以外的其他人來說，並沒有差別，在他們眼中，「飯」就是一隻又大又噁心的老鼠。

但是，老鼠真的長得如此「噁心」嗎？這個在多數人心中的「厭惡動物」排行榜恐怕都榜上有名的動物，卻是那麼多童話故事與卡通、電影的主角，難道不是一種矛盾嗎？我認為，這反而更具體地凸顯了「厭惡」與「可愛與否」被並置在一起的迷思——換言之，很多人認為某些動物之所以不被保護，是因為「不夠可愛」，但事實（或者說人的情感與認知模式）遠比這複雜得多。[2]

大量動物故事或卡通動畫中擬人化的老鼠主角，至少說明了大部分的閱聽者，對於老鼠形象被「萌化」處理是可接受的——就算不論寫實形象被大幅淡化的米老鼠，諸如《美國鼠譚》（*An American Tail*）或《料理鼠王》（*Ratatouille*）這些動畫電影的成功，也說明了老鼠的擬人化形象對大部分人來說，並不真的有那麼大的違和感或衝突感——相形之下，同樣不受歡迎的蛇，被設定成主角的比例顯然少太多了。這是因為，就算我們將蛇與老鼠同樣視為「厭惡動物」，牠們所召喚的核心情

2 關於動物之所以不被保護是因為不夠可愛的看法，將在〈「可愛動物保護主義」的迷思〉篇進一步討論。

感，仍然有著微妙的差異。

有些生物學家主張，人之所以怕蛇，是因為蛇召喚了一種更接近生物本能的恐懼，也就是人類天生對於會帶來生命危險的威脅之恐懼。恐懼並不是一種靠著「萌化恐懼對象」可以消弭的感受，比方不敢看恐怖片的觀眾，看到搞笑版的鬼故事，只會覺得「不恐怖」，並不代表他「克服」了恐懼；[3]然而老鼠所召喚的情緒感受，與其說是恐懼，不如說是厭惡（當然，任何動物都有人會感到害怕，在此談的是集體的、社會的普遍性感受）。而厭惡，是一種比我們以為的更多元，也更容易受到文化影響的情緒，恐懼會帶來厭惡感，但我們未必恐懼我們所厭惡的事物。

蒂芬妮・史密斯（Tiffany Watt Smith）的《情緒之書》，就曾指出造成厭惡的嫌惡感至少有三種，各有不同反應。其中「核心厭惡」（core disgust）是毒物靠近嘴邊時引發的嫌惡，例如接近腐肉或糞便會令人作嘔；「污染厭惡」（contamination disgust）是靠近導致感染風險的人或地方帶來的厭惡，例如長年未清掃的空屋，會令人產生戰慄感；第三種則是身體外型毀損厭惡（body-envelope violation disgust），例如別人口中的唾液、食物殘渣、傷口，會帶來某種對污染的威脅及綻露的身體之存在本質的恐懼。每種厭惡會被不同線索牽動，再加上文化的介入，哪些事物令人感到噁心，又會產生更多因時因地的差異。是故，她引用文化人類學家瑪麗・道格拉斯（Mary Douglas）的說法：「穢物是不在適當位置上的東西」——某個事物不在適當位置上的感覺，會比它是否具有客觀危險性，更強烈地影響我們的厭惡感。

透過史密斯對厭惡的分析，我們可以發現「不在適當位置」許多時候相當關鍵地影響了一種生物是否會被人類視為厭惡動物。但由於都市人將大多數出現在都市的動物都視為「不在適當位置」，因此無論對方是烏鴉、狐狸或猴子，長得「可不可愛」，都有可能成為某些文化或某些特定區域人士深惡痛絕的存在。用這樣的角度來理解老鼠在卡通中是動物明星，在現實生活中卻人人喊打，就會發現它之所以能夠看似矛盾地並存，是因為多數人並未真正將卡通或童話裡的「虛擬老鼠」和真實生活中的老鼠連結在一起，當老鼠出現在現實生活中，牠就成為既不在適當位置，又會帶來感染風險，令人感到噁心或厭惡的污染源了。

3 當然，心理學上有一些治療恐懼症的方法，例如行為療法中的減敏法，可透過逐步漸進的方式減輕患者對特定事物的恐懼感。

讓大自然保留她所有我們覺得可怖之物

不過，如果真的試著進行厭惡動物排行榜的普查，還有一種比老鼠更不討喜、更令人聞之色變的存在，就是蟑螂。蟑螂做為那個「不能說的名字」（想想有多少人不願直呼其名，寧可很弔詭地彷彿格外親暱般叫牠們「小強」），牠的形象幾乎是跨文化一面倒的負面，罵別人是蟑螂，幾乎就是表達蔑視的極致。因此，前述美國德州聖安東尼奧動物園Cry Me a Cockroach的情人節活動大受歡迎，並不令人意外。這也是何以卡夫卡（Franz Kafka）《變形記》中從來沒有交代主角薩姆沙一覺醒來，到底變成什麼蟲——他千叮萬囑封面不可以畫出任何實際的昆蟲圖像，以免妨礙讀者的想像——但想像力做為讀者心智運作的必然過程，就難免會在腦海中浮現蟲的形象和輪廓，於是對某些讀者而言，這依然是個「人類一覺醒來變成蟑螂的故事」。畢竟，這大概是身為人類所能想像的，最恐怖的景象之一了吧。

但是，如同理查．舒懷德（Richard Schweid）《當蟑螂不再是敵人》這本全面的「蟑螂專書」，從生物學與文化角度所揭開的種種蟑螂真相，人類其實是將自身對疫病、死亡揮之不去的恐懼陰影，（過度）投射在蟑螂身上。因為恐懼，我們將蟑螂視為敵人，展開了漫長而從未真正勝利的戰爭——很多試圖消滅蟑螂的手段，在傷害蟑螂之前，對人類自身造成的傷害反而更大。其實，人與蟑螂「共享居住空間」時（這是不爭的事實），互相傳染疾病的風險和蒼蠅差不多。除此之外，雖然蟑螂可能會在排泄物中爬來爬去，不表示牠們不愛乾淨：「牠們每天花費非常多時間清潔身體。蟑螂清潔觸角的方式是，先用一隻前腳勾住觸角，然後用嘴巴清潔觸角，就像一般貓科動物的清潔方式一樣。」而且，雖然牠們在某些狀況下不反對啃咬人肉——畢竟牠們幾乎什麼都吃——可是蟑螂並不會主動攻擊人類，恰好相反的是，身為夜行動物的牠們多半在開燈之前，就已經因為察覺到你的手部動作所擾動的空氣，進入瞬間逃走模式。至於看似例外的美洲蟑螂，只不過是因為牠們被驚動時選擇飛行，偏偏無法飛得太久，只好降落在牠碰到的第一樣東西上，恰好那個東西常常是我們的頭罷了……

這些「不願面對的蟑螂真相」未必能讓我們因此不再厭惡或恐懼蟑螂，但或許可以讓我們願意去重新檢視內心看待其他生物的態度，反思其中夾雜了哪些因為經驗、文化而產生的恐懼，又或者純粹的偏見。我很喜歡納塔莉．安吉爾（Natalie

Angier）在《野獸之美》書中的一段敘述，她非常細膩地描繪了一種閃閃發亮的生物，顏色是耀眼的寶石藍，並且帶有青銅色的斑紋和細長的紅條紋——是的，答案就是蟑螂。娜塔莉眼中閃耀著寶石藍的蟑螂，一如木久地眼中皎潔如月光的老鼠「飯」，未必人人都能認同這樣的審美與愛。但是，安吉爾想要強調的，是這些大自然的「美的細節」，儘管並非都是那種可以印在掛曆上的，符合一般美感與喜好標準的動物，但這些被我們所厭惡、欲除之後快的生命型態，也充滿了各種神奇的、值得表達敬意的求生方式。「用大自然的方式保護自然，讓大自然保留她所有我們覺得可怖之物」，是安吉爾提出的願景，也是我所期待的，人在面對厭惡動物時，能夠保留的其中一種選項。[4]（Cathy）

4 以上有關蟑螂的段落，係整理自筆者〈保留所有可怖之物：如何與為何讀《當蟑螂不再是敵人》〉，《鳴人堂》，二〇一七年二月二十三日。另，關於此一議題，亦可參閱筆者〈為何人類對蟑螂有根本上的厭惡？都市裡的動物空間〉，《BIOS monthly》，二〇二〇年十二月十五日。

從米老鼠到過街老鼠：厭惡動物的地位應該／能夠被翻轉嗎？

【篇前回應】

上篇提到《美國鼠譚》和《料理鼠王》，用來點出我們把老鼠當成厭惡動物，卻又對牠們被萌化的形象照單全收的矛盾現象，讓我想到了更多影視作品中的老鼠不但可愛，還成了人類的好幫手，所以下篇我就繼續從老鼠的「人模人樣」談起。至於「恐懼會帶來厭惡感，但我們未必恐懼我們所厭惡的事物」，我也深有同感。有點「密集恐懼症」的我曾經很厭惡螞蟻，不過如同妳所引述的《野獸之美》作者的看法，「這些被我們所厭惡、欲除之後快的生命型態，也充滿了各種神奇的、值得表達敬意的求生方式」。我雖然沒辦法像她那樣，竟然可以欣賞蟑螂之美，但是因緣際會之下，也成功地將螞蟻從我的厭惡動物名單中刪除了（但占據我恐懼動物排行榜第一名的蟑螂可能要再等等……）。或許就像妳說的，當人們願意檢視自己看待其他生物的態度，「夾雜了哪些因為經驗、文化而產生的恐懼，又或者純粹的偏見」，很多動物就不會理所當然地被歸在厭惡動物的類別裡了吧？

做為多數人心中的厭惡動物，老鼠在影視文化中被萌化與擬人化的頻率之高，確實似乎值得驚訝。當然，一一細數下來，我們可能會覺得這些被閱聽大眾接受、甚至喜愛的老鼠，都有些特定條件：米老鼠討人喜歡，或許歸因於牠的形象早已遠離真實老鼠，反而更像是人類的嬰孩，[5]《一家之鼠》（*Stuart Little*）裡的史都華是從「孤兒院」被領養出來的，不但兼具純真、聰明、可愛、勇敢等種種正面特質，而且是隻白老鼠；至於《鼠膽妙算》（*G-Force*），更是以許多家庭原本常見的寵物天竺鼠為主角，賦予其特務的身手與智慧。影片造成新一波的天竺鼠熱（與之後的棄養）並不令人意外。

問題是，除卻這些原本就離溝鼠形象較遠的角色之外，我們依然會看到，即使「鼠性」更鮮明一點的老鼠，也未必就不能獲得青睞，早期的迪士尼動畫《仙履奇緣》（*Cinderella*）裡，幫助灰姑娘製作禮服、後來又幫忙偷鑰匙助她脫困的，正是人類想用捕鼠籠除之後快的老鼠。《料理鼠王》（*Ratatouille*）則是一個更明顯的例子，雖然主角小米多多少少還是被可愛化了，但牠不折不扣地是隻溝鼠——影片開始不久後，小米和其他住在閣樓上的老鼠們就因為形跡敗露不得不集體撤離，老鼠大軍撤退的「壯觀」場景，恐怕很難讓人覺得有何可愛之處，但仍舊不妨礙觀眾暫時相信，即使是老鼠，也可能燒得一手好菜，甚至幫助男主角走穩他的廚師之路。

然而影視作品選擇厭惡動物做為萌化的對象，恐怕不總是因為這些創作者們勇於挑戰高難度的工作。[6]這種「矛盾」，其實也來自於老鼠本身的曖昧性，以及牠們所引發的複雜情感。不管在《仙履奇緣》或《料理鼠王》裡，老鼠都不僅僅是被擬人化而已，牠們還被「友伴化」了。換句話說，老鼠的聰明、效率、行動力、強

---

5 生物學家古爾德（Stephen Jay Gould）認為迪士尼永遠不老的米老鼠，由初登場時的形象演變為如今頭幾乎是身體一半大、有著超級大眼睛的模樣，說明了迪士尼深知這種類似人類嬰兒的外型會特別惹人喜愛，可參考筆者在《以動物為鏡：12堂人與動物關係的生命思辨課》（台北：啟動文化，二〇一八）第一章中的說明。

6 雖然皮克斯（Pixar）的製作團隊確實是有意進行某種挑戰，認為「老鼠夢想成為廚師」這樣的新奇設定充滿創意與熱情。可參見Richard Corliss的"Savoring Pixar's *Ratatouille*"一文。

大的求生本能，都使得牠們頗為適合擔任落難主角們的「助手」；或至少可以慰藉主角，發揮「同是天涯淪落人」的安慰效果——青少年小說《小公主》（*A Little Princess*）中，主角莎拉喪父之後住在閣樓的時光，就不但經常餵食「同病相憐」的老鼠，還替老鼠取了名字與暱稱，接納了這隻老鼠的妻子和三個孩子。「老鼠如同我們的鏡像」，難怪作家羅伯特・蘇利文（Robert Sullivan）會如此為老鼠與人的相似性下註腳。[7]

人鼠某種程度上的相似性雖然可能成為影視作品把老鼠擬人化的靈感，或提供一些基礎，但就現實面來說，人與鼠共通的屬性對老鼠本身來說似乎是弊多於利的。老鼠和人類近似的生存與適應能力，有助於牠們在動畫裡被擬人化為可愛、可溝通的「小幫手」，但在真實世界裡，當人感覺到這種強大的生存能力竟非人類所獨有時，反應或許是恐懼而不是欣喜，甚至有動物學的教科書推論，當人類滅絕之後，老鼠恐怕都還能活力不減地生存下來，成為人類的繼任者。[8]此外，老鼠對其他物種有著毀滅性的影響，還會同類相殘，這也是人類不想承認的類似點之一。至於那些人類也具有、但往往必須壓抑的特質，則可能被投射在老鼠身上，於是老鼠的食欲成為無法饜足的表徵，旺盛的生殖力則帶來縱欲的聯想。食欲與性欲，人皆有之，卻都成了用以污名化老鼠的依據。鼠性和人性的相通之處，於是成為雙面刃，牠們既可能被想像成與人類心意相通的友伴，卻也是人類格外想要與之分道揚鑣的，不想看見的鏡像。

動物研究者強納森・柏特（Jonathan Burt）就曾指出，雖然因為老鼠的習性問題，使得牠們在人類歷史上一直被當成賊一般的存在，不可能討喜，但其實客觀來說，即使老鼠被認為是理應被消滅的害獸，人類似乎也不至於要如此痛恨或害怕老鼠，可見我們對老鼠的憎惡背後，可能有著客觀理由之外的理由，而這個理由，在柏特看來，正是人與鼠的類似性。因為即使在十七、十八世紀的不少文本中，老鼠就已顯得分外可憎，但主要是肇因於牠們的繁殖力。之後，牠們雖被連結到骯髒與疾病，但要到十九世紀末，人們才真正認知到老鼠是某些傳染病的帶原者。[9] 換句話說，早在具備充分理由去害怕或討厭老鼠之前，人類就已經這麼做了。在二十世紀的許多末世小說裡，柏特更看到老鼠益發被視為疫病與災難的預兆。老鼠在近三百

---

7 引自強納森・柏特（Jonathan Burt）的*Rat*一書。
8 見*Colbert's Evolution of Vertebrates*一書（引自*Rat*）。
9 見*Rat*一書之緒論。

年來，似乎引起了更多的厭惡，牠們的毀滅性彷彿足以威脅人類的語言與理智，而且是以與其體積大小完全不成比例的方式影響、威脅著人類文明。[10] 然而，愈多文學作品把老鼠與瘋狂墮落連結、提醒人類不要活得太像老鼠，以免自取滅亡，似乎愈是透露出一個弔詭：或許在無意識中我們早已發現了這不願承認的，人鼠的相像。

那麼，化暗為明地讓無意識的發現被看見——讓更多人意識到人鼠的相似性，意識到我們如何以不成比例的憎惡來對待老鼠，就有可能改變老鼠現今的處境嗎？例如是否就有機會讓實驗鼠的命運有所不同，更積極開發替代方案來減少對實驗鼠的利用？又或者至少能讓老鼠不再被認為死不足惜，讓各種虐殺老鼠、對牠們「行刑」的事件有減少的可能？要人類替厭惡動物的處境多做考量，這確實有難度，除非，如妳在上篇所提到的，我們能去看到「這些被我們所厭惡、欲除之後快的生命型態，也充滿了各種神奇的、值得表達敬意的求生方式」，抑或是去找到一個「認同」的契機。

美國詩人愛德華・艾斯特林・卡明思（e.e.cummings）的視覺詩"Me up at Does"就曾展現出這種認同的契機。這首詩原先沒有標題，"Me up at Does"這四個字組合成的題目，其實是詩文被拆解打亂之後的第一行。詩人從吃了老鼠藥之後瀕死的老鼠視角出發，模擬老鼠臨死前的口吻，所以句子故意弄得支離破碎、斷斷續續。讀者需要自行重組，才能解出意義。重組詩行後的正確句子是，"A poisoned mouse, who is still alive, does quietly Stare up at me, asking, What have i done that You wouldn't have?"其中代表人的You，是大寫，代表老鼠的i則是小寫，凸顯了人鼠地位的懸殊。透過這首視覺詩，卡明思所呈現的情境，是一隻中毒的老鼠在垂死之際瞪大了眼睛，仰望著高高在上的人，質問著：「我做的哪件事是你們人類不會做的？」意指老鼠所做的一切和人一樣，也不過是為了「混口飯吃」，活下去。

如此「文學」，如此感性，自然未必能翻轉厭惡動物的地位。但就我個人的經驗來說，「認同」的情感還是有機會觸動一些影響與改變的，至少，對於曾經厭惡螞蟻的我，是如此。就像妳上篇中引用史密斯對厭惡的分析時提到的，「『不在適當位置』許多時候相當關鍵地影響了一種生物是否會被人類視為厭惡動物」，確實，基於對居家環境乾淨合宜的要求，我發現當螞蟻出現在室內時，我會覺得那是「不在適當位置」，也分外感到厭惡。因此，對於環繞著廚房食物殘渣的螞蟻，我

10 同註7。

自然是從來不留情的，會把螞蟻連同剩食一起清理掉。當時我並沒有特別意識到，家裡的螞蟻之所以會變多，起因是做了陽台外推的工程。或許先侵占了螞蟻空間的，是我。直到某一次，我目睹螞蟻即使並沒有特別礙著人或進駐私人空間，也還是被「清理」掉，才赫然發現，或許人類基本上並不認為厭惡動物有所謂的「適當位置」，牠們在哪裡出現，那裡就變成了「不適當的位置」。諸如登山客進入了蛇的活動範圍，卻通報把「在地」的蛇移除，也是類似的心態使然吧？

那個讓我發現「天地之大，竟沒有螞蟻容身之地」的契機，發生在多年前的一個午後。當時我在文學院看到兩位朋友倚窗聊天，靠過去想加入，卻發現朋友正一面談話一面隨手捏死每一隻路過窗台的螞蟻。在那樣不經心、甚至無意義的舉動中，許多螞蟻就這麼消失了。我心想：啊，牠們只是沿著窗台走，卻莫名地遭到了噩運！我不能說我看到的是一個「暴力」場景，因為不經意捏死螞蟻的人，並不同於戲謔地用放大鏡聚光來燒死螞蟻的小孩子，正刻意地以「好奇心」為名進行科學實驗。但那一瞬間我突然替螞蟻感到悲哀了起來，如此渺小的存在，如此無謂地被隨手殺死。那是我第一次開始思考，螞蟻真有那麼討厭嗎？只因人類的憎惡，牠就非死不可嗎？從那之後，我選擇盡量不殺螞蟻，包括減少讓牠們在剩食旁邊聚集的機會，而且我發現，即使螞蟻已經開始聚集，只要挪開吸引牠們的食物並輕敲幾下，牠們就會自行疏散。[11]

但是盡可能不殺生、尊重生命的道理，要施行在厭惡動物身上，還是特別有難度的。即使我的想法開始有了改變，但只要一趕時間，那些繞著食物遲遲不走的螞蟻就沒那麼幸運了！例如清理家中貓咪的餐碗時，若有幾隻螞蟻怎麼也趕不走，我有時還是會想：「可以了，我已經盡力放走大部分的螞蟻了」，然後把剩下的螞蟻用水一沖。真正決定不殺螞蟻，是在「認同」的契機出現的那一天。當時一面洗碗一面又不耐煩地看著最後幾隻螞蟻守著食物殘渣不肯離開，不想再耗下去的我，正想一如以往沖掉牠們時，突然間猶豫了：為什麼堅守自己工作崗位到最後的，卻是最倒楣的呢？為什麼懂得「看風向」、第一時間開溜的，反而能全身而退呢？是的，我產生了外人眼裡看來荒謬的認同投射——那陣子在工作上有許多感慨，覺得死心眼、直性子的自己，其實努力和收穫並不成比例，反而是鑽營滑溜的人更容易

11 對螞蟻產生興趣之後，我進一步去理解關於螞蟻的小常識，才知道為什麼敲擊的聲音可以讓牠們快速散去：螞蟻能用腳接收聲波，可以聽見同伴摩擦身體時發出的聲音，也可以藉由遠處聲音的高低來判斷是同伴還是敵人靠近。見《動物園雜誌》一四七期，二〇一七年七月。

成功，就是這樣的投射，讓我突然認同起大難臨頭還努力到最後、怎麼也想試著把食物搬走的那幾隻螞蟻。此後，我不再殺螞蟻。

我並不去說服別人也要這麼做，因為我知道，對待厭惡動物的態度若要有所轉變，需要的恐怕不是理論。但我也從不覺得，說出自己的轉變，以及如此將螞蟻擬人化，應該感到羞愧。對我來說，和螞蟻間的「互動」，可以有「殺與被殺」之外的可能，而這樣的互動，不過是多等個幾分鐘讓牠逃生，並不費力，有何不可呢？甚至，生活裡還多了一些想像力帶來的趣味。

其實，只要情感不至於氾濫成災，投射或共感往往能讓人試著把心打開，多一點悅納異己的能力。期待人們對厭惡動物產生共感，或許有點天真，但我願意相信，厭惡「厭惡動物」不必然是唯一的選項，而情感認同的契機，不只存在文學裡，也存在細細觀察周遭事物、用心體會的生活裡。

（Iris）

【第三題】微侵犯

被「雙重消音」的，豬的一生

最難討論的動物議題？

如果有一個「最難討論的動物議題」排行榜，「如何扭轉豬的形象」這一題就算不是最困難的，至少也有前三名吧？「豬隊友」、「神豬」、「笨得像豬」、「肥得像豬」、「豬八戒」，都是許多人不假思索的用語，廣東話也用「鹹豬手」來形容對人毛手毛腳。豬的負面形象如此根深柢固，儘管許多研究都已指出豬其實是聰明而愛乾淨的動物，但要為其「平反」仍然近乎不可能的任務。或因如此，豬身為經濟動物、甚至實驗動物的處境，遂成為許多人「選擇性忽略」的對象。

當然，也有少數例外的時候，但這些案例往往涉及極度離譜又毫無必要的虐待，才會受到注意。例如二〇二〇年在農曆春節前夕，重慶一處風景區為了宣傳，竟將一頭活豬從六十八米的高空推下，進行俗稱「笨豬跳」的高空彈跳。影片上網之後，豬隻淒厲的慘叫聲引發大量批評，業者卻回應，這隻豬被五花大綁是因為「坐電梯時不聽話」，但被推下去和弄上來的時候都「很淡定」[1]。而這隻不幸的豬，在「表演」完之後，自然也逃不過被送到屠宰場的結局，牠在死前額外承受的巨大驚嚇，雖然觸發了許多民眾的不忍之心，但高空彈跳畢竟是罕見的單一個案，很難讓這些同情擴大到對於豬隻集體命運的關注。

問題在於，一旦提到「關注豬隻處境」，可能很容易立刻挑起大家的敏感神經，認為作者是否要展開「吃素救地球」之類的素食主義呼籲，但我在此想討論的是另一件事：相較於雞或牛等其他經濟動物，豬做為人類最重要的肉食來源之一，卻是唯一遭受嚴重污名化的，而這個差異使得豬也成為所有與人類關係密切的動物中，最被邊緣化的一種。當格子籠雞的處境受到檢討，友善雞蛋在市場上逐漸成為一種新選擇時，豬的動物福利並非沒有動保團體關注，在推動上卻顯然更為困難。例如台灣動物社會研究會長期推動神豬議題，揭露神豬的一生被過度灌食、癱瘓難行，最後在意識清楚下被當眾宰殺的悲慘命運，鼓勵用其他祭祀方式替代神豬重量比賽，儘管獲得不少連署支持，但十多年來這項比賽仍以宗教和文化之名持續著。至於一般豬場中豬隻的生與死，在多數狀況下就算被提起，也很難被大眾記憶。

被「雙重消音」的豬

換言之，對於大部分的豬來說，牠們一生所承受的是「雙重消音」的狀態——不只感受能力與智力被否定，牠們做為一個生命體的事實甚至可能形同不存在。畢竟，當我們習於用「神豬」來表達某人面目可憎、蠢笨不堪時，這樣的語境所消除的，既是豬這種動物原先擁有的特質和能力，也抹消了我們原本可能對「神豬」這

1 謝文哲撰文：〈重慶景點綁豬高空彈跳吸客　豬痛苦嚎叫被送屠宰場〉，《鏡週刊》網路新聞，二〇二〇年一月二十一日。

個存在所連結的悲憫。又例如為了防堵非洲豬瘟蔓延，《動植物防疫檢疫局——防疫小尖兵》的粉絲專頁上，有不少直接將「豬」和「滷肉飯」連結在一起，提醒民眾勿攜帶豬肉入境的宣傳標語或海報。「一〇八年非洲豬瘟緊急防疫模擬演習」的海報上，就以兩隻戴著防毒面罩的小豬圖片，搭配「保護我們的小豬仔，保護我們的滷肉飯」旁白，[2]另一張宣導海報更直接以大標題寫著「滷肉飯保衛戰」[3]，當時在臉書平台上，也有不少人更換「不當豬隊友」的大頭貼，來呼籲大眾注意疫情。但是，當「豬隊友」被當成一種具有貶意的詞彙，來指稱那些沒有好好「保護滷肉飯」的「隊友」時，豬的生命實體先被簡化成滷肉，符號意象再被醜化為蠢笨，豬本身的生命遂形同雙重的「不在」[4]。

必須說明的是，強調這種雙重消音的現象，並非意指大家自此要像糾察隊一樣，譴責使用這些詞彙的人歧視動物。當然，語言中不經意透露出的各種有意無意的歧視，確實是個值得留意的狀況，也絕對不值得鼓勵，[5]但強納森・海德特（Jonathan Haidt）和葛瑞格・路加諾夫（Greg Lukianoff）《為什麼我們製造出玻璃心世代》一書當中，有關如果我們過度在意微侵犯（microaggression，或譯微歧視），可能造成什麼預期之外的負面影響之討論，卻是很好的提醒。

所謂微侵犯，原本是針對種族歧視而生的概念，之後則泛指各種類型的歧視狀況，意指「在日常用詞、行為或環境上短而常見的侮辱，不論其有意或無意，傳達出敵意、貶抑或負面的歧視和羞辱」。避免言語或行為上的微侵犯，意在讓我們朝向一個更為公平正義的社會而努力，但海德特和路加諾夫認為，當「道德評判的重點從『意圖』轉為『影響』」，而影響又是由聽的人感覺受到冒犯來界定，將造成冒犯的門檻大為降低。當我們用最狹隘的方式解釋他人的言行，可能隨時都會感覺受到冒犯，也隨時會冒犯到別人，在這樣的狀況下，很難期待民主論辯能夠進行，

2 〈二〇〇八年全國非洲豬瘟緊急防疫模擬演習〉直播預告，《動植物防疫檢疫局－防疫小尖兵》臉書粉絲專頁，二〇一九年六月二十七日。

3 《動植物防疫檢疫局－防疫小尖兵》臉書粉絲專頁，二〇一九年八月二十六日。

4 由二〇二〇年發生的進口萊豬爭議，亦可看出另一種形式的「雙重消音」。十一月十九日，以「反毒豬、反標、反黨國」為主訴求的二〇二〇秋鬥誓師記者會上，一隻活體黑豬被帶到凱達格蘭大道。在高達攝氏三十度的炎熱氣溫下，黑豬因驚嚇緊迫而不斷哀嚎，甚至嚇到失禁。由此同樣可看出豬的存在本身，先被單純視為「豬肉」這個符號，而被帶到現場的豬，牠的情緒與身體感受，更完全被排除在這個以豬肉為名的抗爭活動之外。「在場」的牠，只是加倍凸顯出豬被無視與消音，也就是形同不在的處境。參見張良一撰文：〈現場直擊：秋鬥反美豬台灣黑豬記者會淒厲哀嚎〉，《新頭殼》，二〇二〇年十一月十九日。

5 有關語言當中透露出的歧視，在〈沒有「人」因此受到傷害的動物玩笑〉篇會再進一步討論。

因為大家愈顧忌冒犯他人，就愈不願提出真正的想法。海德特和路加諾夫當然不是認為有意無意傳達歧視或羞辱沒有問題，而是想提醒讀者，若將微侵犯的概念無限上綱，沒有任何對話能夠展開。[6]放在社會運動的領域來看，過度強調他人言行的「微侵犯」，或許假以時日能夠創造一個相對友善的語言環境，但如果人們不是出自內心在意，只是基於「不要被偏激的動保人士抗議」而減少某些詞彙的使用，動物處境恐怕很難獲得任何實質改善。

不過，一方面說豬在歧視語境中被雙重消音，一方面又說不要過度強調微侵犯／微歧視的概念，可能會被質疑是否自相矛盾，但我想強調的是，如果人沒有辦法意識到動物的真實遭遇，就不可能真正理解語言上對動物的描述如何充滿（微）歧視，那麼牠們就注定只能在符號化的語境中被消音。因此，真正重要的是如何讓動物處境被看見、被理解、被在意，牠們才有可能從集體的數字、模糊的概念中，被還原成生命。

從概念還原為生命

綜而言之，經濟動物的議題之所以較難獲得關注，在於牠們某程度上只是概念化的存在，又因其數量而被化約成面目模糊、去個性化的「滷肉飯」，一如〈就算牠沒有臉〉一篇中提過的，牠們基本上「沒有臉」，而牠們個別的命運也往往在龐大的數字中被稀釋。每當禽流感、口蹄疫發生，新聞總會描述幾十萬隻雞或幾百萬隻豬遭到撲殺，但一般人其實不會（多半也不想）去具體想像幾百萬隻動物被撲殺的場景，撲殺手法是否人道，也就因此少人聞問。然而大衛・逵曼（David Quammen）在《下一場人類大瘟疫》中，曾提及一個令我印象深刻的案例：一九九八年馬來西亞爆發立百病毒腦炎，無數豬隻遭到撲殺，參與當時病毒調查的

6 他們以近年美國大學校園常見的激烈衝突為例，許多抗議行動來自於部分同學認為講者的意識形態冒犯到他們，因此拒絕這些聲音進入校園。這看似維護了一個「安全」的校園空間，卻可能導向更加對立也更難容忍異質性的社會。見強納森・海德特、葛瑞格・路加諾夫著，朱怡康譯：《為什麼我們製造出玻璃心世代》，台北：麥田，二〇二〇。

專家菲爾德回憶當時的情景，他說：「要殺死一百萬頭豬，做起來可不輕鬆。」但他後來糾正了最初的說法，其實是一百一十萬頭豬。對一般人來說，這兩個數字的差別或許沒有太大意義，畢竟都可以用「上百萬頭」形容。但「假使你有一天必須『額外』殺死十萬頭豬，還得用推土機挖出坑洞來把牠們的屍體處置掉，那麼在你的記憶當中，這其間的差別就會很明顯」。

更少人會注意到的或許是，這些豬在被撲殺前，可能還要先經歷漫長的痛苦。二〇一九年香港爆發非洲豬瘟的案例後，六千隻豬遭到撲殺，動保團體揭露這些豬隻多日未被餵食，違反基本的動物福利，撲殺方式亦因不透明而難以檢核。[7]要改變這一切，不能只靠少數動保團體的關注，而是需要更多人意識到經濟動物福利的重要，這是何以歐洲某些強調動物福利的肉品生產模式，會在超市的肉片上，貼上小豬「生前」的照片和名字，並強調牠們活著的時候受到良好的對待。雖然此種做法有時反而會引發消費者在倫理上的不適，因為它們在做的事，一如介紹羊腿讓愛麗絲認識的紅棋皇后，而消費者（尤其西方社會）多半不想看見「羊腿本人」原本的長相。但小豬的照片，確實有助於我們將豬的概念「還原」為生命，因為它提醒了消費者，所有豬肉都來自活生生的豬——滷肉飯亦然。那麼，無須刻意批判，也會有更多人慢慢減少用神豬或豬隊友去形容別人吧，因為屆時，當我們使用這些詞彙，腦海中浮現的會是一個個真實的、有感受的生命，而不是被污名化的，既肥又蠢的概念而已。

（Cathy）

7 楊婉婷、蔡正邦撰文：〈【非洲豬瘟】六千豬捱餓 動保團體質疑虐畜 籲政府公開屠宰細節〉，《香港01》，二〇一九年五月十三日。

牠不笨，牠有話說：豬不是一塊漸漸長大的肉

【篇前回應】

上篇提到豬被「雙重消音」——不但被視為蠢笨懶惰的象徵，還不被當成生命體看待，似乎生來就只是人類的食物。但要破解這種雙重消音，真的好難，如妳所說的，這恐怕是最難討論的動物議題之一了！妳記得我們在倫敦動物園一起看見的豬群吧？我們參觀到豬的園區時正逢餵食的時間，豬隻紛紛圍向餵食者，但其中一隻沒發現開始放飯了，本來已經準備進食的另一隻，就急著去叫牠過來吃飯。那一幕讓我印象深刻，也更替豬感到不平：英文裡豬（hog）這個字當動詞使用時，是指貪心地霸占一切，但眼前的豬，明明是選擇分享，而不是先搶先贏啊。不過我也知道，我之所以比較可以看見豬的「臉」，和我不吃豬肉很有關係。早在被任何動保的觀念影響之前，不知怎地，漸漸就從不

喜歡吃豬肉，進展到完全不吃。因為豬對我來說再也不是食物的選項之一，我才能「於心無愧」地更去注意到牠做為生命體的不堪處境吧？畢竟我無須面對「愛吃豬肉又想關心豬的福利」那種自覺名不正言不順的糾結。然而在下篇中，我想試著思考的正是：吃豬肉的人，是不是就只能放棄關於豬的這一題？

剛進台大教書的時候，我還沒有開設關於動物保護的通識課程，只能在大一英文課程中，以英文資料的相關自選教材「置入性行銷」經濟動物主題，主張即使吃肉，我們還是可以有選擇，例如選擇友善農業飼養、人道屠宰的動物。難以忘懷的是某次上課一位同學突然打斷我，說他不了解為什麼大一英文要上這種內容，「豬對我來說，就是一塊漸漸長大的肉，牠們被屠宰前的嚎叫，也只是一種生理反應」。可能因為太資淺，也可能因為太壓抑，我已經忘記自己當下是否曾好好回應學生的質疑，但我確定的是，日後我沒有因此放棄試圖讓更多學生理解，不需要因為難以割捨肉食，就先用敵意防備的態度來看待動物福利觀念。

或許算耕耘有成，多年後，同樣曾修習我大一英文課程、後來到荷蘭深造的學生陳穎，在肉品標章完善的超市選購豬肉之後，來信傳達了她對這個議題的在意。[8]她記得當年我的主張，想選擇友善動物的產品，拿起了一件從標章看來非常注重動物福利的肉品——飼養豬隻的空間符合環境豐富化的要求，提供了包括嚼食點心在內的不同消遣，讓豬不至於感到無聊。她有些困惑，面對一隻生前懂得享受「消遣」的豬，自己真的可以慶幸牠曾經得到友善對待，然後安心將這塊肉吃下肚嗎？還是該自慚對肉食的喜好，讓這樣聰明的動物終究變成了一塊肉？糾結的心情，驅使她來信問我的想法。

我其實非常感動，我告訴她，願意面對自己想吃肉但也同情動物的掙扎、分裂，就已經是願意把動物當一回事了。大多數的人可能會選擇比較輕鬆的道路，認定「豬只是一塊漸漸長大的肉」，畢竟想太多會令自己為難：豬如果注定要成為食物，知道牠有多聰明、好奇心多旺盛，[9]「到口的豬肉」可能就飛了。

對聰明可愛的動物產生不忍傷害之心，或許是很多人都會油然而生的情緒，面對經濟動物如豬也不例外，但要因此就放棄肉食，難度又高了許多，這也是為什麼即使一九九五年的澳洲電影《我不笨，所以我有話說》（*Babe*）中，主角小豬伶俐的萌樣風靡無數觀眾，使豬肉的消費量隨電影的走紅而降低，但也只是短暫即逝的現象。對很多人來說，與其面對自己想吃肉又覺得動物可憐的分裂感，不如繼續合理化吃肉這件事，甚至想像豬是自願被吃的：於是我們即使在豬年的元宵花燈展中，看到豬笑嘻嘻地販售叉燒包，[10]可能也完全不覺得哪裡不對勁。

其實，若務實地面對現況，我們會發現，介於「吃肉乃天經地義，動物的苦痛沒那麼重要」[11]和「素食是唯一解方」兩種選項中間的人——放棄不了肉食但又不

8 荷蘭是全球少數幾個有系統推動動物福利標章的國家，「標章的名稱是『更好的生活』（荷文是beterleven）。標章至多三顆星，星星數目愈多表示畜養過程對動物愈友善。」詳見梅格撰文：〈雜食者的兩難——有關荷蘭經濟動物的命題〉，《荷事生非》，二〇一四年七月十二日。

9 雖然豬長期被污名化為蠢笨的象徵，其實豬和人的相似，遠超過我們願意接受與相信的程度。有興趣進一步了解豬的習性與魅力的讀者，可以參考萊爾．華特森（Lyall Watson）著，陳信宏譯：《滾滾豬公：豬頭豬腦的世界》一書，台北：麥田，二〇〇五。博物學家華特森在其中做了非常詳盡的說明。

10 二〇一八年以豬為主題的台北元宵花燈展中，豬除了賣叉燒包之外，還賣豬血糕，雖然叉燒包被「擬人化」，出現哭喪著臉的表情，但花燈豬要不是笑嘻嘻，就是以準備一展大廚身手的造型登場。

11 例如《世界屠畜紀行》的作者內澤旬子就是很典型的此類代表：她認為近二十年來由於動保的盛行，不但鯨魚和玳瑁受到保護，食用狗肉或是伊斯蘭圈不先電擊就直接用刀割喉的屠宰方式也備受批判，「我忍不住想大聲說：『難道動物比人還重要嗎？』」見內澤旬子著，李珮琪譯：《世界屠畜紀行》，台北：麥田，二〇一四。

忍動物受苦——可能才是為數最多的。[12] 但在「要吃肉又要談動物福利就是矯情」的質疑之下，這些最有可能進一步友善動物的群眾，往往乾脆選擇「不要想、不要看」。而工業化屠宰場對於宰殺工作可能引起的反感與道德爭議，本來就會試圖用權力來加以隱藏，[13] 有意讓人們離食物的生產鏈愈遠愈好，才不至於在消費肉品之前感到猶豫、影響銷量。也正因如此，推動經濟動物的福利變得更為困難，因為大家都選擇了「眼不見，心不煩」，試圖遺忘肉食與動物生命之間的連結。[14]

面對這樣的現象，有一派人士的看法是「吃肉的人都該去參觀屠宰場，之後才有資格買肉」，或主張我們不該吃自己不忍心殺的動物，但《吃的美德：餐桌上的哲學思考》的作者朱立安．巴吉尼（Julian Baggini）並不認同這樣的看法，他除了指出「言行一致並不是要你吹毛求疵」之外，也主張有勇氣看屠宰過程的人未必比沒勇氣的人更「有資格」吃肉，因為「那可能只顯示出那個人心腸比較硬、比較冷酷，或對這種事比較熟悉」。對巴吉尼來說，拉近我們與食物生產鏈的距離是有必要的，但做法未必是參觀屠宰場，也可以是去了解在第一線飼育和屠宰動物的人怎麼說，進而培養真心關懷動物的態度。

事實上，這種看似為德不卒、但對大多數人更可行的契機，已經出現了。有些關注動物倫理哲學、小規模經營的手工肉店，會要求其販售的肉品來自遵循特定倫理實踐的獨立農場：「包括牲畜應在草地上飼養，以牧草餵養，不施打任何非必要的抗生素或荷爾蒙。肉店業主同樣保證動物是在符合人道的小型屠宰場中宰殺」；更重要的是，使用全隻屠體，而非只賣受歡迎的部分，顧客要購買時，再切下要販售的部位：「這是要讓顧客到店裡看到全隻。因為超市處理肉品的方式就跟其他產品一樣，把你和動物分開，動物放在保麗龍盤裡用保鮮膜包著。這種處理方式就像在處理鯽魚還是薯條。最尊重動物的方式就是別殺牠，但若是要殺，最尊重的方式

12 在〈沒有「人」因此受到傷害的動物玩笑〉篇亦會進一步討論此問題。

13 可參考理查・E・歐塞霍（Richard E. Ocejo）著，馮奕達譯：《職人新經濟：手工精神的文藝復興，品味與消費文化的再造》，台北：八旗文化，二〇一九。其中引述了Timothy Pachirat對於「視覺政治學」的說法來對比工業化屠宰場的隱匿與「全隻肉店」的透明化發展。下文會繼續說明全隻肉店的理念。

14 一〇八—二學期開設「文學、動物與社會」通識課時，修課學生陳妶帆曾在課後心得中寫到一段很有意思的反思。某次她和家人去吃烤鴨，廚師把整隻鴨推到桌邊「片鴨」，有了動物倫理相關的啟蒙之後，她發現自己無法和其他人一樣，拿出手機爭拍這個當場切片的畫面，反而是開始思考：她平常吃著切好的牛豬雞時，明明可以安心地大啖美食，為什麼此刻自己卻感到不安？「也許人們對碗裡的肉不抱任何情緒，就是因為肉和動物之間的關係刻意或不經意地被斷開了」，這反思呼應了此處所說的，我們離食物生產鏈太遠的話，就不容易去思考動物倫理的問題。

就是全數利用。」一位曾任職此類農家肉鋪的屠夫進一步解釋經濟動物需要的「公道四要素」：「好生、好死——死得有尊嚴、好屠夫，還要有好廚子來完成這個循環。身為真正愛動物的人，在我看來，我確實有能力讓這隻為了充做人類食物而死的動物得到提升。」[15]支持這類全隻肉店的動物福利理念，其實不失為難以放棄肉食者「沒有出路中的出路」。

回到「該不該吃生前懂得享受消遣的豬」這問題，我的答案是，除了務實地面對大多數人仍放棄不了肉食的現狀之外，我們更需要誠實地面對自己的掙扎，並且測試自己能為動物做到什麼地步。面對自己「又想吃又不忍」的分裂與兩難雖是想負起倫理責任的開端，但不是終點，重點在於開始思考之後，會做出怎樣的選擇：有些人可能會覺得，只要想到豬那麼聰明可愛就吃不下去了，於是會更努力試著放棄肉食或至少減量；暫時還放棄不了肉食的人，也許會開始注意選擇符合動物福利標準的肉，支持更友善的畜養環境；如果消費的環境中有前述與獨立農場合作的全隻肉鋪，也可以列入選項。願意做這些選擇，都遠比逃避自己內心的矛盾，或指責努力尋找「出路」的人偽善，來得積極與有意義多了。雖然這種想吃動物的肉又自認關心動物的「不一致」，不免會帶來內心的衝擊，但對無法就此放棄肉食的人來說，從做得到的地方開始做起，就已經誠實地負起了自己的倫理責任。即使結果同樣是選擇吃肉，也已是法國哲學家德希達（Jacques Derrida）所定義的「好好地吃」（*il faut bien manger*）。[16]也就是說，吃不吃肉，最終畢竟會回歸到個人實踐的層次。如果實情就是，多數人真的不會因為知道香腸是怎麼來的，就放棄吃香腸，那麼一味拒絕素食以外任何比較妥協的思考方式，只會使更多人寧可停留在「豬只是一塊漸漸長大的肉」這種更無助於減輕動物苦難的選項，迴避自己的矛盾，放棄思考。

其實，連始終不能放棄肉食的人，面對豬的這一題，也不是完全無法有所作為。至少，上篇提到的「微侵犯」、「微歧視」，並不是那麼難以避免的事。由於我們打從心裡不在乎豬，語言中常充斥著對豬的歧視，若有動保團體大聲疾呼，要大眾注意這樣的問題，又會被視為過於挑剔、激進，效果也有限。假使每個人都自

---

15 詳見《職人新經濟》一書中〈全隻盡現〉該節，對於美國出現的這種新肉品文化，如何針對傳統育肥場與肉品生產的工業屠宰模式加以譴責與挑戰，有清楚的說明。

16 詳見*Who Comes After the Subject?*一書中"'Eating Well,' or the Calculation of the Subject: An Interview with Jacques Derrida"該篇。簡單來說，德希達「好好地吃」的倫理觀是指，如果我們不可能不吃，那麼就更不能放棄尊重的法則，至少要善盡好好地去吃的義務，對於吃什麼，怎麼吃，有更高的自覺和倫理的自省。

發地去做這最起碼、且並不困難的事——不透過言語繼續污名化與歧視豬，即使對於仍然會被吃的豬來說，當下可能改變不了什麼，但一旦有了不同的文化氛圍，長期下來，豬的命運就有改變的可能。舉例來說，過去動保團體為了讓大眾注意到當前母豬飼養環境的不人道狀況，曾刻意在母親節提出請願，但母豬與母親的類比，卻被嗤之以鼻；倘若有更多人放下理所當然的「微歧視」，或許豬隻飼養環境問題的真相、母豬的困境，就有更多被深入了解的可能？[17] 試著把「豬隊友」這種負面的詞徹底拋棄，對於「豬朋友」的體恤才有滋長的起點。

威廉・亨利・赫德遜（William Henry Hudson）就是一位體恤豬朋友的博物學家，特別的是，他並不諱言自己尚無法放棄吃豬肉。在散文〈我的豬朋友〉中，他誠實無比地寫出自己喜歡豬這種動物，但也喜歡吃肉的心情。[18] 赫德遜對豬的偏愛，特別表現在他把豬與其他動物做比較時：他認為豬既不像牛那麼溫馴，也不像山羊那麼放肆，不像鵝那麼敵意，又不像貓那麼睥睨人類，也不像狗那麼愛諂媚。儘管如此喜歡豬，他也還是喜歡「早餐餐桌上的火腿片」。在這令人訝異的開場自剖之後，他寫下自己一九一九年在威特夏丘陵地的某個村莊裡，如何和一隻豬交上朋友的過程。他發現這隻豬被養在極為惡劣骯髒的環境中，肚子浸泡在污泥裡，這令他感到十分不忍，文中並譴責了某些傳統養豬戶認為「豬就是要養在愈髒的環境中肉才愈好吃」、「豬本來就喜歡髒」的謬誤。此後他每天去豬圈和這隻豬聊天，並且用拐杖替牠抓抓癢，希望能讓牠的餘生稍稍不那麼悲慘一點。接著，他更在附近的草地上採摘接骨木果給他的豬朋友吃，這全新的味覺體驗顯然讓牠十分開心，赫德遜於是安慰自己，這多少可以彌補牠不能在田野上活動的痛苦吧？

然而屠宰的日子畢竟會到來，那一天，當他聽見豬朋友的嚎叫聲，目睹牠被貨車載走時，只能默默在心中與牠道別，然後對自己說：「一兩個月後，如果有些人發現他們早餐的火腿片有著特殊迷人的香味，那必定是因為我曾給我的豬朋友吃過

17 台灣動物社會研究會在二〇一七年母親節前夕，曾以母豬是「最偉大卻最不堪的母親」這樣的訴求來為母豬爭取符合動物福利的飼養空間，但引來「擬人化＝無腦＝煽情」的批判。他們的調查報告指出，台灣每年六十萬隻母豬終生被迫不斷懷孕產子，卻在狹欄中連轉身的空間都沒有，從而出現緊迫、沮喪與不正常站立或不斷啃咬欄杆等行為，因此呼籲政府和民間應重視經濟動物的福利。然而想趁母親節「造勢」的動保行動不但被譏為「豬饑己饑，豬溺己溺」、無用的慈悲心，甚至被以諷刺口吻重砲抨擊為濫情、無腦。以上摘自筆者的〈化人主義〉（anthropomorphism）一文，收錄在史書美、梅家玲、廖朝陽、陳東升主編，《台灣理論關鍵詞》，台北：聯經，二〇一九。

18 此文收錄在他的 *The Book of a Naturalist* 一書中。

接骨木果，在牠生命終止之前，曾有一兩週，那些果實愉悅了牠的心。」

赫德遜吃豬肉，但認為友善的飼養環境很重要，所以自己盡可能善待他遇到的豬朋友，讓牠在生前能享受吃到美食的喜悅。對有些人來說，這遠遠不夠，甚至是「見死不救」還自我感覺良好，但那是無法放棄火腿肉的赫德遜所做出的選擇。如果讀者因赫德遜的文字感到震撼、困惑或哀傷，這些心情，自然有機會引領每個人做出不同的倫理決定，而其中，必定有著可以為豬做得更多的選項。（Iris）

【第四題】虛擬動物

數位時代的人與（虛擬）動物關係

同情皮卡丘，不行嗎？

〈（水族）動物不是奇觀：從「花園鰻視訊會」談起〉（請見第二部第七題／生命教育）這篇提到，動物行為學家法蘭斯．德瓦爾（Frans de Waal）認為，覺得魚類「無聊」或「憂鬱」，未必只是人類的感情投射，而是因為魚類和哺乳類在生理上確實非常相近。這個看法不知是否能讓長久以來總被邊緣化與物化的魚類「沉冤得雪」，但德瓦爾的觀念有意思的地方還在於，他其實並不否定所謂的情感投射——儘管這個問題很容易落入「子非魚」的古老哲學辯證。但我時常在想，長期以來「惡名昭彰」的擬人化，就算是一種情感投射，難道不能成為人們擴大倫理對象的起點嗎？至少對我來說，童年時為了卡通裡的小鹿斑比或「頑皮熊」的遭遇傷心，和現在為那些被傷害、虐待的動物感到痛苦，就情感層面來說都一樣真實，並無二致。

當然，人活得太過心軟是件辛苦的事，尤其如果情感投射的對象還擴大到虛構的動物世界，「道德包袱」確實還挺沉重的。但我想從一個乍聽之下可能有點荒唐的自身經驗說起，思考擬人化的虛構角色，如何觸動了我的同情／情感，以及就算這樣的情感模式被視為過度投射，它又如何、或是否可能成為「另類的倫理起點」？這個說來莫名的經驗，就是我為何會成為一個《精靈寶可夢Go》（Pokémon Go）玩家。畢竟，身為「六年級」世代，對寶可夢並沒有童年回憶或懷舊情感。我對它最初的印象／想像就是給幼兒或至少低年級小朋友看的，很幼稚的卡通吧？想不到後來竟成為忠實（至少直到現在都沒有退出遊戲）的玩家，實在是一個偶然所造成。

那是一則無意中看到，標題叫做〈皮卡丘哭哭！見面會現場沒有半個人……〉的新聞，內文描述福津市的永旺夢樂城（AEON MALL）百貨公司，在星期天舉辦三場皮卡丘見面會，想不到第一場見面會過了將近半小時，擺滿的座位沒有半個人入座，「只有主持人和皮卡丘呆立在空蕩蕩的會場」。「皮卡丘無助地將視線望向路過的民眾，而帶著小孩的爸爸或媽媽好像覺得皮卡丘有點可憐，紛紛停下來看著牠，但也只是駐足在旁邊，絲毫沒有要坐下來或上前抱抱皮卡丘的意思」[1]。這則小到不能再小，幾乎毫無重要性可言的新聞，卻莫名觸動了我的同理心和同情心。尤其文中那句「呆立在空蕩蕩的會場」，讓我甚至為此試圖查了一下後續有沒有相關報導，看看第二場、第三場的人氣如何。一個百貨公司的活動當然不會有記者殷勤追蹤，最初那報導也只是恰好有人在推特上發了照片才引起關注，卻成為我從此進入「精靈寶可夢」世界的起點。

但是，一個虛擬玩偶的見面會沒有「粉絲」參加，說穿了頂多是百貨公司損失聘請主持人和玩偶扮演者的人事費用，少了一些販賣周邊產品的機會，除此之外，

1 〈皮卡丘哭哭！見面會現場沒有半個人……〉，《自由時報》，二〇一六年七月十四日。

並不會有什麼實質傷害。為了這樣的事件耿耿於懷的我，想必會被認為過度擬人化加上同情心過度氾濫。畢竟，皮卡丘的玩偶裝再怎麼精緻，也不至於讓它可以呈現「無助」的視線，或「傷心得快要哭出來」。但反過來說，無論皮卡丘、米老鼠或熊本熊，我們之所以熱衷於讓平面的卡通動畫角色成為立體的、由真人穿上玩偶裝假扮的「活物」，難道不正是因為某程度上我們確實希望「它們」可以是「牠們」，是有生命、能與我們互動的存在？另一方面，精靈寶可夢遊戲透過虛擬實境的形式，將真實空間與虛擬世界之間的邊界相互滲透，讓虛構角色在玩家的真實空間中被「捕獲」[2]，不只為這些角色製造出某種混沌曖昧的「類生命感」，我認為，這或許也能夠成為一個契機，去思考伴隨數位時代而生的獨特倫理課題，也就是人與虛擬生命的互動關係。

人與虛擬生命互動的倫理

雪莉．特克（Sherry Turkle）在探討數位時代親密關係的《在一起孤獨》這本書中，曾相當深入地分析諸如電子雞、小精靈菲比等「數位生物」帶來的不同道德視域。不同於孩子透過想像與角色扮演而被「灌注生命感」的洋娃娃，電子雞等數位生物「帶領我們進入一個新的物體疆域：孩子認為物體有自己要做的事，也有需求和願望」。而《精靈寶可夢Go》自二〇一六年推出以來，除了最初在擴增實境的地圖上蒐集寶可夢、在道館對戰等遊戲功能外，後來還新增了「和夥伴一起玩」的功能，玩家在帶著特定寶可夢一起走路的同時，還有餵夥伴吃點心、一起玩、一起對戰、幫夥伴拍照等選項，隨著互動所累積的經驗值，夥伴的等級將會提升。這些在玩家「撫摸」時會展露雀躍神情，並且在捕捉其他寶可夢時進行協助的夥伴，某程度上已具備了初階電子寵物的雛型。（至於強調真人動畫版的《名偵探皮卡丘》，則更加強化了皮卡丘做為虛擬寵物的形象）。

2 《精靈寶可夢Go》是從谷歌地圖演變而來，由於特殊寶可夢出現的場所可依程式設定，因此透過與遊戲商合作，也讓「遊戲觀光」一度成為各地促進經濟的新趨勢。以台灣為例，二〇一八年的嘉義燈會、以及和台南市政府合作的《Pokémon GO Safari Zone in Tainan》，都帶來人氣與商機。見林庭安撰文：〈結合燈會與Pokémon GO！三大分流策略，為嘉義帶進五十萬人卻不塞爆〉，《經理人》，二〇一八年三月十九日；邵蓓宣撰文：〈零授權金的合作，帶來3億元商機！揭密台南市政府與寶可夢的合作過程〉，《經理人》，二〇一八年十一月十三日。但此種商業行銷模式的背後，則是監控資本主義的邏輯。這個部分的討論可參閱肖莎娜・祖博夫著，溫澤元、林怡婷、陳思穎譯：《監控資本主義時代（上卷：基礎與演進；下卷：機器控制力量）》，台北：時報，二〇二〇。

當然，若以「虛擬生命」這個角度進行觀察，動畫、遊戲、電子寵物、真人扮演的玩偶，並不完全在同樣層次上，「擬人／擬真」的程度也各不相同。其中自然以電子寵物仿擬真實生命的程度最高，日本甚至有寺廟為停產並且無法維修的「往生」電子狗Aibo進行「超渡儀式」[3]。這些「夠像有生命」[4]的存在，凸顯出「站在生命邊界上的物體，也可能帶來椎心之痛」[5]。正因為這椎心之痛一如真實生命般難以承受，新一代的Aibo才會改良為能將數據存在雲端，即使機體損壞，也可以透過將數據傳到新Aibo的方式，讓Aibo「永生」[6]。

值得注意的是，即使以如今的科技看來設計相當簡單，也不具備太多互動可能的電子雞，依然會讓孩子哀悼它（牠）們的「死亡」，並為了疏於照顧或未曾善待它（牠）們產生罪疚感。因此我相信這個新世代的「電子寵物照顧倫理」可以開啟的思考面向，遠比表面上看來的還要更多。如同特克所強調的，重點並非這些物體是否真的有情感或智慧，而在於「那些物體在使用者身上喚起的感覺」——它（牠）們喚起的，正是人類的情感依附。

情感依附的對象，不必然需要有生命——想想許多孩子難以捨棄的破毯子——有趣的地方在於，當我們將自己的情感投注於某個對象之上，幾乎會同步展開擬人化的過程，也就是前述的「灌注生命感」。孩子會替喜歡的物品或娃娃取名字、透過虛擬互動去想像它們的感受，這難道不是培養同理心的起點嗎？只不過在崇尚「科學理性」的文化脈絡下，擬人化幾乎總與無知、濫情、過度想像、缺乏理性等負面標籤連結在一起，使得情感依附和同理心養成之間的重要性被低估了。就像德瓦爾說的，如今擬人化這個詞的含義，幾乎只是用來譴責「把其他動物的特徵或經驗描述得跟人類很像的說法」，我們為了「把人類的認知能力放在高壇上供奉著」而簡化動物的一切能力，是「人類特殊主義」（human exceptionalism）心態作祟的結果，但他認為此種人類－動物二元論的偏見，在現代神經科學的研究領域早已證明站不住腳。德瓦爾強調，這不表示紅毛猩猩訂計畫的過程，和他在課堂上宣布要考試時，學生為此準備的過程可以等同論之，「兩者不是在相同層次。但是兩種思考

3 〈日寺廟為機械狗舉辦喪禮、超渡靈魂〉，《自由時報》，二〇一五年二月二十六日。
4 借用特克《在一起孤獨》第二章的標題。
5 雪莉．特克著，洪士民譯：《在一起孤獨》，台北：時報，二〇一七。
6 PingWest撰文：〈Sony電子狗Aibo如何撫平人類寂寞？〉，《TechNews》，二〇二〇年一月十一日。

過程在深層意義上是連續的」[7]。我認為這個洞見，對於思考人類將虛擬生命擬人化並產生情感依附的現象，具有重要的參考意義。

從寶可夢到旅蛙：寵物照顧遊戲開啟的新道德景觀

事實上，若進一步觀察《精靈寶可夢Go》這類遊戲中的虛擬角色與相關設定，就會發現相較於電子雞或電子狗，玩家必須用「更不擬人／擬真」的態度去建立互動倫理，在遊戲進行時才不會產生太多道德包袱。例如玩家儲存寶可夢的數量有其上限（儘管可以不斷花錢擴充容量），加上寶可夢進化時需要一定數量的「糖果」才能進行，因此這些「寶可夢訓練家」必須將部分寶可夢「傳送給博士進行研究」來交換糖果，如果此時內心浮現「那不就是送給博士進行動物實驗……」的念頭，恐怕會產生一些動搖吧。但內心動搖的訓練家是無法持續下去的，換句話說，玩家必須揮開這些「雜念」，才能接受並進入遊戲建立的世界觀。這個世界某程度上是透過動畫、玩偶裝等其他管道，來建立角色的故事、來歷與「生命感」，但在遊戲當中，牠們與「真實生命」之間的距離相對比較遠，例如打道館而「負傷」的寶可夢們，也不會在形態上有任何改變，只要輕鬆透過一些道具，就可以讓瀕死的寶可夢重獲生機。

嚴格來說，大部分具有「寵物照顧」性質的遊戲，多半都有這種「無限補血」的設定，因為一旦太過貼近真實，反而可能降低玩家遊戲的意願。以另一個亦曾頗受歡迎的臉書遊戲《開心水族箱》為例，玩家必須每天投餵飼料，一旦太久沒有登入遊戲，費心蒐集的魚就會臉色黯沉地游來游去，並出現某條魚已經餓了的文字提醒。但這些虛擬魚的抱怨僅止於此，就算一個月不回來，它們畢竟不會真的「餓死」。不過，我曾玩過另一款英文版的水族箱遊戲，一旦沒有依時殷勤整理，水族箱就會「長出」青苔，太久沒餵食的魚甚至真的會翻肚給你看。老實說，那個遊戲我很快就放棄了，原因無他，心理負擔實在太大了，比養真魚還累。

所以某程度上，《旅蛙》這個手機小遊戲風靡一時的原因雖然很多，但無可否認其中絕對包括「不用照顧」。雖然我承認當初在玩的時候，查到一些攻略指示：「不可太久不為你的蛙補充行囊裡的糧食與道具，否則牠若兩天沒回來，可能是『在路邊暈倒了』——這充滿擬人化的敘述，當然又讓我「腦補」了一陣「蛙蛙照顧守

7 法蘭斯．德瓦爾著，鄧子衿譯：《瑪瑪的最後擁抱：我們所不知道的動物心事》，台北：馬可孛羅，二〇二〇。

則」，滿懷罪惡感地不時點進去看看蛙蛙回家了沒。但由於遊戲的基本設定畢竟不會在電腦畫面上出現貧血暈倒的蛙，就算偶爾點進去蒐集一下旅蛙明信片，最多也就是一直出現重複地點而已。旅蛙始終安詳地持續進行出門、回家、睡覺、寫信、看書等活動，換句話說，它在本質上其實不屬於「寵物照顧遊戲」。

這些例子讓我們看到，人們一方面透過擬人、擬真的方式來營造出一個虛實相間的遊戲世界，另一方面，卻又時常刻意拉開距離，讓它們「不夠像有生命」。這樣的心態看似矛盾，其實只是反映出虛擬生命所帶來的，新的道德景觀之建構過程。一如許多人會爭論：對虛擬生命投注情感，究竟會讓我們失去與真實生命的連結，讓人變得更加麻木，抑或反倒擴大了倫理所及的對象，讓我們對生命更有感？兩個答案確實都同樣可能發生。因為如果借用德瓦爾的說法，人和動物的思考方式、情感模式「在深層意義上是連續的」，那麼每一個人對待其他有生命與無生命之物的情感態度，也並非「有或無」二選一就可以涵蓋，而是在深層意義上的連續光譜。

就像彼得・辛格（Peter Singer）在《真實世界的倫理課》中，略帶悲觀的預測：

如果機器可以、也真的變得有意識，我們會在乎它們的情感嗎？迄今，我們跟我們唯一遭遇的非人類知覺生物（動物）的關係歷史，讓人不太能相信我們會承認有知覺的機器人不只是財產物品，而是有道德立場和利益值得顧慮的生物……不被普遍視為我們道德社群成員的有意識機器人的發展，可能導致大規模的虐待。[8]

從人類歷史來看，我相信他沒有說錯。但我也同樣帶著盼望，如果有更多人，會因為擬人化的情感投射，想像皮卡丘帶著「無助的眼神」，會將電子狗Aibo的死亡當成真實寵物的死亡一樣傷心，那麼，我們想像的未來，說不定就可以不那麼傾向「大規模機器人虐待」的世界，而是一個會為機器哀悼，也同樣會為真實生命哀悼的未來。

（Cathy）

本文初稿原刊於《台灣人文學社通訊》第15期，二〇二一年五月。

8 彼得．辛格著，李建興譯：《真實世界的倫理課》，台北：大塊，二〇一九。

虛擬／擬人化的生命與哀悼的倫理

【篇前回應】

妳提起成為《精靈寶可夢Go》玩家的契機，是因為同情在福津市永旺夢樂城百貨公司皮卡丘見面會上被冷落的真人玩偶皮卡丘，讓我想起我們同遊香港迪士尼時，也曾經因遊客都搶著和米奇、米妮合照，高菲狗卻被晾在一邊，於是決定去找高菲狗合照，所以算起來，這是「累犯」：在擬人化被視為極不科學、純屬情感投射的今天，連主張真實的動物具有某些人類擁有的感知與情緒，都頗為爭議，竟還去同情或同理虛擬的玩偶，大概真的會被貼上「化人主義狂」的標籤，就如同辛格所關心的，「如果機器人有知覺，我們會在乎他們的情感還是會造成大規模的虐待」這問題，大概同樣會被認為很多餘？然而我們對於真人玩偶、虛擬生命乃至機器狗／人的態度，確實是一個值得探討的倫理問題，下篇我將從一則「虐待機器人」的影片談起，藉以進一步思考妳所提問的：「對虛擬生命投注情感，究竟會讓我們失去與真實生命的連結，讓人變得更加麻木，抑或反倒擴大了倫理所及的對象，讓我們對生命更有感？」

二〇一九年六月中，位於洛杉磯的美國製作工作室Corridor Digital發布了一部諧擬（parody）意味濃厚的「虐待機器人」影片，[9]其中主角機器人的外觀，形似真實存在的Boston Dynamics這家工程與機器人設計公司所製造的機器人Altas，只是影片中的公司名稱被改寫成Bosstown Dynamics，片中人類員工對機器人／動物進行各種干擾、踢打等肢體霸凌，最後機器人忍無可忍，展開反撲。[10]這部虐待機器人的影片

9 影片連結請見Corridor頻道，New Robot Can Now Fight Back!，YouTube，二〇一九年六月十四日。

10 Boston Dynamics原本就不定期會在網路上發布對旗下機器人產品進行壓力測試的影片，例如對站立的、行走中的，或搬重物的機器人進行踢打或干擾，測試抗撞擊、穩定度和系統反應，這成為Corridor Digital拍攝諧擬影片的靈感來源。資料來源為以下兩部影片，Boston Dynamics頻道，Atlas, The Next Generation，YouTube，二〇一六年二月二十三日。Corridor Crew頻道，How We Faked a "Boston Dynamics" Robot，YouTube，二〇一九年六月十四日。感謝助

引發了各種議論，包括對於機器人的受虐感到不適與同情的反應，意味著即使影片是假的，而機器人亦不會感到疼痛，還是有觀眾認真了。

與機器人共感，會不會太濫情了呢？資深記者詹姆斯・文森（James Vincent）在〈機器人遭毆打的影片是假的，對他的同情卻是真的〉[11]這篇專文中指出，表面上看起來，「可否傷害機器人？」這個問題的答案很明顯，應該是可以，因為他們不會感到疼痛，也沒有意識，不算真的受到傷害，如果機器人有所謂「受到傷害」可言，我們豈不是也得主張舊車不得進回收廠被壓成廢鐵？然而還是有許多觀眾，不但為影片中遭虐的機器人難過，也對施暴者感到憤怒，認為「就算他感受不到任何事情，也不意味著可以被如此對待」。對此，麻省理工學院機器人倫理研究者凱特・達領（Kate Darling）認為，人類不只是會對於「有臉的」任何東西產生共感，還天生就會把那些出現在我們空間中、看起來自發性會動的，都投射性地賦予他們生命。[12]也因此，與機器人共感，並非那麼值得大驚小怪的事情，甚至是數位時代的新倫理議題，因為有些機器人／動物之所以被設計出來，就是要引發人的共感，才能擔任陪伴與慰藉的工作，例如機器海豹PARO。據報導，PARO在「日本三一一震災時就被廣泛運用，並被證實PARO確實能有效地減輕壓力和改善憂鬱等，完全不輸給活生生的寵物；且PARO厲害的地方在於牠除了有五種感應器能感知觸覺、光、聲音、溫度、姿勢等，更會隨著白天和黑夜的變化，有充滿朝氣、愛睏等反應，另外被人撫摸時，還會像真正的寵物一樣將感受顯現於表情上，並記住這個動作，反過來撫摸你，讓人對牠愛不釋手」[13]。這也呼應了上篇中妳所說的，重點並非這些物體是否真的有情感或智慧，而是在於「那些物體在使用者身上喚起的感覺」——它（牠）們喚起的，是人類的情感依附。

但另一方面，卻也有報導指出，攻擊機器人的影片往往相當受歡迎，「喜劇演員Aristotle Georgeson曾在Instagram利用假名Blake Webber上載影片，發現人們攻擊機械人的影片最受歡迎，留言說懼怕機械人會叛變。Georgeson說，有些留言者甚至認同襲擊機械人，『他們說我們應該這樣做，好讓他們永遠不會叛變』。」認知神經科學家艾根尼斯卡・維考斯卡（Agnieszka Wykowska）則認為，人們對機器人的

理鄭暐凡協助資料整理。

11 James Vincent, "That video of a robot getting beaten is fake, but feeling sorry for machines is no joke," *The Verge*, 17 June, 2019.

12 同前註。

13 〈海豹機器PARO世界公認最治癒〉，《自由時報》，二〇一二年九月二十二日。

惡意雖然有不同形式和動機，但基本上和人類互相傷害的模式無異，是一種對抗外來者的心態：「機械人不屬於人類的類別，所以你很容易會進入一種排斥的心理機制。值得一談的是，縱使機械人本來就不是人類，我們仍要將它非人性化。」弔詭的是，我們之所以要把機器人非人性化，卻是源於我們已賦予了它們人性。報導引用全美最大的保安機器人生產商「騎士世界」（Knightscope）總裁威廉・山塔納・李（William Santana Li）的說法，他表示雖然自己避免把產品當作有情感的生物，但據他觀察，大部分的顧客最後都會為機器取名字，因此，他認為人們對機器人施展暴力，是「科學怪人症候群」的一種：「我們會對一些尚未清楚了解的事物感到害怕，因為感覺上有點相似，卻又不完全是。」[14]

針對這種「有點相似又不完全是」的恐懼，日本評論者森政宏曾提出恐怖谷（Uncanny Valley）的理論假設，[15]認為人對於非人物體的正面情感並非總是隨著相似度的增加而提升，例如機器人，一開始或許隨其擬真程度的升高，我們的熟悉度與好感度也會增加，但是到了一個程度之後，太過相似反而會引發詭奇恐怖的感受，而跌入所謂恐怖谷的區段，之後，好感才又開始漸漸攀升，也就是說，他認為人對於非人所抱持的正向情感反應，會隨相似度呈現「增—減—增」的曲線，而非一直是成正比（圖示見一〇八頁）。

但非人到底在多像人時，會開始引發排斥？又是在多像人時，可以再次從谷底爬升，讓人為之產生熟悉正面的情感？這顯然有許多複雜的因素介入，而不是「像人」就足以喚起共感。從這個角度來看，同一則虐待機器人的影片，在某些人身上產生的效應是引發焦慮，對另些人來說卻是喚起同情，這樣的差異也就更不足為怪了。

所以回到妳先前提的，對虛擬生命投注情感會發生什麼結果？以虐待機器人影

---

14 Peter Pang，〈為何人類總愛虐待機械人？〉，ＣＵＰ，二〇一九年二月四日。此篇撰文亦指出，人對於機器人除了有心理上的恐懼之外，還有一種復仇情緒，因為據麻省理工學院和波士頓大學的經濟學家研究指出，在經濟活動區域每增加一台機器人，便會減少六個人的工作機會。而ＣＮＮ針對前述虐待機器人影片的一則報導，也指出過類似的問題：諧擬影片爆紅之後，雖有諸如：「即使知道是假的，看到機器人被虐待還是感到憤怒」、「人們不只彼此虐待、虐待地球上的其他生物，現在還創造新東西來虐待」等不滿反應，但另一方面，也有些人憂心的是人類的命運，覺得機器人革命的時代離我們不遠了。見Sophie Sherry, Christina Zdanowicz,"A video that shows a robot turning on its creators is scary--but also fake," CNN, June 19, 2019.

15 森政宏的文章後經Karl F. MacDorman and Takashi Minato兩位譯者英譯為"The Uncanny Valley"，文中將恐怖谷的圖形做了較簡化的處理，此處所用的中文圖示取自維基百科，亦為簡圖。

片引起的反應來說，其實不管是同情機器人，還是以虐待機器人為樂，都是廣義的，「投注了情感」的結果。而如同恐怖谷理論已經揭示的，同樣是投射，卻可能產生截然不同的反應，這和我們對於人／非人的劃界方式不無關係。對於和我們有著某些共通性，卻又不一樣的他者，不管是機器人或動物，人們如果驚懼於非我族類帶來的詭奇效應，認為它（牠）們威脅了人類獨一無二的特殊存在，就可能以敵對的態度視之。換句話說，對於人與非人的二分愈堅持，對分界的想法愈僵化，就愈可能產生排斥的反

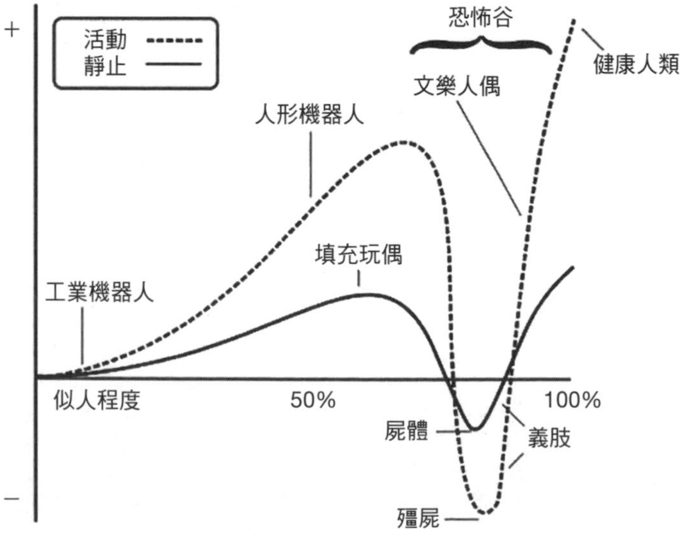

應；因此前面提到的，那種賦予了機器人人性但又將之非人化的矛盾狀態，很可能是源自於對「人就是人」、「人有某種絕對不同的地位」過於堅持。

受虐機器人影片所帶出的，正是這個數位時代所產生的，人和非人、虛擬和真實如何劃界及如何「相處」的新倫理課題。如同妳先前所言，一個人對待其他有生命與無生命之物的情感態度，「並非『有或無』二選一就可以涵蓋，而是在深層意義上連續的光譜」。只不過，既然人類對受虐機器人的情感態度有著同情、恐懼、焦慮、仇恨等種種差異，妳所希冀的，「會為機器哀悼，也同樣會為真實生命哀悼的未來」這樣的願景若要實現，前提是我們對於擬人化、共感、哀悼等面向，必須有更「去污名化」的思考。

在動物研究的領域中，擬人化的爭議可說是由來已久，不同立場者互指彼此為「化人主義恐懼症」（anthropomorphophobia）或「化人主義狂」（anthropomorphomania），各說各話；若把虛擬生命、真人玩偶、機器人都放進來談，爭議自然更大。[16] 不過這

16 關於擬人化，或謂化人主義（anthropomorphism）的爭議，可參考筆者的《以動物為鏡：12堂人與動物關係的生命思辨課》一書，其中〈《雨中的貓》裡的自憐〉一節亦解釋了化人主義恐懼症。至於化人主義狂，請參考本書〈可愛動物保護主義的迷思〉篇針對此主題的說明。

裡我想先單就「虐待機器人」影片引發的討論來談，暫且不去爭論動物的感知方式到底多像人、虛擬的生命是否算是生命，而是重新思考情感依附的問題：比起認定眼前的對象沒有感知痛苦的能力就恣意施暴，[17]和機器人或其他形式的生命產生情感連結、為其受虐而難過的這種情感，會不會才是這個崩壞太快、物種滅絕太快的時代所需要的情感？只要這種情感投注不落入否認現實的耽溺狀態，將得以打開更多可能性，允許更多不同形式的他者觸動我們內心柔軟的區域。

澳大利亞學者托姆・范道倫（Thom van Dooren）提倡哀悼的倫理，或許也是基於同樣的原因。在這個生態危機嚴重、人類對環境造成巨大改變的「人類世」，如果不願意只是帶著末日將盡的消極態度去面對，或許我們應該重新肯定哀悼這種情感與能力。范道倫認為，「哀悼是一個學習與轉化的過程，讓我們足以去適應已經改變了的現實。它不只是一個個人的心理過程，也包含了在失落之後如何重新打造關係」。更進一步說，哀悼意味著我們在乎所失落的，並且正視失落的意義：「真摯的哀悼會打開我們的覺察之心，讓我們發現，我們和其他無數已被逼至滅絕邊緣的他者，有著如何休戚與共的關係。」[18]對此，美國學者唐娜・哈洛威（Donna J. Haraway）曾借用一則網路漫畫，精確地傳達了范道倫的立場。

在該則漫畫中，一個小人兒指著開了花的蜂蘭，對另一個小人兒解釋，這種蘭的花朵像雌蜂一樣，能欺騙雄蜂幫忙授粉，但現在，蜂蘭精心擬態的蜜蜂早已滅絕，沒了蜜蜂做為幫手，蜂蘭只能用自花授粉這一招，來延緩最終仍逃所難逃的滅絕：「關於蜜蜂的一切，什麼也沒有留下來，但我們從蜂蘭的花瓣形狀，知道牠曾經存在。蜂蘭這植物，詮釋了雄蜂眼裡雌蜂的樣子。」「將滅絕的花所展演出來的這幅畫，成為我們對蜜蜂的僅存記憶」。如果漫畫在此結束，那麼確實只能傳達濃濃的末世感，但聆聽解釋的小人兒回頭了，在蜂蘭旁邊駐足，說道：「蘭花啊，我

17 關於這一點，可參考雷蒙・蓋塔（Raimond Gaita）著，江俊亮、沈沆譯：《哲學家的狗》，台北：地球書房，二〇〇四。作者在書中所做的分析可以做為一個類比的參考，雖然他所評論的不是對於沒有感知能力的機器人施加暴力的態度，而是人們對待如蒼蠅、蜘蛛這些被視為低階生命形式的動物時，所展現的惡意。他以小男孩慢慢將蒼蠅翅膀拔掉的虐待行為為例，認為這裡的道德爭議與其說是在於「蒼蠅會感受到極度的痛苦」，不如說是在於「我們體會到這個孩子的這種調皮、緩慢的快感，以及他用那種玩世不恭的態度毀損活著的生靈是不對的」。同樣的，「有些人覺得在小便時瞄準小便池中的昆蟲或是蜘蛛是件好玩的事……用小便將蜘蛛逼進出水口再沖入排水管，比一般直接將蜘蛛沖掉還糟得多，對蜘蛛來說也許沒有太大的差別，但對我們而言這絕對不是件好事」。

18 Thom van Dooren and Deborah Bird Rose, "Keeping Faith with the Dead: Mourning and De-extinction," *Zoologist* 38.3, 2017.

會記得你的蜜蜂，我會記得你。」[19]承諾要代替蜂蘭記住蜜蜂、同時也記住蜂蘭，這樣的態度，讓悲觀之中多了一點力量，因為當我們面對已經消失或正在消失的他者時，如果還在乎，願意記得牠們曾經存在過，會哀悼牠們的滅絕，那麼，或許就不會繼續理所當然地傷害更多生物，也就還來得及挽回點什麼。用哈洛葳對范道倫所做的詮釋來說，這就是透過「共哀」（grieve with）所打開的倫理向度。

范道倫認為，人類以外的其他動物，也可能在失去所愛、失去住處與失去舊有的生活方式時感到哀傷，而人類的作為很可能正是造成這些失落與哀傷的原因，所以我們有義務去了解，這個世界何以改變至此，如果我們要繼續前行，又必須做出什麼改變。與虛擬生命產生連結，會不會也是一種改變的方式，能讓我們在繼續前行之時，不是走向大規模虐待機器人的未來，而是對生命更有感？如果希望答案是後者，我想，首先我們必須放下「理性vs.感性」的二元對立，允許通往倫理向度的情感開關被打開吧。

（Iris）

19 引自Donna J. Haraway, *Staying with the Trouble: Making Kin in the Chthulucene*.不過這則漫畫並非完全符合事實，而更接近一種「預言」。因為蜜蜂的數量雖然減少，尚未滅絕，而比起蜂蘭（bee orchid），其實蜘蛛蘭（spider orchid）才更是因為主要依靠蜜蜂授粉，而變得愈來愈稀少。可參考影片Natural History Museum頻道，The bee orchid, Ophrysapifera |Natural History Museum，YouTube，二〇一二年七月十八日。

【第五題】可愛動物

「可愛動物保護主義」的迷思

「可愛」是特權還是原罪？

看似徹底是個「貓人」的我，和動物相處的經驗中最早期喜歡上的，其實是狗。記得某次帶狗散步的途中，看到一位老先生一面俯身清理愛犬的排泄物，一面對牠說，「乖，把拔幫你清乾淨喔！」我不禁失笑，心裡想，「是爺爺吧？」但隨即想到對母職從來沒有認同感的自己，不也自稱是家中動物的「姊姊」？我們和同伴動物的關係，多少有著情感投射的成分，無須被他人眼光評斷吧？但這只是理想的狀態。事實上，要和同伴動物「稱兄道弟」或是把牠們當「毛孩子」，雖然是個人自由，但都遭受一定程度的質疑甚至訕笑。表面上，確實愈來愈多人把貓狗當成生活中不可或缺的同伴，但認為「貓狗權高漲」、喜歡貓狗的人只是尋求替代品以滿足受挫的人際關係等質疑之聲，從不曾消失。近年來，雖然動物保護的意識日漸成熟，但新的爭議也相應而生，就是認為台灣的動物保護運動只是「貓狗保護運動」；而保護貓狗的人並非具有更進步的動保意識，只不過覺得貓狗可愛，就在差別心的驅使之下給了貓狗過多的特權。

更激烈一點的批判，則認為由於「可愛動物保護主義」當道，貓狗的「勢力」已經擠壓到其他動物的生存空間。但是，倡議同伴動物福利（以及救援淪為流浪動物的同伴動物）真的可以等同於可愛動物保護主義嗎？而貓狗在許多人眼中很「可愛」這件事，又真的讓運動比較容易推展嗎？那麼其他的可愛動物呢？是不是也因為得到人類較多的關心與青睞，而比起醜陋動物或厭惡動物，受到更多保護？如果我們將這些糾結的問題一一釐清，其實會發現，所謂的可愛動物保護主義當道，極可能是一個迷思：以總被當成「頭號戰犯」的貓狗而言，就算牠們的可愛確實使得社會整體對於同伴動物的議題較為關注，但「可愛」也成為某種原罪，甚至為牠們帶來災難，而非特權。

將貓狗視為同伴，是人際疏離的社會愈來愈常見的現象，而覺得貓狗可愛、產生想憐惜與保護的態度，這一點本身也無可厚非，[1]這些現象並不等於同伴動物保護運動已臻成熟。「可愛」的標準可以受到很多因素的影響，品種迷思就是其中之一。如果人們受到各種商業操作的暗示，或基於名人效應，認為只有某些特定模樣的貓狗才可愛（例如面紙廣告中的拉布拉多、狗食廣告中的梗犬、或是明星愛養的紅貴賓、摺耳貓等等），在市場需求下，無視近親繁殖與基因缺陷等問題的「育種」、無良繁殖場讓種貓種狗不斷懷孕以營利的惡行，就不會終止。過去貓狗的「可愛」總是被凸顯為牠們特別受寵、在人類心中地位特殊的原因，但「可愛」本身對貓狗造成的這種傷害，卻很少被討論。

約翰．荷曼斯（John Homans）在《狗：狗與人之間的社會學》中，曾引《純種狗的泣訴》這部紀錄片，舉過一個令人印象深刻的例子：一九五〇年代被重新「改良設計」的騎士查理王小獵犬中，高達百分之五十的比例有被稱為脊髓空洞症的潛在疾病，牠們大多數雖無症狀，卻有慢性疼痛問題，而原因在於，為確保牠們能近似十六世紀皇室肖像畫裡的狗，「改變頭骨形狀的目標實現得如此迅速，大腦的進化還來不及跟上」。於是在紀錄片中，我們看到這種「可愛」小動物的頭骨，小到塞不下大腦：猶如「十號尺寸的大腦硬塞進六號尺寸的鞋」。儘管如荷曼斯所言，「選擇需要的基因組合，打造出一隻你心目中理想的狗，並不像按切開關那樣簡單」，但人類依然在「愛狗」的名義之下，不斷進行著具傷害性的育種。人們認為可愛的品種，臘腸、鬥牛犬、巴哥犬等等，都各有遺傳疾病的問題。

當然，品種犬貓之所以被「改良」，未必是基於「對可愛的追求」這單一因素，還包括人們希望這些品種能滿足人類的其他想像：更時髦、更優秀、更能擔負某些任務或發揮某些功用等等。但無可否認的是，只要消費市場對「可愛」的需求不減，貓狗可愛的外型就可能成為「代代相傳」的苦難，而非只是庇護與寵愛的來源。

「但無良繁殖場的問題、不當育種或棄養的問題，還不都是那些喜歡飼養（品

1 由於筆者在《以動物為鏡：12堂人與動物關係的生命思辨課》的〈一種寂寞，兩樣投射？〉該節中已對此有詳細說明，在此不再贅述。

種）貓狗的人造成的？弄得到處都是流浪動物之後，憑什麼要整個社會跟著付出代價？」這是不滿台灣動保猶如「貓狗保」的人，很常發出的一種質疑聲音。姑且不論任何複雜的社會問題都不可能以切割的方式，交由部分「相關」人士負責——按此邏輯，是否少子化的問題應該全都由不（能）生育者負責、高齡化社會的問題應該由老人自己承擔？上述的質疑，更大的問題在於其「混淆視聽」的一面：將獨愛品種貓狗的族群等同於「喜歡」貓狗、甚至關心動物保護的人，這個預設本身就有問題。事實上，隨著貓狗飼主增多，或許貓狗的相關新聞（不管是虐待事件或是逗趣溫馨影片）的確提高了能見度與討論度，但這並不表示貓狗愈來愈「得勢」、或相關動保議題的推動特別容易，因為許多人的關心還停留在自家貓狗的身上，尚未發展出更成熟的動保觀念。

在此我無意指責那些還未能「愛屋及烏」去關心更多其他動物的「貓人」或「狗人」，畢竟每個人和其他生命之間要建立多深的連結，多少是個人選擇的問題。我更在意的，是將動保矮化為貓狗保之後又嗤之以鼻的那些人。他們或者錯認寵溺自家貓狗的都是關心同伴動物的人——因此認定「貓狗保」者為數眾多，又或者以偏概全地認為保護貓狗的人都是因為「可愛」才進行救援。在這樣的偏見下，我們看到的是台灣社會在處理同伴動物議題上的虛耗，因為永遠會陷入一種非必要的，「愛貓狗 vs. 不愛貓狗」的對立，而無法深入問題的核心。

誰應該優先被保護？

作家黃寶蓮的〈人間煉獄貓狗天堂〉，相當程度上就反映了這種把「貓狗受寵」與「動物權高漲」混為一談的傾向。[2]在這篇散文中，她替一位因打狗被告上法庭的老翁深感不平，認為老翁長期忍受鄰家吠叫的狗騷擾，只不過忍不住打了狗一棍，竟被判賠五百港幣：「在我們的社會裡，其實還有很多人權未獲基本尊重，這狗仔到底比人活得有尊嚴……他的抗議從未獲得理睬，也沒有人正視，而打狗事件發生，卻有許多人為狗權伸張正義。」行文間透露的，其實是一種典型的二元對立，彷彿人權與動物權只能二選一。而當她後續談到貓狗受寵的現況時，也流露類似的態度：「紐約、倫敦的星級旅館附設的貓狗旅館，為寵物提供食品、服飾、美

2 《中國時報》人間副刊，二〇〇六年十月二十日。

容服務，而且奢華到令人覺得受辱的地步……在寵物享受水療美食瑜伽的同樣地球上，還有孩子沒錢讀書，沒錢看病，沒得基本的衣食溫飽。」諸如此類把「享盡奢華」的貓狗特例無限放大，據以認定「貓狗權已過度膨脹」的偏見，其實並不罕見。

這樣的偏見，往往對同伴動物保護運動造成巨大的反挫。在台灣社會，更出現野生動物保育與同伴動物保護長期對立的態勢，這樣的衝突原本有其原因，大抵和台灣以「誘捕絕育後原地放養」（即一般所稱的TNR）為解決流浪動物問題的手段之一有關：如果TNR的地點與野生動物的活動範圍重疊，如淺山地區，那麼原放的貓狗就可能對小型野生動物造成威脅，衝擊當地生態，諸如「貓狗是外來種，不撲殺已是優待」這樣的說法因此甚囂塵上。[3]兩造的溝通不良造成敵意長期累積，於是，我們再次看到某種「優先序位爭奪戰」所造成的無謂對立與排他思維。我們很熟悉「人的問題都還沒解決完，不應該澤及貓狗」這種說法，但這樣的預設有其盲點：人和環境中的動物有著密不可分的關係，人的問題與動物的問題往往不能拆開來談，不應預設要先解決人的問題才能輪到動物，兩者更不是對立的——難道賤踏貓狗權，人權就比較能彰顯？而「保育野生動物比保護貓狗更有正當性」的態度，也有著類似的盲點：關心同伴動物不意味不關心野生動物，反之亦然，硬要分出優先順序無助於解決問題，反而可能忽略了，兩者所面臨的困境是有共通性的。就以人類對「可愛」的執著、硬把動物塞入「萌化」的想像框架中這種做法來說，受害的絕不只是先前所說的，逃離不了育種悲歌的貓狗，更包括因此遭到不當飼養、寵物化的野生動物。

化人主義的雙面刃

我在回應〈數位時代的人與（虛擬）動物關係〉時曾提到，在思考人與動物關

3 可參考張慈媛的〈外來種vs.生命？——談都市的流浪動物餵食〉一文，《動物當代思潮》奇摩專欄，二〇一八年十二月二十八日。文中除簡述TNR所造成的，野保人與餵食流浪動物者（「愛心爸媽」）的衝突之外，也分析了對立的原因：「『無法忽視眼前生命的痛苦，讓情感凌駕於理性』，是這些愛心爸媽經常面對的批評……他們在選擇回應不忍生命受苦的情感時，也被迫背負了政策無法解決的問題。著眼於『個體生命』還是『整體生態』的關切，導致了兩個群體的對立，彼此認為對方忽視了專業（或忽視了情感）。」至於外來種的相關爭議，詳見〈是最後一根稻草，還是整綑稻草？談外來入侵種及其爭議〉篇。

係時，「化人主義」的介入常常是爭議之一。就如荷曼斯所指出的，過去百年間，擬人化在科學界幾乎是一項滔天大罪，儘管擬人化的情感可能成為啟發科學研究的重要靈感。珍古德（Jane Goodall）曾表示，她童年的動物行為學啟蒙老師是她的小狗「鐵鏽」，以及「一些貓，各式各樣的天竺鼠和黃金鼠」，牠們各自顯現出的個性與情緒，讓她「毫不猶豫地賦予黑猩猩這些特質」。換句話說，無視科學對於反擬人化的訓誡，反而讓珍古德日後得以提出對黑猩猩心智、情緒和個性的重要研究觀察。[4]有論者認為，當化人主義的陳述是出自「內省、以類比方式進行推理、詮釋性的分析」或是「以動物所處的情境與行為」為基礎時，這樣的化人主義非但不能算是一種誤導，反而有助於我們去進一步理解動物，珍古德的例子顯然可以印證這類的看法。一直以來，化人主義都被污名化為「用人類的語彙思考非人的對象」，這樣的定義其實不盡公允，因為若我們將某些人類特質歸屬於非人類，是緣於那些非人類的確具有這些特質，這樣的化人主義實無須受到批判。在定義上可歸類為「嚴謹的化人主義」（critical anthropomorphism）的這種擬人化，不但有助我們針對動物行為提出問題並推得假設，[5]甚至也是培養共感的起點、是「打開通往道德問題的一扇門」[6]。

這並不是說，化人主義從不至於造成問題，科學界對「化人主義狂」的批判也未必全是偏見使然。例如生物學家丹尼爾・波維內利（Daniel J. Povinelli）雖曾語帶諷刺地表示無法與化人主義狂熱分子溝通，但他所針對的，是某種特定類型的化人主義狂，並非基於對動物心智的否認而反對化人主義。他認為我們透過某些實驗所推得的，「關於動物和人一樣具有某某能力」的結論，有時會有過度擬人化之虞，因此需要被更審慎地評估。舉例來說，若是實驗室裡的烏鴉想喝試管內的水時，會把實驗者提供的小石子扔進去，好讓水位上升，這就足以讓我們假定，烏鴉是基於和人類類似的推理能力而做出這樣的行動、甚至「烏鴉比五歲小孩更聰明」嗎？如此會不會是硬把科學研究放進伊索寓言的框架去思考？動物在面對實驗情境時所採取的解決問題之道，能以擬人化的方式來理解嗎？還是牠們自有一套不同於人類的認知系統？他對化人主義狂的這類質疑，在一定程度上確實能提醒我們，如果擬人

4 詳見約翰・荷曼斯著，張穎綺譯：《狗：狗與人之間的社會學》，台北：立緒文化，二〇一四。

5 以上關於嚴謹的化人主義的說明，摘自筆者〈劉克襄《野狗之丘》的動保意義初探：以德希達之動物觀為參照起點〉一文，《中外文學》，二〇〇八年三月號。

6 同註4。

意味著從人類中心的觀點出發、沒有將動物心智的複雜性與差異性考慮進去，這種擬人化就未必能有效地幫助我們更理解動物，而只是在動物身上尋找人的特質罷了。而諸如「蜜蜂是否理解數學？海豹會不會跳舞？黑猩猩有沒有牠們的宗教？」這類的問題，也都是波維內利眼中過度化人主義的，只有人類才關心的提問。[7]

化人主義確實是雙面刃。但正因如此，我們更不宜對化人主義採取一視同仁的鄙夷或無條件的稱頌，因為兩者都會讓我們無法仔細分辨，不同的化人主義可能有不同的意義與／或問題。例如擬人化的做法中最常被撻伐的「迪士尼化」（Disneyfication），對真實動物造成的負面效應就確實不可小覷。[8] 雖然這個詞彙原本是用來批評迪士尼電影為了把動物塑造成討喜可愛的角色而扭曲動物特質的做法——動物說話時的面部表情與嘴型完全與人類無異、牠們的前肢被變成了人的手等等。但這種完全脫離現實的擬人化，並不只存在於動畫世界中，人們也會把電影、動畫裡得到的印象，強加在真實動物身上：《哈利波特》裡那隻被刻畫得善體人意的信差——貓頭鷹「嘿美」——之所以被推測是「亞洲貓頭鷹死亡夢魘」的源頭，就是因為影片問世後，想把貓頭鷹當成寵物來親近的群眾湧現，使得野生貓頭鷹被捕的情況愈趨嚴重，作者J. K.羅琳（J. K. Rowling）後來還因此公開出面呼籲：

「如果有人看了我的書而覺得貓頭鷹喜歡待在小小籠子裡的話，我要用最最嚴厲的方式說：大錯特錯……我在書裡描寫的貓頭鷹，從來都不是牠們真實的樣子。」[9]然而為時已晚，效果也顯然有限，貓頭鷹咖啡館依然被人們當成療癒、熱門的觀光景點。

野生動物被萌化的悲歌

或許有些人會覺得，把野生動物萌化、想要接近或飼養，畢竟也是出於喜愛動

7 K. Brandon Barker, Daniel J. Povinelli, "Anthropomorphomania and the Rise of the Animal Mind: A Conversation," *Journal of Folklore Research* 56.2-3, 2019.

8 關於迪士尼動畫推波助瀾下曾興起的寵物熱以及造成的棄養潮，可參考Jack Scrine, "The Eco Impact of Finding Nemo and Dory," fix.com, June 1, 2016.

9 王穎芝撰文，〈記得嘿美嗎？哈利波特最忠誠的信差竟成亞洲貓頭鷹死亡夢魘〉，《風傳媒》，二〇一七年八月十五日。該則報導以曼谷的某間咖啡廳為例，說明商業炒作如何迎合大眾關於「貓頭鷹是巫師信差」的不實想像：「貓頭鷹被命名為『哈利和嘿美』，而客人還可以打扮成書中角色『哈利和妙麗』並與貓頭鷹合照。」當然，貓頭鷹被寵物化的問題不只存在文中所說的東南亞各地，日本的貓頭鷹咖啡館甚至更為盛行。

物的心情，如果貓狗經歷了漫長的演化之後可以成為寵物，為什麼野生動物不可以？也許「假以時日」，野生動物也能成為我們的同伴？問題是，對於原本生活於野外棲地的動物，人為的飼養環境既不可能滿足其需要，人們對牠們的習性也未必有充分的了解，在這樣的情況下，真的有辦法提供野生動物符合福利標準的生活，愛野生動物如小孩、如同伴嗎？印尼國際動物救援協會在二〇一五年間所揭露的寵物懶猴慘況，或許足以做為回答問題時的參考。

當時在網路上有一部高人氣的短片被反覆分享，影片中的懶猴大眼圓睜，雙手高舉，而牠的主人正在搔牠的腋下，影片的註解是：懶猴喜歡搔癢。但事實剛好相反，「搔癢是酷刑」：「懶猴高舉雙手，意味著牠們無法忍受這樣的觸碰，正不斷舉起手，活化牠肘部的防衛性毒腺……如果懶猴依然保有其完整的牙齒，搔牠癢，牠會狠狠地咬你一口。為什麼那受抵制影片裡，懶猴被搔癢而不咬人，主人還認為懶猴喜歡搔癢呢？因為，懶猴在做為寵物販售時，已被業者以鉗子或指甲剪，剪去或拔除牙齒。」[10]對於懶猴的習性一無所知、只因為覺得牠們模樣可愛就想收編為寵物，算是愛嗎？而擅自擬人化地認為懶猴喜歡被搔癢，更說明了飼養者在知識上完全沒有做好相關準備。想以這種方式「愛」野生動物的人愈多，非法的捕捉與交易就愈多，而結果，就是野外族群的數量大減，至於不幸被捕捉的個體，則因人類的豢養需求，受盡各種不當對待——在懶猴的例子裡是被殘忍地拔除牙齒，在貓頭鷹的例子裡，則是夜行性的猛禽卻被迫成為拍照的「良伴」。這樣的「愛」，很明顯地，只是人類自私的藉口。

回到最初的問題，可愛動物就必然受到更多的保護嗎？答案已經很明白。只要我們不修正人類中心主義的心態，不管是同伴動物還是野生動物，可愛的還是醜陋的，都可能遭殃。醜陋的動物確實常乏人關心，但可愛的動物也因其可愛，被迫滿足人們對可愛的期待。

有沒有解方呢？法蘭克林・晉（Fraklin Ginn）在一篇討論蛞蝓的文獻中提到過一個很有意思的觀念，就是「疏離的倫理」（ethics of detachment）。[11]他採訪了許多在庭院栽種花木、但深受蛞蝓之害的人士，發現雖然不少受訪者對這種醜陋動物的

10 詳見翁慈妤撰文，〈從懶猴生存危機看拒吃拒買拒養野生動物〉，《關懷生命協會電子報》，二〇一五年十月二十二日。

11 Franklin Ginn, "Sticky Lives: Slugs, Detachment and More-Than-Human Ethics in the Garden," *Transactions of the Institute of British Geographer* 39.4, 2014.

死毫不在意，除惡務盡地使用藥劑來消滅蛞蝓，但也有兩位受訪者讓他看到不同的可能性——他們把特別會吸引蛞蝓的植物種類，徹底從栽種計畫中除名。儘管對庭院要種什麼花木原已有一定的規畫，但為了不要反覆進行那種讓自己也感到不快的殺戮，他們接受了一件事：並非所有的空間，都能按照人的意志與想像來安排。人類不用勉強自己去喜歡「不可愛」的動物，但（不）相處之道確實存在——拉開距離，未嘗不是一種表現善意與共感的方式。很弔詭地，由不可愛的蛞蝓所開啟的這種疏離的倫理，也正是被過度萌化的野生動物迫切需要的：不管牠們有多可愛，都不要硬把牠們拉入難以適應的空間，只為滿足人類的意志與想像。

（Iris）

（不）愛的距離：被淨化的「可愛」

【篇前回應】

妳提到「可愛」成為某種原罪，反而為動物帶來災難，讓我想起最近（二〇二〇年八月）高雄查獲五十隻走私的南美洲龍貓鼠，最後全數被銷毀的新聞。[12]這些因「可愛」與溫馴而被視為「理想」家庭寵物的龍貓鼠，在原產地早已瀕臨滅絕，經過人工繁殖後進口的牠們雖不屬於保育類野生動物，但無辜面臨被人道毀滅的命運依然令人同情。因此新聞披露後不少民眾為其抱屈，希望透過檢疫等程序來拯救牠們的性命——答案當然是不可能。並不意外地，這些呼籲連署的民眾，最後只換來「如果今天被銷毀的不是『可愛動物』，大概根本不

12 洪定宏撰文：〈可愛龍貓鼠「被走私」下場恐怕很淒慘〉，《自由時報》，二〇二〇年八月十一日；洪定宏撰文：〈貨車有怪聲 走私五十隻龍貓鼠要全數銷毀〉，《自由時報》，二〇二〇年八月十二日。

會有人關心」的冷嘲熱諷。我感慨的是，如果可愛是種原罪，這個「罪」甚至沉重到，連同情牠們的命運也彷彿成了一種罪——一種「不關心／保護『不可愛動物』的罪」[13]。對我來說，這是非常詭異的邏輯。因此下篇，我想先從一個引發大家關注「可愛野生動物」被豢養的新聞談起，思考人們對「可愛動物」的愛會有什麼問題。另一方面，我也喜歡妳提到的「疏離的倫理」，我們該如何重新去調整自己與所愛／不愛之物的距離，也是我想進一步回應與討論的。

二〇二〇年六月，台北某家知名的寵物咖啡廳被網友指控涉嫌虐待動物，一段放狗咬浣熊的影片引發網路撻伐，野生動物咖啡廳的議題遂沸沸揚揚地引起一陣關注。雖然在動保處將浣熊全數沒入並對飼主開罰後，[14]事件看似已經落幕，不過，若將它視為單純的動物虐待或野生動物不當飼養案件，恐怕無法觸及這類消費場所背後更深層的人與動物關係之脈絡。畢竟，任何商業模式得以風行，其中必然反映了消費者的心理。

事實上，寵物咖啡、寵物餐廳並非這幾年才出現的產物，飼養店貓店狗、強調可和動物互動的許多餐廳都有其忠實客群，只是近年因日本、韓國帶頭吹起「野生動物咖啡」風潮，讓不少以貓頭鷹、水獺、刺蝟、蜜袋鼯、狐獴、浣熊等「可愛動物」為號召的店家成為熱門的觀光景點，越南甚至曾經出現「魚池咖啡」，雖然該店因屢屢發生民眾踩死魚的虐待疑慮，最終不敵輿論壓力而改裝並歇業，[15]但已可看出寵物咖啡的「商機」，讓業者致力於「推陳出新」想出各式以動物招徠顧客的花招。效應所及，台灣近年也陸續出現飼養浣熊、刺蝟、小鱷魚等動物的咖啡廳。

13 本書付梓之前（二〇二一年八月），發生高雄海巡署查獲一百五十四隻走私名種貓事件。動保人士得知消息後，呼籲以檢疫代替撲殺，但防檢局因防疫考量，仍依法在移交後隔日（八月二十一日）迅速完成撲殺、全數銷毀。事件引發社會高度關注與輿論熱議，不意外地，嘲諷反對撲殺者理盲無知、獨厚貓狗，並質疑「如果今天是走私綠鬣蜥，他們還會出聲音嗎？」、「如果是豬、蛇被安樂死，大家會關心嗎？」的批評模式，和二〇二〇年龍貓鼠事件如出一轍。真正針對走私所涉及的龐大結構性、政策性面向理性討論的，仍屬少數。不過此一事件或可使未來有望提高走私刑罰，見張雄風撰文：〈154隻貓安樂死引討論 陳吉仲：2規劃加重懲罰杜絕走私〉，《中央社》，二〇二一年八月二十二日。

14 李依璇撰文：〈動保處接走四浣熊 浣熊老闆五度道歉：願頂讓店家〉，《三立新聞網》，二〇二〇年六月二十九日。

15 劉淑文撰文：〈【網民力量】越南地上魚池咖啡店屢踩死魚被轟 老闆認衰改放魚缸〉，《香港01》，二〇一八年十月二十四日。

由於這類近距離觀賞與「體驗活動」對於消費者而言，某程度上來說接近「零成本」，遂成為頗受歡迎的一種新興休閒場所。

所謂零成本，並非無須付費，而是消費者在和動物互動的整個過程，完全不必承擔動物飼養本身要付出的心力，就能在忙碌且空間有限的都市生活中，滿足親近動物的渴望——換言之，野生動物咖啡廳在本質上，和動物園「可愛動物區」的概念實為殊途同歸，只是寵物咖啡這種「微型動物園」，不只提供都市人更方便的休憩空間，也將動物縮限在少數幾種最受歡迎、最可愛或較罕見的，以一種更有「效率」的方式讓民眾直接與熱門動物接觸，不用大老遠跑到動物園，就可以享受在冷氣間喝咖啡順便和動物玩的樂趣。問題是，由於互動時間相當短暫（基本上就和到別人家做客，然後稱讚小孩真可愛的意思差不多），民眾所參與的並非動物的「生活」，更明確地說，這些咖啡館裡的動物其實是被「淨化」過的存在，某程度上，是一種想像的產物。而這種淨化過的想像，其實正是「可愛」為動物招致災難的原因之一，因為就連可愛本身，也是一種被淨化過的概念。

以水獺來說，牠們的形象宛如毛茸茸的絨毛玩偶，但一如國際自然保護聯盟水獺專家工作組的主席尼寇・都卜雷（Nicole Duplaix）所強調的，水獺交易背後涉及的走私、盜獵，已經造成牠們野外族群的嚴重威脅；而事實上，這種生物完全不適合做為「寵物」，身為野生動物的牠們，有著「響亮的哨聲」以及「像縫紉機刺穿布料」的啃咬，「小狼崽或許非常可愛，但終究會長成一隻大狼，而水獺也是一樣的」。但寵物咖啡所排除的，恰恰是牠們「終究會長成一隻大狼」的認知。

這讓我想起另一種形式不同，但在本質上殊途同歸的寵物互動模式，就是「租借寵物」。例如桃園某農場就曾在百貨公司的農產品展銷活動上，宣傳出租小雞的方案：由農場提供整套的雞籠、飼料與小雞，並以益生菌分解雞糞，標榜「養雞不用清大便」，讓民眾可以「無臭養雞」一個月再歸還，更無須擔心小雞長大後缺乏足夠的飼養空間。[16]其實，出租小雞的點子並非台灣獨有，國外亦有農場提供類似的租借服務，同樣主張小雞可幫助理解「由產地到餐桌」的生產鏈，以及小雞比犬貓更適合做為公寓空間的寵物，透過觀察小雞成長、和小雞互動的過程，孩子還可學習愛護動物……無論哪一種說法，都反映出雞這個既是經濟動物又可轉化為同伴動

16 陳盈竹、姚家鼎撰文：〈「出租小雞」還有除臭技術 民眾自己養體驗生命教育〉，《民視新聞網》，二〇一九年十二月十五日。

物的媒介，被寄託著某種重建人與自然連結的渴望——也同時折射出人與自然的斷裂。

如同美國早期環保運動領袖約翰．繆爾（John Muir）在《野羊毛》中引用一位農民的說法：「文化是果園裡的蘋果，自然是野生的蘋果。」[17] 儘管這句話放在當代，也許需要微調成「文化是超市裡的蘋果」——畢竟我們和自然的關係，可能已經疏離到甚至不知道蘋果樹長什麼樣子。對於都市長大的孩子來說，雞就是餐桌上煮好的食物，或是超市裡一盒盒的生肉。因此，租借小雞的方式，最理想的狀況固然是讓孩子對生命的認識，從超市裡的雞肉「還原」為野生的雞，但它有沒有可能依然是一種「超市裡的蘋果」，只不過換了包裝？因為這種既無臭、又無痛——為期一個月即可退還，除非不當飼養，否則多半不會壽終，無須面臨同伴動物死亡之傷痛——的寵物飼養方案，其實和寵物咖啡一樣，某程度上只是強化了都市邏輯下對動物存在的排除。當無臭與無菌成為接觸動物、飼養寵物的誘因時，這樣的生命教育，到頭來恐怕只是讓我們離動物／生命的真相更遠。

另一方面，寵物咖啡館的風潮背後，也隱隱揭示出被「納入」寵物定義的動物種類開始產生變化，與野生動物的近距離接觸提高了誘因，同時讓飼養非犬貓寵物的若干問題逐漸浮出水面。如同妳在上篇提到的，有些人會認為，既然犬貓可以經過漫長的演化成為人類的「同伴」，難道不能把其他野生動物也馴化到可以成為同伴動物？認為只有犬貓才適合當同伴動物，難道不是另一種「獨厚犬貓」的偏見？當然，我們不能排除確實有些飼主，其專業知識足以讓這些被寵物化的野生動物，得到符合動物福利的良好照顧。問題在於，關於這些「寵物」的相關醫療專業還在發展中，才是非犬貓寵物產業背後最大的隱憂。

不過，這個隱憂目前仍相對末端，需要更多飼主對飼主責任有所認知，願意帶寵物進行醫療時，才會凸顯出此一困境。我想，當初從百貨公司撈魚遊戲中救出三隻烏龜的妳，對這個議題一定更有感。妳之前曾提到，家裡飼養的烏龜要產卵時，因為蛋的體積太大，以至於後來難產，嚴重到要進行高難度的開殼手術。台灣目前能醫療烏龜的專業獸醫，相較於犬貓科，仍相當有限，這類嚴重問題的前例也太少，導致從手術到後續用藥治療等過程，都頗為高難度。[18] 相對而言較多人飼養的

17 轉引自蓋瑞．斯奈德（Gary Snyder）著，譚瓊琳、陳登譯：《禪定荒野》，台北：果力出版，二〇一八。
18 關於這段經歷的細節，可參閱黃宗慧：〈跟我這樣愛動物／我的稀世龜寶〉，《繽紛電子報》，二〇一四年十一月五日。

鼠、兔、兩爬類等非犬貓動物尚且如此，狐獴、浣熊、水獺這些因新興寵物市場而出現的個案，當牠們需要醫療資源時，不僅更難尋覓獸醫，費用也將更為可觀。因一時興起而飼養特殊寵物的飼主，未必對這些後續開銷與照護做好心理準備，於是常見的狀況往往是：飼主發現動物生病時，牠們多半已經回天乏術；就算「幸運」一些順利成長的，依然可能被認為照顧起來太麻煩、或是「長太大隻」，總之，飼主有各種原因可以覺得無法繼續照顧動物，而直接以「放生」為名棄養。

因此，如果在網路上搜尋「棄養」這個關鍵字，可以看到各式各樣的新聞，動物種類五花八門，棄養地點不可思議。曾有民眾直接將寵物兔放在白色密閉置物箱內丟在路旁；[19] 南投中興新村的廢棄鳥園，亦曾成為民眾「放生」棄兔，任其自生自滅的場所，當動保團體介入救援時，已有不少因虛弱致死；[20] 而台灣近年苦於綠鬣蜥大量遭棄衍生的生態問題，其數量的失控，同樣源於牠們童年時期看來「翠綠討喜」，隨著體型增加、外觀改變，對飼養空間有更大的需求，就成為業者與民眾棄養的對象。[21]

另一方面，民眾取得野生動物的方式同樣堪慮，例如台灣獼猴被移出保育類之後，非法私養的案例愈來愈多，未來是否會開始出現「流浪猴」，並引發更多人與動物的衝突？已然成為隱憂。至於市場需求對野生動物所造成的傷害，無論是為了高價賣到寵物店，或是毛皮、藥用、食用等其他「功能」，皆造成野生動物盜獵與走私始終難以杜絕。若以台灣近三年（二〇一七—二〇一九）已統計並公布的數據進行觀察，所銷毀之活體動物至少皆有百隻以上。[22]值得留意的是，一〇六年度走私的活體動物主要是鳥類，近兩年卻出現包括蜜袋鼯、貂、沙鼠、跳兔與狐獴等物種，浮現新興野生動物之寵物市場冰山一角。至於盜獵者在原棲地捕捉這些動物造

19 陳靜撰文：〈寵物兔被丟陽光下「曝曬逾六小時」 牠「餓到啃報紙」環境惡劣〉，《ETtoday寵物雲》，二〇一九年八月三日。

20 生活中心／綜合報導：〈南投中興新村廢鳥園救出十四棄兔 挖土找地洞發現兔骨骸〉，《ETtoday寵物雲》，二〇一六年三月十七日。

21 〈防治外來入侵種，縣府呼籲全民一起來〉，《屏東新聞》，二〇一九年十二月三十一日。關於這個議題，在〈是最後一根稻草，還是整綑稻草？談外來入侵種及其爭議〉篇亦將進一步討論。

22 參見農委會動植物防疫檢疫局之「銷毀緝獲之走私禽畜及其產品計畫」數量統計表，一〇六年度銷毀受精鴿蛋四百七十四顆、其他鳥類三百七十一隻；一〇七年度為受精鴿蛋五十九顆、其他活體動物四〇九隻；一〇八年受精鴿蛋三十六顆、其他活體動物一百一十五隻。

成的問題，更非眼前的數據所能呈現。[23]

當然，寵物咖啡、租借小雞和盜獵、走私等問題，分屬不同層級，亦不完全相涉。但若從其中的交集來觀察，就會發現當我們對動物的認知，仍建立在排除「生物真實性」的想像上，生命就注定會被物化與商品化。於是寵物的處境往往落在兩個極端，一種是大量繁殖的廉價市場中，可拋棄式、可以任意被替換取代的存在，例如曾風行一時的彩色小雞、彩繪烏龜。這些動物被有毒色素染色後，只能存活短短幾天，但由於價格低廉，對許多人來說死了也不心疼；另一種則是要價不菲的品種犬貓或野生動物，牠們表面上在家中「養尊處優」，實則必須滿足特定條件才能受到善待，一旦不夠可愛、乖巧、乾淨，或是太過吵鬧，還是可能遭到遺棄排除。要成為人類家庭中的一份子，對動物來說是有條件、有代價的。

因此，夜市裡的撈金魚，被當成套圈圈等遊戲「贈品」的小兔子、小老鼠，和某些被染色打扮成各種奇怪造型的品種犬，看似待遇兩極，卻同樣是被「玩具化」的生命。如同妳所說的，精品化、高單價的高端寵物市場之周邊商品與相關服務，營造出某種寵物「地位」提升、「狗貓比人還好命」的印象，但事實上商品化的寵物市場，並不能做為評估社會看待動物態度的唯一指標，或者更精確地說，它的指標性意義不是在於表面上的消費潛力，而是在於背後所凸顯出的，人們用淨化過的可愛想像去塑造「寵物」的心態。

這種對「可愛之物」的愛，卻常常是動物生命中不能承受之重，只凸顯出人與自然的斷裂，而非重啟連結的管道。我很同意妳提到的，「並非所有的空間，都能按照人的意志與想像來安排……拉開距離，未嘗不是一種表現善意與共感的方式」。這讓我想到羅賓・沃爾・基默爾（Robin Wall Kimmerer）在《三千分之一的森林》這本書中提到的一個例子，身為苔蘚專家的她，某次受邀至一個大宅進行「在原生植物花園打造阿帕拉契山脈的植物相」之復育計畫，結果去了之後才發現，那是一個超級有錢人為了創造花園古老蓊鬱的形象，買下許多地，再將當地的老樹、岩石挖起，運到自己家中「復育生態」的行動。基默爾批評：「當他擁有這些苔蘚

23 二〇一八年，高雄查獲十年來最大宗的穿山甲走私案，共計三千八百八十隻穿山甲的冷凍屠體，擬由馬來西亞經台灣運送到中國，此類跨國走私集團對野生動物的存續已然造成巨大壓力。據此，陳添喜主張，台灣應仿照美國的「受害補償」機制，對走私保育類動物予以額外的裁罰金額，才能反映出走私對當地生態系所造成的衝擊與後續復育等問題的巨大成本。林慧貞撰文：〈在三千八百八十隻剝皮穿山甲叩關後，台灣如何避免成為走私中繼站？〉，《報導者》，二〇一九年十月十六日。

的瞬間，苔蘚的本性就消失了。並不是苔蘚自己選擇成為他的夥伴，它們是被擄來的。」諷刺的是，這位「重視真實甚過一切」的大老闆，只是使得他的植物收藏品，從被挖起的那一刻起就已不再真實。

對基默爾來說，「人無法同時擁有一個東西，又愛那個東西」[24]，這段話未必人人都同意，但我認為她恰好回應了妳所說的「疏離的倫理」的另一種面向——或許對我們所愛之物，「不相處之道」亦確實存在。換句話說，如果人們能夠試著調整對「可（以）愛」之物的想像、調整相處的距離，或許，就有可能找出不同於過往的（不）愛的方式。尤其，受到氣候變遷、全球化移動等種種因素的影響，當代的動植物所發生的「位移」之劇烈，宛如「『位置錯亂』的嘉年華」[25]，在這樣的環境中，我們該如何與生活空間中其他存在的生命，重新磨合出新的互動關係？實為無法迴避的課題。寵物在這個複雜的生態系中，雖然只是部分物種，但牠們確實能成為一個改變的起點，讓我們用不同的眼光，重新看待這個與其他生物共享的世界。

莎伊．蒙哥馬利（Sy Montgomery）在《動物教我成為更好的人》書中，就有段生動的敘述，呈顯出對寵物概念的新想像。也提醒了我們，寵物定義的改變不應該是飼養物種的增加，而在於如何看待與我們共存的動物。她提到蜘蛛專家山姆在發現盆栽裡的一隻粉紅趾蜘蛛後，對大家宣布：「我想我們有隻寵物狼蛛了！」並將牠取名為克拉貝兒。但他們和這隻被取名、「被寵物化」的蜘蛛相處的方式是，「每天早晨和傍晚都會去看看牠，確認牠沒事」[26]。也就是說，他們不是把活生生的動物抓來豢養，而是把原本就生活在同一空間中的生物視為同伴，每天探望關切。當然，如何與其他物種共舞，找到最適切的「（不）愛的距離」？並沒有標準答案。但蒙哥馬利讓我們看到，人或許可以「擁有一個東西，又愛那個東西」，但同樣地，也絕對有能力學習「不擁有的愛」。

（Cathy）

本文部分內容摘錄自〈當代寵物文化——牠是家人還是可以被取代的物品？〉一文，原刊於《經典雜誌》二六三期（二〇二〇年六月）。

24 見羅賓・沃爾・基默爾著，賴彥如譯：《三千分之一的森林：微觀苔蘚，找回我們曾與自然共享的語言》，台北：漫遊者文化，二〇二〇。

25 阿奇科・布希（Akiko Busch）著，王惟芬譯：《意外的守護者》，台北：左岸文化，二〇一八。

26 莎伊・蒙哥馬利著，郭庭瑄譯：《動物教我成為更好的人》，台北：高寶，二〇一九。另，因食鳥蛛與狼蛛在英文中都使用tarantula一字，但兩者實為不同科，文中譯為狼蛛的兩種蜘蛛：巨人食鳥蛛與粉紅趾蜘蛛，都是食鳥蛛。

【第六題】同伴動物

放手的艱難：同伴動物的安樂死課題

最寂寞的哀悼

「寵物的作用有時似乎是將死亡帶進家裡。」美國文學家約翰・厄普代克（John Updike）曾經在悼念愛犬的輓詩中寫下這句註腳，點出了生命週期與人不同、通常比主人「先下車」的同伴動物，如何讓主人感受到如影隨形的死亡陰影。[1]就像厄普代克在〈另一隻狗的死亡〉中所描述的一般，即使在看似歡樂的畫面背後，也可能暗藏著主人的心事——要為永遠難以準備好的，同伴動物的死亡，預做準備：

我拿著一把鐵鍬走進樹林，挖掘她的墓，
為必然到來的事做準備。我沒預料到，
她跟隨我過來。也並不意外，孩子們已離家，
這種探險機會罕有，而這隻狗，
早已絕育，沒經驗過任何人類以外的愛。
她邁開僵硬的腿奔跑，彎曲的尾巴跟著搖擺。
我們發現一處都喜歡的地點，就在松樹林和田野接軌的地方。
她打起盹，任太陽曬暖皮毛，而我開始挖土；
她在身邊保護我，而我為她鑿出一個安全的窩。

1 見《狗：狗與人之間的社會學》。以下厄普代克〈另一隻狗的死亡〉亦引自該書，但荷曼斯對該詩的引述，省略了最後關於安樂死的一段。

我用鐵鍬長柄測量她的身長；
她開心地一躍而起，嗅了嗅鏟出的土堆……

這首詩直到快結束時，才瞬間切換為安樂死的場景：和老狗已成為老朋友的獸醫師，前來為她注射安樂死的針劑、和主人一起看著她停止呼吸。而最後的最後，厄普代克不寫自己多麼傷心，只寫他用手推車推著愛犬，前往之前為她挖掘的墓穴，一路上，「她溫暖的毛閃耀著」。

詩中描繪的情境，應該能引起不少飼主的共鳴？也就是在心愛的動物真正離世之前，可能早已默默經歷了無數次的傷心，因為必須為「放手」這件事做準備——在陪伴動物走過最後最艱辛的病痛過程中，主人可能百轉千迴於該不該讓動物「解脫」，而即使沒有真的「執行」，每一次動念，恐怕都會經歷一次「即將失去」的恐懼。在動物離開之後，更有著艱難的哀悼過程等在前面——明明她溫暖的毛還閃耀一如生前，明明她離世的那天就像其他日子一樣平常，但「開關突然間被關上」[2]。如何面對同伴動物的死亡，始終是一個比想像困難許多的課題。

根據荷曼斯的觀察，「哀悼一隻狗，在某種程度上比哀悼一個人更為複雜，因為狗對人而言是什麼仍舊是一個懸而未決的問題」[3]。乍看之下這個說法有點難以理解，不論是狗還是其他同伴動物，既然稱之為「同伴」，在同伴離去的時候感到哀傷不是理所當然的嗎？複雜之處何在？更何況，對有些人來說，貓狗給予的情感回饋可能還大過於人。《瑪雅的第一朵玫瑰》的作者馬堤．史卡．柯辛思（Martin Scot Kosins）在這本悼念愛犬的書裡，就曾直接了當地說，「你對所養的動物的愛，可能遠超過你對你生活中最親近的人的愛」[4]；而美國動物醫院協會（American Animal Hospital Association）所做的一項調查，則顯示有百分之七十五的飼主認為他們的動物是近似孩子般的存在，其中更有過半的女性表示，她們對貓狗的情感依賴超過對先生或孩子的依賴。晚近的另一項研究亦指出，當受試者被要求評估比較他們從人類及同伴動物身上所得到的「社會支持」（social support）[5]時，雖然結果顯示，主

2 出處同註1。
3 同前註。
4 馬堤．史卡．柯辛思著，蔣家語譯：《瑪雅的第一朵玫瑰》，台北：幼獅文化，一九九八。
5 社會支持主要是指人與人之間的交流，以及交流的結果。有些學者將社會支持細分為情感性支持、實質性支持等等不同面向，前者有關同情心、喜愛、信任和照料的提供；後者指的是提供實際的幫忙和服務。以上摘自國家教

要的社會支持仍來自人際交流，但某些特定的項目，諸如「是可靠的盟友」、能提供「溫暖深情的情感支持」、「同伴的情誼」等，狗的得分都比人來得高，甚至連被認為我行我素的貓，在這些項目上的表現也都足以與人類匹敵。[6]如果按照這些研究結果來推斷，同伴動物，特別是狗，對人的意義應該不可能「懸而未決」，而哀悼同伴動物的逝去，也應該是一件很容易被同理的事情才對。

那麼為什麼仍有那麼多失去心愛動物的人，認為「凡俗對失去一隻動物的痛楚，了解有限」[7]，因此失去寵物的悲傷「多半被藏在內心裡」[8]？問題就在於，我們的社會普遍認為，「最好將真正的哀悼保留給人」[9]，在這樣的認定下，許多失去同伴動物的飼主確實很難紓解、安頓悲傷的情緒，更不用說真正失去動物之前所經歷的焦慮與憂心。柯辛思就以自身的經歷為例，點出自己全心照顧老病動物、為牠擔憂的時刻，如何也是備感寂寞的時刻，因為連家人都未必能理解他的心情：「我的家人因為我『對任何事都再也不感興趣，除了那隻狗』，而變得焦急不安。但是對我，除了『那隻狗』，其他都微不足道。」家人朋友尚且如此，更不用說其他那些「認為人的生命就是比動物的生命尊貴」的人，也因此，柯辛思說，他不再向任何人解釋他對愛犬的情感。從陪伴臨終同伴動物到哀悼牠離世，過程中的心情多半既壓抑、又寂寞。

而如果像厄普代克的例子一般，是主人選擇讓動物生命的開關被關上，哀悼的過程所牽涉的各種情緒就更難以處理，因為除了傷痛之外，還可能有更多的自責與不確定，不論是在下決定之前，還是在已經無法改變的事後，「這樣的介入是正確的嗎？怎麼確定牠想不想這樣活下去？自己的選擇是動物想要的嗎？」這類自我質疑恐怕始終揮之不去。事實上，自從我開設動物研究相關的課程以來，最常被學生問到的問題之一，就是如何面對同伴動物的死亡，而其中，又以「該不該替動物選擇安樂死」這題更為艱難，因為不管怎麼決定，是放手還是等待動物自然離去，事後都可能同樣懊惱哀傷。這些心情一旦無法被安頓，常見的狀況就是因為懷疑自己

育研究院對此一詞彙的定義。賴香如撰文：〈社會支持〉，《教育大辭書》，二〇〇〇年十二月。

6 引自James Serpell, "Anthropomorphism and Anthropomorphic Selection—Beyond the 'Cute Response,'" *Society and Animals* 11.1, 2003。

7 同註4。

8 同註1。

9 同註1。

做錯決定而陷入沮喪，或是再也不敢鼓起勇氣養動物。也因此，儘管該為病痛中的動物做什麼選擇，始終是難以有標準答案的問題，我還是想試著回答：「可以放手嗎？」——可不可以，不單指「當下是正確的時間點嗎？」更是指，「飼主有資格／能力代替無法言語的動物，做出『解脫』的決定嗎？」

我們能代替無法以言語溝通的動物做選擇嗎？

在考慮是否為同伴動物選擇安樂死時，獸醫師對動物痛苦程度、「疾病是否可逆」的專業評估，以及飼主在時間與金錢上的考量，都是客觀來說會影響最終決定的因素。獸醫師在「誠實地告知醫療所能做到的極限」之後，「權衡狗的生命和金錢花費之間的不可能任務」必然是留給飼主的，而飼主的經濟能力又會影響到做決定的時機——畢竟「你可能在一個週末裡刷爆信用卡，卻仍然帶著骨灰袋回家」[10]。但這些現實層次的考量，比較不是動物研究的論述所能介入處理的。論述能做的，是幫助我們打破「動物沒有語言，所以無法溝通」的定見：牠們不會說話，不代表不能表達。如果我們相信，透過和動物的互動與溝通，有可能做出更審慎的決定，那麼不管之後是選擇放手，還是決定再多努力一下，在動物離世之後，當初所做的決定或許就不至於成為心中打不開的死結，不至於反覆用「子非魚，安知魚樂」來質疑自己不該擅自為動物做選擇。

這裡所說的動物溝通，並非指近年愈來愈盛行的，透過專業的動物溝通師來得知寵物的需求，而是從「系統理論」（systems theory）[11]的觀點，來思考不同生物體之間的溝通方式。當代哲學家李維・布萊恩特（Levi Bryant）認為，我們可以把所有的生物體都視為是一個個獨立的系統，各自以自己的方式，重整其他系統所傳送出來的資訊。系統外部的其他系統所傳送出來的訊息當然可以擾動它，但擾動（perturbations）本身不足以構成影響系統的資訊。每一個系統，都只是選擇性地與外在世界產生關聯、以自身特殊的方式去因應外在刺激。也因此每一次的擾動是否能成為資訊，會由系統本身的組織來決定。例如當一隻冠藍鴉飛過樹梢停在鳥洗上，這個事件的擾動對人類這個系統所構成的資訊，是「牠要喝水了」，但若是缺

10 同註1。

11 系統理論原由魯曼（Niklas Luhmann）所提出，相關的論點及以下所引布萊恩特的理論，可參考筆者〈後現代的戲耍或後人文的倫理？以卡茨的臆／異想世界為例〉一文，《中外文學》，二〇一三年九月號。

乏辨色能力的系統，如青蛙，針對這個刺激所產生的資訊，可能只是注意到「快速的不規則飛行」[12]。布萊恩特曾以一個生動淺顯的例子，進一步說明何以自成封閉系統的生物體，卻仍能和其他生物體保持某種互動與溝通：

當我的貓磨蹭我或是跳上我的大腿時，這些事件對我構成了擾動。然而我做為一個系統，會把這些擾動轉譯為資訊，將它們註記為情感的符號。做為回應，我寵愛我的貓來表現我的情感。相形之下，我的貓也許只是在尋求溫暖或是要在我身上留下氣味記號以標示領土。這裡的重點在於，這樣的互動要發生，兩方並不需要共享某種相同的資訊。我的貓和我也許是因為完全不同的理由而把注意力放在彼此身上，但互動和溝通確實發生了。

不同系統之間的溝通就是這樣一種互相「轉譯」的過程，雖然擾動並非總是會產生資訊，有時也可能只成為背景雜訊，但只要彼此擾動的可能性存在，資訊便有可能被系統建構出來。如果和不同生物體之間的溝通，是從種種擾動中建立可能的意義，那麼語言就不會是能否溝通的唯一關鍵。[13]

再看一個和貓有關的例子。在日本動畫《犬夜叉》第九十七集中，要角之一珊瑚所養的貓「雲母」失蹤了。雲母雖然「身懷絕技」，戰鬥時會變大，還能在天上飛，但平常就是隻順從的寵物。雲母失蹤後，犬夜叉一行人懷疑牠是鬧彆扭才離家出走，於是回想著曾做過的各種對不起雲母的事：珊瑚懊惱不該偶爾才給雲母吃牠最喜歡的魚，阿籬則反省不該隨自己的喜好打扮雲母、還每天都要摸牠腳掌的肉球好幾次……這些「告解」所透露的訊息是，她們都接收到了雲母所傳達出的，喜歡或不喜歡的心情，只是選擇無視這些資訊。以上雖然只是動畫情節，但相信許多長

12 引自廖朝陽撰文：〈失能、控御與全球風險：《功夫》的後人類表述〉，《中外文學》，二〇〇七年三月號。此例原出處則為N. Katherine Hayles, *How We Became Posthuman? Virtual Bodies in Cybernetics, Literature, and Informatic.*

13 當然，如果對於眼前生物體的組織系統因應外在刺激的方式有愈多理解，化擾動為資訊的可能性就愈高。從這個角度來看，在演化的歷史上和人類較親近的貓狗，和人類溝通的有效性，比起其他物種確實可能更高，借用羅莉・古魯恩（Lori Gruen）的話來說，同伴動物顯然更能和我們分享經驗、形成「情感的、認知的、即身的（embodied）連結」。見*Entangled Empathy: An Alternative Ethic for Our Relationships with Animals*一書。古魯恩除了認為與同伴動物的關係能讓我們從中學習友誼與尊重，因此足以做為人與其他物種之間倫理關係的發展起點之外，也表示人與不同的他者之間確實有著不同的關係，例如把腸道細菌和其他較能讓我們產生共感的生物相提並論的話，其實並不恰當，因為我們顯然很難和腸道細菌建立情感的或倫理的連結。同理，我們和不同物種之間的溝通有效性，也有程度差別，理解自家的貓狗，比起理解其他較不熟悉的物種，顯然是較有可能性的。

期與動物有相處經驗的人，也必定能找到不少與之呼應的實例，證明我們在一定程度上可以與動物溝通，例如可以從對動物行為的觀察、牠們身體的反應等多方面去理解動物，並且從實際互動的框架中去檢驗，動物是否正如同我們所詮釋的那樣。[14]也因此，與其說人與動物有著語言的隔閡而難以溝通，不如說問題更在於我們對轉譯出來的結果未必會照單全收。以安樂死來說，艱難之處就在於，當我們綜合了動物的種種表現，轉譯出牠所傳達的資訊之後，我們是否就可以或應該接受這個結果，從而做出決定？

往往，即使答案指向該放手，飼主也可能因為捨不得，而想再努力一下——前面提到的《瑪雅的第一朵玫瑰》的作者柯辛思便是如此，以至於會開始懷疑自己對瑪雅的愛是否已經變成拖累牠的負擔。而相反的情形也有，當飼主因照顧老病動物身心俱疲，或在經濟上無力負擔時，就可能提前做出放手的決定。對於如此艱難的抉擇，我自己的想法是，如果不希望日後有太多悔恨，那麼最好還是把轉譯得到的結果審慎納入考量，而不是只考慮自己的心情。也就是說，既不要單單因為自己捨不得就不肯放手，但也不要一感覺累了，就放手。

說來容易，我知道。因為就算在做出安樂死的決定之前，已經盡可能揣測、詮釋動物的處境，轉譯牠們的心意，但比起日常的「溝通」，這還是困難太多。日常生活中對於動物喜好和行為的詮釋就算不夠準確，可能也無傷大雅，但安樂死與否，卻是在「會不會放棄得太早、剝奪了動物的機會」與「讓生命延續下去會不會反而讓動物承受了多餘的痛苦」這兩難中抉擇。對此，雖然沒有一體適用的「正解」，但我想以過去的一次經驗為例，分享動保前輩錢永祥老師對「動物的痛苦」不同的思考方式。或許對痛苦有了新的考量之後，必須做抉擇、或做完抉擇的飼主們，心裡的糾結能減少一些。

動物是自身痛苦的主人

二〇一四年十二月間，我邀請錢永祥老師以動物倫理為主題到我班上演講。演講中錢老師提到，《動物解放》作者彼得·辛格的效益主義論（utilitarianism）是在推動動保運動實踐時一套有力的論述。效益主義所謂「盡可能減輕不必要的痛

14 可參考Arnold Arluke and Clinton R. Sanders的*Regarding Animals*一書。

苦」，會讓比較多人感覺自己能透過諸如「量化的素食主義」（少肉），為動物做點什麼，因為能減輕一隻動物的痛苦算一隻、減輕一些算一些，都是有意義的。但近年有些學者開始檢討辛格的觀點，認為動物倫理的考量不應該只以痛苦與否做為準則：「辛格的理論邏輯不啻是說，一個世界裡如果全然沒有動物，那麼，由於這個世界裡也不會有動物的痛苦，反而是一個比較好的世界。可是關心動物的人卻會堅持，世界的精彩與豐富之所在，一部分正是來自其中的動物們的存在與活動，即使這些動物正承受著亟待降低的痛苦。這個直覺，效益主義的倫理學無法掌握。」[15]錢老師更進一步說，效益主義太在意痛苦的問題，忽略了痛苦有時並不完全是壞事，也往往忘記了，「痛苦是有『主人』的」：「動物也是自身經驗的主人，是一場生命的主體」，所以如果當人一心想著像刪除某個內容般，消除動物的痛苦，其實很弔詭地反而是把承載痛苦的「主人」，看得沒有「痛苦」本身來得重要。這也是他為何認為，「即使這些動物正承受著亟待降低的痛苦」，也不要據以推論，為了要讓痛苦消失，所以痛苦中的動物也隨之消失必然是個好選擇。

　　聽演講的時候，我正因為無法決定是否該放手讓家中久病的腎衰老貓豆豆離開而備感煎熬。好幾度我幾乎以為要失去牠了，但牠總是又奇蹟般地好轉；然而病情的反覆，也讓全家人的心情跟著起伏。豆豆的腳已癱、牙已崩，不能自由走跳，也不能大口進食，如果以追求「減輕痛苦」為目標，或許更早就該放手了。但是一直以來，再怎麼辛苦，豆豆都還是很努力地適應病程發展中每一階段新的不適，然後撐過一個個難關。行動不便的牠總是用眼神追隨著家人的動向，並且仍不時大聲討吃與呼嚕。「牠是牠痛苦的主人」，聽演講時，我因此得到了一些寬慰，慶幸自己沒有犯下「把痛苦看得比痛苦的主人更重要」的失誤。當然，誠實地說，我依然是有惑的，我可以相信人的痛苦不是全然的壞事，我們可以將之詮解為各種昇華、鍛鍊甚或「痛中有快」，但動物做為牠們自身痛苦的主人，會希望拿這痛苦怎麼辦呢？我還是不免擔心自己的轉譯並不正確。聽完演講之後，為了整理我混亂的思緒，我寫了一篇臉書文：

〔……〕我總是對學生說，倫理的決定總是依當下情境而定的（contingent），沒有一體適用的原則，是「回應的倫理」（responsive ethics）。也正因為根據當

15 見錢永祥撰文：〈納斯邦的動物倫理學新論〉，《思想1：思想的求索》，台北：聯經，二〇〇六。

下情境對生命做出回應總是艱難的，所以才算得上是倫理的選擇。如今我選擇的是，面對我和豆豆的痛苦。我想相信，同為「一場生命的主體」，我們的痛苦是因為還想擁有更多的愛。每當我看到母親對著其實在他人眼中憔悴不堪的豆豆說，「你好帥，豆豆是我們的帥王子」，然後為牠擦去鼻子上嘴角邊沾黏到的嬰兒食品，我就會想，人世間的情感，色衰而愛弛者所在多有，但豆豆做為我們的寶貝，永遠不用擔心這件事；牠一定能感受到這種被愛的幸福吧。也許就是這些付出，讓牠也這麼努力。

那天演講錢老師還舉了另一種倫理觀點，就是認為在人和動物的關係中，我們會知道該怎麼做是對的，因為當我們面對錯的情境卻不出手介入時，會自認在道德上是失敗的，這種失敗感透露了，我們其實知道自己該怎麼做。我希望真是如此。明天依然要帶著豆豆去看診打點滴，繼續祈禱，或許也繼續迷惘。[16]

豆豆在二〇一五年一月間還是離開了我們，經過醫師的評估與全家的審慎考慮，我們決定放手。那種心痛的感覺到現在還是會讓我淚流不止，但我沒有太多遺憾與追悔。我也想這樣告訴曾經費盡心思代動物做出決定、並且可能依然承擔著某

種罪惡感的每一個人，不需要再回頭自責，因為最愛牠的你經過充分的考量之後，為牠做出的決定，就是最好的決定。（Iris）

16 此篇臉書文後來重新整理為〈快樂和憂傷的擔〉，《人・動物・時代誌》，二〇一五年十二月十一日。

相信牠們會懂

【篇前回應】

「我們的痛苦是因為還想擁有更多的愛。」看到妳這句，我想說，其實我心裡一直逃避回應這篇主題，因為太多感傷和痛苦的回憶，但痛苦是為了愛，記憶也是。豆豆是二〇一五年一月離開的，然而在那之前，我有無數次都覺得即將要失去牠。因此，我始終記得在牠離開前那一年，世界盃足球賽轉播總冠軍賽的那個晚上，我偷偷拍下牠靜靜地在沙發上，陪在我們身旁看電視的畫面，那時心裡感傷地想著：「下一次的世足，豆豆就不在了。」我清楚知道牠不可能撐到下一個四年。那種「即將失去」的恐懼，經歷過的人一定都懂。豆豆走的那一天，我不在牠身邊，但在心裡，我已經說過好多次再見，每一次的「再見」，都是許願，也是道別。因此，當我看到其他朋友猶豫著要不要送走他們心愛的動物家人，我從不建議，只是祝福，因為某程度上來說，沒有時間點會是「對的時間」。但另一方面，我們會知道什麼時間是「該做決定的時間」。一直記得曾經看著一位同事抱著她家的老狗來上班，說下班後要帶重病的牠去安樂死，但下班後捨不得，又抱回家去，同樣的事情重複了幾次，直到有天她說，老狗在家裡過世了。看到她為自己不用做出「那個決定」而鬆了一口氣，老實說，我也鬆了一口氣。放手是為了愛，不放手也是。這是妳說的「回應的倫理」（responsive ethics）。因為艱難，所以是倫理的選擇；也因其艱難，我對這回應的倫理之回應，或許也只能是一些心情，關於選擇，關於放手後的哀悼，關於如何安置回憶。

關於動物與哀悼，西格麗德·努涅斯（Sigrid Nunez）的《摯友》這本小說，是近期讓我印象最深刻的作品，因此我想借用書中的一些情節和觀點來談艱難的這題。小說中對於將動物安樂死這件事，有一段非常直面真相的敘述。女主角「我」描述她為何不再養貓，是因為當她帶自己十九歲的老貓去進行安樂死時，原本一動也不動的貓有了警覺：

牠伸出手掌碰我的手腕，抬起頭，轉動細瘦的脖子，難以置信地瞪了我一眼。

我不是說牠講了這些話，我只是要說我聽到的是：

等等，妳搞錯了。我沒說要妳**殺**了我，我說的是我想要妳讓我舒服一點。

獸醫或許感受到她的猶豫，一把撈起貓走去其他病房，當她再看到他們回來，貓已經死了。「我」如此形容自己之後的心情：「我的罪惡感會如此深，可能是因為在所有我養過的貓當中，這隻最不受寵，牠總是很冷淡，不願讓我抱在懷裡或腿上，但等我睡著後，牠會爬到我的臂邊。**現在牠成了我沒辦法不想的那一隻。**」[17]

這段敘述如此觸動我，是因為努涅斯揭露了一個所有做過「那個決定」的飼主都心知肚明的事實：如果用「最誠實的字眼」來形容，安樂死就是「**殺**了牠」，是親手（儘管是假獸醫之手）結束一個生命——就算那是為了愛，為了結束牠們的痛苦。但就像妳說的，「飼主有資格／能力代替無法言語的動物，做出『解脫』的決定嗎？」、「是牠們想要解脫還是我們自己？」、「牠會不會只是想舒服一點，結果卻彷彿被最信任的飼主『背叛』了？」、「牠會怪我嗎？」……一旦產生這樣的念頭，我們所做的決定很難不在未來的日子裡繼續如陰影般糾纏我們的心。但這些疑問，恐怕是每個做過選擇的飼主都曾或多或少閃現過的懷疑。而罪惡感是一種比哀傷更難處理的情緒，牠不只會成為我們「沒辦法不想的那一隻」，還會成為我們「沒辦法想的那一隻」。曾經送走過那麼多動物，我不是沒有動搖過自己是不是做了錯誤的決定，你會一直思考，卻無法好好回憶。和自己做過的決定和解，是一條漫長的道路，我總覺得人要走過這個階段，才能真正開始哀悼。

另一方面，《摯友》這本書的特別之處在於，努涅斯處理了過去時常被當成軼事或傳奇，卻很少被認真看待的議題，那就是：動物如何哀悼人。小說開場，女主角介於師、友與（精神）戀人之間的摯友自殺身亡，他的三號老婆將他養的大丹狗阿波羅交託給「我」。因為不愛狗的她受夠了這隻狗每天等門、不吃東西，還會

17 粗黑體為筆者所加。

持續嚎哭，而她沒辦法「向一隻狗解釋死亡」。「我」勉為其難地收留了牠。剛把阿波羅帶回家時，牠拒絕眼神接觸、面壁、垂頭喪氣，那是「**哀悼導致的精疲力盡**」，「我」這麼想。然而「我」住的公寓其實是禁止養狗的，由於沒有人可以偷偷摸摸地養一隻將近八十公斤的大狗，為了讓阿波羅可以留下，她去接受諮商並且請對方開了一張「支持犬」證書，證明這隻狗提供了重要的情緒支持。但是，「在這個案例裡的真相是：沒辦法應對的是這隻動物，而我是支持牠情緒的人」。

關於動物也有情感、也會哀悼的概念，妳在〈虛擬／擬人化的生命與哀悼的倫理〉中引用的澳大利亞學者范道倫有關哀悼倫理的觀點，以及〈「可愛動物保護主義」的迷思〉中有關化人主義的討論，都已經提過。而我想透過《摯友》進一步來談的，是我們如何看出動物的哀悼？比方說，我們是否想過，如果換個角度去看被傳頌的「忠犬故事」，那些行為難道不是動物展現哀悼的方式？除了廣為人知、在澀谷車站等候飼主的「忠犬八公」，義大利佛羅倫斯附近小鎮的費多，在巴士站等了十四年，蘇格蘭愛丁堡的巴比，則在飼主的墓旁睡了十四年。[18] 動物不會用我們的語言表達情感，但我們怎麼知道牠們沒有自己的儀式，好讓牠們可以度過，或不願度過哀傷？——風雨無阻地去車站守候，未必是不明白飼主不會回來，它也可以是一種儀式化的思念之展現。畢竟除了忠誠之外，動物同樣會心碎與崩潰。有學者甚至認為，動物最極致的哀悼可能會讓牠們因此放棄活下去。

蘿瑞兒．布萊特曼（Laurel Braitman）研究動物精神創傷的作品《動物也瘋狂》中，就曾提到一隻接連失去親人和鸚鵡好友的金剛鸚鵡查莉。查莉在遭受打擊之後，她的飼育員安用盡各種方法，都無法阻止查莉將全身的羽毛拔光，失去羽毛的她成了一隻不能飛的鳥，只能爬到低矮的樹枝上休息。某天安發現，查莉在她出門的短短半小時內，被大樹下的一根金屬桿刺穿而死。值得注意的是安對這件事情的描述方式，她反覆說著：「我知道這樣聽起來很瘋狂」、「我知道這樣真的是在擬人化動物」，但她依然覺得查莉是因為受夠了自己的生活，不想再過著每晚做惡夢的日子，所以刻意在那麼熟悉的環境中，趁著安不在家，摔倒在那根致命的金屬桿上。

安有沒有可能只是太過鑽牛角尖，硬要將一場不幸的意外解讀成心靈受創的鸚鵡自殺事件呢？確實無法排除這樣的可能性，但布萊特曼強調：我們不需要一下子

18 見西格麗德．努涅斯著，蘇瑩文譯：《摯友》，台北：寂寞，二〇二〇。

把結論推到所有動物都會自殺，卻可以「對**特定動物**抱持這樣的懷疑」[19]。鸚鵡不需要開立死亡證明書，理由是意外或自殺也都改變不了死亡的事實，然而若我們願意抱持這樣的懷疑，就等於接納了動物的靈魂也會痛苦，會失去求生的意志，也才有可能進一步體會到錢永祥老師所說的：「動物也是自身經驗的主人，是一場生命的主體。」當我們把動物視為自身經驗的主體，就會發現要考量的不只是牠們肉身的痛苦，也包含牠們心靈的痛苦。因此，我愈來愈相信，我們其實是和牠們一起做決定。[20]

當然，所謂「一起做決定」應該也會被認為是一種很擬人化的講法吧，或是我們把自己的情感投射到動物身上云云，但我很同意妳提到的哲學家布萊恩特的說法：我們和動物之間「不需要共享某種相同的資訊」，但不等於互動和溝通不存在。就像每次想起豆豆的時候，我總會同樣想起慢性腎衰、以十九歲高齡去世的松松。我常覺得松松彷彿是做為豆豆的對照組，來提醒我們動物也會「拒絕過度醫療介入」，而且牠們對「過度」的概念有自己的主張。從拒絕梳毛、剪指甲到打點滴，牠名符其實「張牙舞爪」的抗議方式讓人絕對無法忽視。為了寫這篇文章，我回頭看了之前在報紙專欄上寫過的松松的故事，[21]才想起牠當年為了拒絕剪指甲，竟在診療檯上像蜜蜂脫針一樣狂踢，然後把自己的指甲踢到飛出去，讓人哭笑不得……這樣的貓，要如何讓牠順服於為了延長生命的侵入性治療？當時那篇文章，我是這樣結尾的：「我們也只能不斷不斷在她的意志和我們的堅持之間試著取得某種妥協……去適應牠們獨一無二的性格……和動物家人互動，就是和家人互動，你得去理解牠，接納牠，並且尊重牠的風格。」[22]因為尊重牠的風格，因此即使到了腎衰後期，松松始終只有進行最低限度的點滴治療，我有時會想，若不是有如此配合醫療的豆豆，我們在旁人眼中，說不定會像不願意花時間金錢治療動物的飼主吧？但那是因為對松松來說，治療造成的心靈痛苦，會遠大於或製造出新的肉身痛苦，這是做為飼主，我們為松松本貓「代言」而下的決定，但我沒有後悔過這樣的決定，儘管我們都知道如果牠願意更積極一點治療，牠可以陪我們再久一點。也許可

19 粗黑體為筆者所加。

20 以上有關《動物也瘋狂》的案例，引用自筆者〈動物星球上的情緒風暴——《動物也瘋狂：動物精神創傷與復元的故事》〉，《鏡好聽》，二〇二〇年八月三日。

21 見筆者〈跟我這樣愛動物／貓貓看醫生〉，《繽紛電子報》，二〇一四年九月二十五日。

22 見筆者〈跟我這樣愛動物／我家也有鞋貓劍客〉，《繽紛電子報》，二〇一四年五月十五日。

以，至少多一個夏天。

再多一個夏天就好。努涅斯在書中，引用了詩人加文・尤爾特（Gavin Ewart）的說法：每個被迫注視上了年紀寵物的人，都會像他一樣，希望自己在康復中的老貓，「在踏上**最後一次命中注定前往獸醫院的那段可恨旅程之前**，能再多撐過一個夏天就好」。但女主角說，「我想要更多。而且我要的不只另一個夏天，或兩個、三個、四個。我想要阿波羅活得和我一樣久，少一天都不公平」——當然，她很清楚這念頭多麼非理性，而且「有時候，狗就是會遭遇不幸：這個教訓來得很早，我從童書裡看到的。那些故事裡的動物通常都會死，而且不是善終」。童書裡的動物通常都會受苦，同時遭遇不幸。老實說，這也是我從小對動物故事又愛又怕的原因。但看到書裡舉出那些熟悉的例子，我突然在想，兒童文學裡動物的死亡，會不會是一種溫柔的提醒，讓我們從小就開始做好心理準備，告訴我們愛的代價，讓我們預習、甚至習慣於為了動物而傷心的未來？

但無論如何，當我們把牠們（可能）的決定，納入我們的決定，至少可以少一些遺憾。這不代表做決定會比較不艱難，也不代表自我懷疑會消失，因為念頭可能隨時會動搖與改變，你永遠不知道哪個時機是真正「對」的。有時候，我們會私心希望牠們再多撐一個夏天也好；有些時候，我們或許甚至不忍心，讓牠們再多撐一天。但終究是得放手的。

其實，就連放手之後該怎麼處理，同樣是有可能會後悔的。集體火化、個別火化、樹葬還是買寵物塔位、買了之後要帶回家還是放在寵物靈骨塔……是寵物與人關係改變後，飼主會面臨的新難題。老實說，好幾種不同的處理方式我都選擇過，也都後悔過。但轉念一想，放不下想不開的是我，對牠們來說，放手之前的陪伴才是最重要的，至於在那之後……無論想念的哪一種形式，都一樣是想念。我是這樣說服自己，接納每一個當下所判斷與選擇的決定。並且相信牠們會懂。（Cathy）

第二部

生命教育

【第七題】動物園

在（後？）疫情時代思考動物園

瘟疫蔓延時的動物目擊事件

二〇二〇年春天，新冠肺炎（COVID-19）以野火燎原的速度席捲全球。撰文之際（二〇二〇年七月），儘管台灣的疫情相對而言受到控制，除了未開放出國旅行，大多數活動都可回復日常，但世界各地的疫情並未趨緩。而在本書將付梓前，新一波威脅方暫歇，疫病帶來的重大衝擊，除了讓所有人不得不正視全球化時代流行疾病與人類關係的變化之外，各地紛紛封城或暫停大型集會活動的措施，也快速地產生了經濟、環境等各方面的連動效應。疫情之初，新聞出現動物因人類活動減少而「逛大街」的畫面，雖然其中有些後來被指出是假新聞——例如一度盛傳天鵝和海豚出現在清澈的威尼斯運河，[1]照片實際拍攝地點並非在威尼斯——但整體來說，人類足跡幾近全面地暫時消失，確實讓野生動物的活動範圍受到這個變因影響，而產生了（同樣暫時性地）挪移。

在「逛大街」的新聞當中，有些屬於較罕見的目擊事件，例如英國威爾斯的小鎮蘭迪德諾（Llandudno）出現成群野生山羊，或是智利首都聖地牙哥街道上有美洲獅出沒，但誠如美國杜克大學生態保育學家史都華．皮姆（Stuart Pimm）強調的：「我們沒有被（野生動物）入侵」，這些動物原本就住在我們周邊，只是平時不會現身。[2]對我來說，更值得留意的反而是另一種狀況：不少原本被遊客或民眾餵養的

1 朱利安撰文：〈天鵝海豚現身威尼斯運河照片瘋傳 國家地理頻道：假的〉，《香港01》，二〇二〇年三月二十二日。

2 鍾巧庭撰文：〈新冠肺炎．全球封鎖：空氣更清新、動物逛大街……沒有人類環境更美好？〉，《風傳媒》，二〇二〇年四月二十三日。

動物，例如日本奈良的鹿群，或是泰國華富里（Lopburi）的猴群，在人們活動受限無法提供充足食物來源的情況下，只好上街覓食。[3] 牠們的處境清楚凸顯出當動物賴以存活的空間和食物都來自人類供應，一旦發生較為重大的天災人禍，牠們必然是受到最大衝擊的一群。奈良的鹿群尚且如此，行動完全受限於動物園的圈養動物，更可能成為疫情下的受害者。[4]

當然，動物園的收入不可能完全依賴遊客的門票，但由於疫情造成各國經濟重創，加上飼料供應受到產業鏈與運輸業停工的多重因素影響，除非政府挹注資金或有穩定的募款管道，斷糧危機與高額支出很快就成為各地動物園在閉園期間的挑戰。德國北部的新明斯特動物園（Tierpark Neumünster）就曾宣布若狀況持續惡化，不排除安樂死部分動物來餵養其他動物，消息一出引發各界關注。雖然後來很快獲准重新開放，但全球各地都不時傳出因不堪長期停業所需的龐大資金，而在網站上募款的求救訊息。其中有些不敵疫情壓力已宣布倒閉，例如英國德文郡的活海岸動物園（Living Coasts）[5]；有些如英國切斯特動物園（Chester Zoo），雖然快速募得高額款項，但在疫情反覆的情況下，是否僅是杯水車薪仍有待觀察。[6] 至於許多小型或私人動物園，原先動物照顧的品質已然堪慮，再加上疫情帶來的影響，動物處境更是不堪設想，中國湖南長沙就有民營動物園被員工踢爆在關閉期間讓動物餓死或凍死。[7]

3 〈圖輯：武漢肺炎疫情重創人類！野生動物奪下空城〉，《自由時報》，二〇二〇年四月二十九日。此外，由於疫情持續，一度雖傳出奈良鹿少了鹿仙貝之後，改吃青草的「好消息」，事實上當地青草量不足以供應鹿群所需，至二〇二一年二月時，已發生不少鹿隻誤食零食包裝致死，或因過度飢餓闖入民宅、追趕路人想咬衣服的狀況。見洪采鈺報導：〈奈良鹿沒遊客餵！餓到追人啃衣服〉，《華視新聞》，二〇二一年二月二十六日。

4 二〇二一年一月，美國聖地牙哥動物園（San Diego Zoo）傳出至少有兩隻大猩猩確診COVID-19，成為第一波巨猿感染新型冠狀病毒的案例，再次說明動物園中的圈養動物如何受到人類疫情的影響。見中央社撰文：〈美聖地牙哥動物園兩大猩猩確診 全球首傳巨猿感染〉，《中央社》，二〇二一年一月十二日。

5 吳昱賢撰文：〈疫情影響 英國動物園倒閉 數百隻動物待接收 恐遭安樂死〉，《DPG動物友善網》，二〇二〇年六月二十日。

6 吳昱賢撰文：〈英國最大動物園陷危機 愛心人士齊力拯救5天湧入220萬英鎊善款〉，《DPG動物友善網》，二〇二〇年六月十日。

7 吳昱賢撰文：〈中國民營動物園因疫情關閉 動物活活餓死 驚見白狐啃食羊駝〉，《DPG動物友善網》，二〇二〇年三月三十一日。

被疫情放大的，災難的臉

凡此種種，讓我想起小時候看三毛《撒哈拉的故事》時，印象最深刻的那篇〈死果〉。受到詛咒的項鍊，具有讓人身心的所有小毛病全都被放到最大的可怕力量。新冠肺炎就像那顆項鍊上的果核，讓我們具體感受到過去被視而不見、隱而不顯的人類作為，「最壞的可能性」會是什麼樣貌。更重要的是，它把「看似不可能」的非日常化為某種詭異的日常，把遙遠而失去真實感的災難拉到眼前，迫使人們正視「災難的臉」。事實上，歷史已有無數前例證明，動物園一旦面臨糧食或經費不足等營運問題，生活在其中的動物幾乎無法倖免於難，如果遇到戰爭，動物們就算熬過戰火轟炸，也往往逃不過餓死或被處死的命運。[8] 但對許多人來說，這些歷史雖然悲慘卻太過遙遠，遙遠到不像與我們有關。新冠肺炎帶來了形同戰爭規模的劇變，除了世界大戰之外，像這樣全球大範圍停擺、導致各地動物園幾乎同步陷入困境的局面，其實是非常罕見的，但它也因此更清楚地凸顯出人類社會一旦失序，圈養動物無論原本受到多麼妥善的照顧，牠們面臨的生存風險都可能更甚野生動物。

換言之，新冠肺炎宛如一場極限測試。它提供了非常獨特的角度，除了如前述讓我們看到某些動物園的因應措施，如何將其原本就潛在的問題暴露無遺之外，另一方面，某些根深柢固的，人與圈養動物之互動關係、人對圈養動物的想像和期待，似乎也同樣因為疫病而被放大與強化了——日本北海道北札幌野生動物園（North Safari Sapporo）就是最典型的例子。園方在募款時以動物「協助製作」回饋品製造話題，只要捐助三千日圓就可以選擇內有獅子毛、貓頭鷹羽毛或蛇皮的御守、河狸咬過的木頭杯墊等產品，捐助七萬日圓的回饋品「獅子抓爛的牛仔褲」更是大受歡迎。[9] 用高明的行銷方式讓動物園成功度過危機當然無可厚非，但該動物園一直以來其實頗受爭議，蓋因強調「體驗型動物園」，並以「日本最危險動物園」

8 以台灣為例，圓山動物園的若干大型動物，就在二戰時因戰爭波及而遭到「猛獸處分」。這個部分的歷史可參閱鄭麗榕：《文明的野獸》，台北：遠足文化，二〇二〇。

9 吳昱賢撰文：〈獅爪加工牛仔褲做回饋品！動物園解決困境募資各出奇招〉，《DPG動物友善網》，二〇二〇年六月二十日。這個募資計畫目標金額兩千五百萬日圓，最終募得三千九百萬日圓，見募資網頁《CAMPFIRE》，〈【ノースサファリサッポロ】コロナの影響で存続の危機！動物達を守りたい！〉。

為噱頭，不只動物和人距離非常近，許多互動模式也令人憂慮，例如可以直接把小狐狸抱在手上、把蛇圍在脖子上等等。這些看似有趣的體驗，都可能對動物造成直接或間接的傷害，而「動物協助製作回饋品」的誘因背後，「參與式互動」思維模式之隱憂，就可能因捐款的善意與商品本身的趣味性，成為被忽略的盲點。

不過，追根究柢，難道不是因為遊客想要難忘的體驗，才使得動物園絞盡腦汁以「創意」的方式去回應這種需求，好讓營運可以更順利嗎？供給和需求時常是相互加強的關係，愈多人想要特殊的體驗，動物園就會試圖創造出更獨特、更另類的互動模式，導致餵食猛獸、在鱷魚池上過獨木橋這類噱頭也愈來愈多。這未必是特定動物園的問題，而是人們對圈養動物的功能之想像與期待的結果。所幸，隨著動物權與動物福利概念的推廣，遊客逐漸開始意識到圈養動物福利的議題，這一點從現在許多不當飼養的案例，都是由遊客舉發就可看出。[10]但另一方面，看待動物園的態度，似乎也因此往益發兩極化的方向發展。動物園被視為一種全有或全無的存在，但「全面廢除」或「不容批評」的兩端，有時可能只是激化更多情緒上的對立，長遠來說對改善動物處境未必是好事。

集體記憶是真的，動物悲慘的一生也是

事實上，如果回顧動物園的歷史，可能會訝異於戰爭或災難反而更凸顯出人們對動物園的情感需求何其強烈。揚・蒙浩特（Jan Mohnhaupt）以冷戰期間被柏林圍牆隔開的兩座動物園歷史為主軸的《分裂的動物們》一書，就提到若東柏林的民眾前往西柏林，在被人民警察盤查時回答要去蛋糕店或看電影，會被訓斥「民主德國首都也有電影院和蛋糕店」，但如果回答要去動物園，他們就只能摸摸鼻子放行，因為「民主德國首都什麼都有，就是沒有動物園」——不過民主德國首都很快以驚人的速度建了一個動物園，而且比西邊大上三倍。只是園區的興建速度依然跟不上園長達特蒐集動物的腳步，一九五八年越南贈送的小象蔻絲扣（Kosko）來到園區時，根本沒有多餘的空間可以安置，於是整個動物園都是牠的「操場」，兩歲的牠

10 例如二〇二一年八月間，桃園春天農場傳出虐馬致死案，即為民眾通報，方使得園區內其餘倖存馬匹和動物得到後續安置。見楊淑閔、吳睿騏撰文：〈動團質疑春天農場虐馬釀死　農委會允督導落實改善〉，《聯合新聞網》，二〇二一年八月十二日。

最熱愛的活動是和孩子們一起賽跑！

蔻絲扣和一群滿臉笑容的小朋友們奔跑的那張照片，幾乎可以當成動物園「快樂天堂」形象的宣傳照，卻也間接反映出一個耐人尋味的心態：在很多人心中，一個「有大象的動物園」才算動物園。蒙浩特形容：「在動物園的世界裡，大象是威望的象徵；擁有更多的大象，便是『打贏一場戰爭』。」一旦動物園有了大象，牠的存在本身彷彿就代表著動物園的意義，「大象」成了「動物園」的代名詞與「代言人」。或因如此，不同的地方都有自己的「蔻絲扣」，除了台灣讀者最熟悉的林旺，日本的花子、香港的天奴，也都是一代人集體回憶的象徵。二〇一八年台博館「小心！象出沒」的展覽，就以林旺召喚市民的集體記憶，林旺與另一頭大象阿沛的骨骼標本，更被形容為牠們六十多年來的「重逢」。

無獨有偶地，二〇一八關渡雙年展「給亞洲的七個提問」當中，「人類活動檔案ＡＨＡ！」（Archive for Human Activities）《有花子的風景》（《はな子のいる風景》）這個展出，是在大象花子去世後，向市民募集照片匯集而成。由於日本大多數動物園的大象都在戰時被「處分」[11]，戰後從泰國被送到日本的花子，很快成為民眾爭相參觀的對象，《有花子的風景》所展示的一張張照片，就是這段歷史的見證。銘刻戰爭歷史的林旺與花子，被賦予了某種「榮光」敘事的框架，成為集體記憶與文明進展的象徵。我並不認為需要否定民眾透過大象而凝聚的集體回憶與個人情感，但是，被官方和媒體塑造出的記憶模式，仍然無可否認地折射出人「想要」如何塑造人與動物關係的欲望，若要看見動物的真實處境，我們需要更多不同的敘事角度。

以林旺來說，如同鄭麗榕曾指出的，官方敘事方式的基調始終如一。早年生活的說明文字是以國族史敘事口吻，強調大象在戰爭時的「貢獻」，入園後的故事重點則是園方的照顧措施，以及和馬蘭的「夫妻關係」，最後則以「林旺爺爺安詳地側臥在白宮裡的水池邊，享年八十六歲」完成一個看似圓滿的生命敘事。死後獲贈的對聯「獨領風騷半世紀，共享溫馨四代人」與橫批「世界象瑞」，更是對林旺的長壽以及「貢獻於人們跨世代的溫馨」形象之蓋棺論定。[12] 林旺的標本師林文龍，也

11 當時只有名古屋的東山動植物園偷偷違抗了猛獸處分的軍令，兩隻大象得以倖存，戰後為了滿足民眾看大象的需求，甚至有專門前往名古屋看大象的「象列車」。

12 以上關於林旺的官方敘事，係參考並整理自鄭麗榕撰文：〈為大象林旺和馬蘭寫歷史〉，《歷史學柑仔店1》，台北：左岸文化，二〇二〇。

曾表示他想傳達的是林旺如同「台灣守護神」的精神，「一路看著台灣的蛻變，對這塊土地充滿了寬容與慈悲」[13]。這些關於林旺的敘述，是我們在動物園、博物館或紀念文集中常看見的，無懈可擊的完美故事。

不過，何曼莊的《大動物園》提醒了我們在榮光敘事下圈養動物的生活暗影：「一九六九年，林旺五十歲，長了大腸瘤，當時的醫藥技術無法為龐大的象體做全身麻醉，獸醫和工作人員將牠五花大綁，在人象都極端艱辛的無麻醉狀況下，切除了腫瘤。從此林旺性情大變……林旺活到八十六歲過世，牠的一生多災多難，命卻比誰都硬，牠見證了戰爭，承受了戰爭的後果，卻從來不曾明白真正的原因。」由此可見，只要轉換一下敘事的角度，不是從人的眼光去看動物如何付出、奉獻、帶給人快樂與精神寄託……而是從動物實際的遭遇去觀察，或許就會得出完全不一樣的結論。畢竟，就算想否定大象的智力或情感，也很難否認在無麻醉的情況下進行手術會何其疼痛的事實。

當我們不再將林旺或花子視為拍照的背景，而是反過來去看看牠們生活的背景和空間對一隻大象而言是何其侷促單調，或許就能擺脫過去習焉不察的敘事框架，看見不一樣的故事。不過，一旦開始試著轉換眼光，快樂天堂的旋律也會隨之變調，這對很多人而言不會是太愉快的事。畢竟，當動物明星花子轉變成被囚禁的孤單生命，你很難不去想像長達六十二年的獨居生活，對一隻習慣群體活動的大象而言會是什麼滋味。動物無法開口說自己的故事，但一隻長期面壁的大象，難道不是另一種無聲的敘事？[14] 若說花子的背影散發著憂傷，可能會被認為過度擬人化，但至少我相信看著那樣的照片，很少人能繼續堅持這裡叫做快樂天堂。

（Cathy）

13 趙如璽、宋祖慈著：《再見林旺：那時代，那些人，那些象事》，台北：秋雨文化，二〇〇四。

14 花子一生坎坷，礙於篇幅無法詳述牠的故事，有興趣的讀者可參閱電影《大象花子》。牠自九〇年代開始以背對觀眾的面壁姿態站著，據稱展場地板不平，為了保持身體平衡只好如此，但也因此讓牠的身影看來更顯孤單。見林翠儀撰文：〈大象花子與山川清藏〉，《自由時報》，二〇一六年六月三日。其他和花子遭遇相仿的大象處境可參考觀念座標撰文：〈全世界最寂寞的大象：「花子」關在動物園一甲子，從未見過任何同類〉，《關鍵評論》，二〇一七年八月二十七日。

（水族）動物不是奇觀：從「花園鰻視訊會」談起

【篇前回應】

二〇二〇年的新冠肺炎疫情對動物也造成很大的衝擊，如妳所言，疫情之初即有不少動物園倒閉或動物將被安樂死的新聞傳出，只是我對這類訊息總採取逃避的態度，怕深入了解後無力感太強——除了日本墨田水族館的「喚醒花園鰻大作戰」之外。[15] 報導指出，花園鰻生性害羞，但從沙地裡竄出小小身軀的模樣向來受到民眾喜愛，常常見到遊客後，「也漸漸變得開朗，喜歡探出沙地與民眾打招呼」。但因為疫情，水族館暫時關閉，花園鰻又開始害怕人類，每當工作人員前來時必會躲進沙地裡，讓工作人員無法觀察花園鰻的近況。因此館方在推特上發起讓花園鰻與民眾「視訊」對話的活動，以便讓牠們重新習慣人類的存在，而活動也獲得熱烈的響應。這則看似疫情中的「溫馨」新聞讓我沉思良久。不管是水族館或動物園，所創造出的這種「人與動物互相需要」的情境，在疫情當下雖顯得真切，卻容易讓我們忽略了更前端的問題，也就是圈養動物的必要性。提出這個疑問，並非表示我把動物園的存廢視為一個「全有或全無」的議題，而是想呼應妳上篇中所說的，打開不同的敘事框架有其重要性。如果「快樂天堂」這種把動物視為拍照、娛樂背景的官方敘事是長期以來多數遊客唯一（想）閱讀的版本，[16]疫情的衝擊是否有機會讓我們因為看到了動

15 見〈吸引兩百萬人參加的「喚醒花園鰻大作戰」是什麼？墨田水族館近期推特熱門話題〉，《窩日本快訊》，二〇二〇年五月十五日。

16 本書付梓前，台北市立動物園正在臉書上舉辦「貘法少女待命名，馬來貘寶寶命名者非我貘屬」活動，邀請民眾為動物園甫出生的馬來貘，票選出最有人氣的名字，網紅、明星、政治人物紛紛參與，網路一片對馬來貘寶寶「超萌」的讚美、對各種命名趣味巧思的附和，氣氛溫馨熱鬧。而插畫家Cherng在臉書上繪製的「貘法少女」家庭背景圖，也迅速累積上萬讚數，這些似乎都印證了此處所說的，「快樂天堂」是官方與民間長年樂見的動物園敘事。其實這不是動物園第一次舉辦命名活動，只是當年同樣由民眾命名、因其「可愛度」吸睛不已的國王企鵝黑麻糬，在活動熱度之後過得如何，卻未必能引來同樣的關心。事實上，黑麻糬在二〇一八年即因肝腎衰竭死亡，而動物園直到二〇二〇年被詢及時才證實此死訊。今昔對照，是否官方和民間都應該思考，如何才能更進一步，把對動物的喜愛或關心，化為更實際地對動物福利有所助益的行動？馬來貘命名相關報導見鍾維軒撰文：〈馬來貘寶寶命名熱潮 柯文哲、網紅、藝人都參一咖〉，《聯合新聞網》，二〇二一年八月二十八日。黑麻糬新聞見潘

物災難的臉，而願意對動物園議題有更多的思索？下篇就以讓我一度困惑的，「為什麼花園鰻需要習慣人類？」這個提問開始。

二〇二〇年三月初，觀光勝地晴空塔裡的墨田水族館在新冠肺炎疫情影響下一度閉館，館方擔心其中生性害羞的花園鰻會「忘了人類」，發起噱頭十足的「花園鰻視訊會」，反應之熱烈，並不令人意外，因為花園鰻一直是日本諸多水族館的明星之一，連卡通《蠟筆小新》都曾經以花園鰻為主題，描述牠們受歡迎的程度——劇情安排一群花園鰻立志要像水族館內的海豚一樣有人氣、像娃娃魚一樣引發話題、甚至像大王具足蟲一樣獲館方青睞推出周邊商品，因為牠們知道，只有變成頭條焦點，才可以確保不會因為過氣而被拋至生活條件很差的，地下室的水槽。為此，牠們不惜顛覆花園鰻很少離開巢穴的本性，從底砂中游出，還雜耍般地排成心型圖案取悅遊客。而卡通看似脫離現實的想像，其實其來有自：[17] 遊客對於喜歡把大半身子藏在底砂裡的花園鰻，始終有很大的興趣，也因此花園鰻的「全貌」的確可以成為吸引人潮的焦點，京都水族館就曾經在二〇一七年十一月舉辦「花園鰻日」[18]，把展場中的底砂換成透明凝膠，以便參觀者可以清楚觀察到花園鰻移動與覓食的樣子。

然而，不管是墨田水族館以「工作人員必須能觀察到花園鰻的活動，所以不能讓牠們自閉下去」為由舉辦的視訊活動，或是京都水族館為滿足遊客好奇心而更換底砂的做法，顯然都有意製造某種「奇觀」（spectacle）。從水族館畢竟需要營利才能生存的角度來看，我們似乎很難非難這種訴諸奇觀的手法，但我更在意的問題是，當遊客看到這些奇觀的時候，能同時感受到牠們是真實的生命嗎？如果大眾一方面對花園鰻的「底細」如此感興趣，一方面又在看到牠們秀出全身的游泳姿態

永鴻撰文：〈台北動物園人氣企鵝「黑麻糬」早已病逝，未留後代〉，《聯合新聞網》，二〇二〇年十一月十九日。

17 這一段劇情另一個「寫實」之處，恐怕不是花園鰻會為了在人類社會生存下來而違逆本性的這個橋段，而是水族館、動物園依賴「明星動物」營運，所造成的「明星」與「非明星」的差別待遇。

18 見謀悠文撰文：〈迎接「光棍節」111條花園鰻在京都水族館療癒人心〉，《中時新聞網》，二〇一七年十一月十日。至於11月11日花園鰻日的由來，是因為1111這組數字，看起來就像是花園鰻立在沙子上的模樣，見《產經新聞》，〈にょきっとPR　11月11日はチンアナゴの日〉，二〇二〇年十一月十日。

時，大呼「好噁心」、「幻滅」[19]，是否意味著當生命如同奇觀般被展示時，人們只會希望眼前所見符合自己對「視覺饗宴」的期待——例如花園鰻就該是萌萌的、療癒的——而不太會去思考諸如生態知識、動物福利等問題？若是如此，把生命變成奇觀來展示的水族館或動物園，還有辦法擔負起它們所謂的保育與教育責任嗎？

就以我親眼所見的「奇觀」來說吧：東京陽光水族館一個巨大的裸缸裡，一隻單獨飼養的花點魟。當然，把魟魚養在裸缸裡，並非什麼稀奇甚或會遭受批判的事，即使這顯然不符合魟魚將身體埋在沙中的習性——牠們經常利用底砂的掩護，只露出兩眼及呼吸孔，伺機獵食。[20] 水族愛好者談起魟魚飼養法時，也直接建議使用裸缸：「剛開始，魟魚對無底砂的環境會存在不適應和水土不服的狀況……但是，經過長時間的適應，它們就會慢慢習慣，這種缸最大的好處在於：食物是否被完全吃完，可以一目了然……利用裸缸來飼養，原因是受空間大小的限制，無法真正的使用底面積大的水族箱（長約六尺以上，寬約三尺以上）。因此，在底層放入底砂和裝飾品，很不方便……會因為魚缸的寬度不夠，魟魚在掠食時搞得亂七八糟。」[21] 換句話說，若從便於照顧、利於觀賞的角度出發，用裸缸飼養魟魚甚至是一種「必須」。

觀賞用的魟魚被迫接受了這種必須，就如同我在水族館裡看到的那隻花點魟，沒有底砂，在裸缸中不斷地貼著缸底移動。諷刺的是，展示缸上方關於花點魟的介紹，明明標示出牠身上花點的存在原本是為了因應在砂地的環境活動：「花點魟（豹紋魟、花點棘尾魟）因為體表的豹紋花點而得名。雖然在水槽內看起來很顯眼，但因在自然界中多於珊瑚礁域的砂地等環境活動，其花點實際上具有保護色。」[22]不過，除了感慨這隻花點魟的保護色在裸缸中毫無用武之地，更讓我介意的是牠完全孤立的存在狀態。「什麼樣的生物，會適合生活在空無一物的環境裡呢？」這是我站在展示缸前時內心直接出現的疑問。

或許有人會認為，連魚是否有痛覺都還是個爭議，難道我們現在是要主張，單獨飼養在裸缸中的魟魚會感到無聊嗎？但「說魚類『無聊』或是『憂鬱』，並不是人類感情投射的講法」——在生理上，魚類和哺乳類非常接近，《瑪瑪的最後擁抱：我們所不知道的動物心事》一書的作者、動物行為學家法蘭斯・德瓦爾（Frans

19 〈花園鰻下半身長這樣！一段影片網崩潰〉，《三立新聞網》，二〇二一年四月十二日。
20 《行政院農業委員會水產試驗所電子報》第一一〇期，二〇一五年六月二十九日。
21 小達人攻略撰文：〈談談養觀賞魟魚的問題探討〉，《每日頭條》，二〇一八年二月二日。
22 此段說明原為日文，鄭暐凡翻譯。

de Waal）如是說。德瓦爾進一步指出，魚類和哺乳類一樣，對於緊急事件的反應都利用到腎上腺素：「一條魚整天躲在水槽裡面最偏僻的角落，考量到空間狹隘，牠可能真的會死於壓力。魚類也有多巴胺、血清張力素和異亮胺酸催產素，異亮胺酸催產素的作用和催產素相同，能夠影響社會行為」，也因此，德瓦爾認為魚類也有社交活動，牠們個體之間的互動遠比多數人所知要複雜得多，只是因為我們把魚類當成了次要的生命形式，才會對牠們的痛覺或感知都抱持著懷疑甚至否定的態度。

然而我並不是要以那隻被奇觀化了的花點魟來重複大家已經很熟悉的，傳統的反動物園立場，亦即認為被圈養的動物必然已失去原本的「動物性」[23]，因此所謂「動物園具有教育功能，能讓我們有認識與接近真實動物的機會」這樣的說法根本站不住腳。我所見的那隻魟魚，當然可以說是失去了「魟魚性」，只是長期以來這類的批判似乎仍難以促使動物園退場：一方面，主張「經常前往動物園與自然保留區，能夠就近欣賞動物，對於人類和其他動物之間的關係能產生巨大的正面影響」[24]這類的聲音一直頗為主流，在科學界更是如此，認為動物園的存在有利於生物相關學科的發展，而這種發展也將能回饋於動物保育上。另方面，動物園對於一般大眾有著頗強的吸引力，在美國，每年參觀動物園的人次之多，甚至超過觀賞大聯盟各

項職業運動比賽人數的加總。[25]面對動物園與水族館不可能驟然退場的事實，與其

23 反動物園的立場中，很重要的一種說法是認為被圈養的動物必然會失去其動物性，豬失去「豬性」，獅子失去「獅子性」，穴居動物不會掘穴，掠食者也不再像掠食者，所以動物園展示的老虎，和玩具填充老虎其實沒兩樣。也因此，他們反對所謂看到動物「本尊」才可能培養對動物的感情、進而關懷動物這類的說法，因為在動物園看到的本尊，離真實動物已很遙遠。這樣的批評雖然相當程度上反映了事實，但現在也有些不同的聲音，認為被圈養的動物雖然未必能展現某些原本的行為，但與其追問動物因為與人類互動而「變化」之後還算不算是真實的動物——例如，被圈養的獅子還能不能教導我們任何「獅性」？人還能不能認出這隻獅子是獅子？不如改問，其他獅子能不能？也就是從獅子的觀點看來，另一隻獅子是否仍覺得：「你還是我們其中之一？」這類立場認為，應該要把重點放在「對他者來說重要的是什麼？」這個問題上。以上討論整理自范道倫“Authentic Crows: Identity, Captivity, and Emergent Forms of Life”一文。從這個觀點來看，如果是基於保育理由的圈養，動物保有多少原本的動物性並不是最重要的，重要的是圈養時有沒有剝奪動物的社會生活。當然，動物園的圈養是否都符合「保育目的」，又是另一個層次的問題了。

24 引自《瑪瑪的最後擁抱：我們所不知道的動物心事》。但德瓦爾的立場不完全是從「親生命性」（biophilia）出發，他同時也認為，在如今的環境中，許多野生動物在自然棲地已經無法存活，動物園因此甚至可能成為較好的安身之處：「如果我明天轉生為紅毛猩猩，你讓我選擇住在婆羅洲森林裡，或是世界上最好的動物園之中，我可能不會選擇婆羅洲。」

25 此段文字摘自筆者的《以動物為鏡：12堂人與動物關係的生命思辨課》一書，原出處為Ralph R. Acampora的“Zoos and Eyes: Contesting Captivity and Seeking Successor Practices”一文。前註中關於親生命性的更多說法，亦可參考《以動物為鏡》中〈誰的快樂天堂？〉一節。

重複大眾已經無感的批判，我更想思考的是如何讓動物園落實他們一再強調的教育功能。而不管是上篇提到的，「餵食猛獸、在鱷魚池上過獨木橋」此類以「互動體驗」為噱頭、娛樂取向的動物園，或我所見的，這種無視動物習性、只想把動物奇觀化的水族館，顯然「教育功能」之說都形同空話，因為讓遊客覺得「好看、好玩」的重要性被放得愈大，為動物所做的考量就可能會縮得愈小，一如前述花點魟展示魟上貧乏的介紹所揭露的。

其實長期以來，不管是保育或教育，這兩種「動物園存在的理由」都愈來愈有不容置喙的態勢。尤其是針對屬於「科學專業」的保育提出質疑時，反動物園派的意見往往並不會被納入參考；但教育這個面向，卻是舉凡在意此議題的一般大眾都可以加入檢視、提出意見的，只要自己首先不要成為把動物的生命商品化的共謀、只在乎動物園提供多少奇觀與噱頭。先前所引述的德瓦爾就曾主張，所有的動物飼養都應該透明化，「研究單位的大門應該要隨時敞開，農場有責任公開飼養動物的方式」，而他心目中最公開透明的範例，其實就是動物園：「如果所有圈養動物的地區都像是動物園那般呈現在公眾眼前，公眾壓力和消費者的偏好能夠發揮功效，動物的處境將會快速改善。」我們或許可以說德瓦爾對動物園的評估有些過於「樂觀」，但具有動物福利意識的公眾確實是他的假設要能成立的重要條件。動物園的許多噱頭與奇觀，都是在「有需求才有供應」這樣的理由下堂而皇之推出的，也因此如果大眾能展現出對「生命教育」的需求，或許就可以成為改變動物園的推力。

而動物園本身在加強其教育功能上，也還有許多可為之處。上篇所提到的，「不同的動物敘事需要被看見」這件事，其實就大可以由動物園來做：遊客眼前所見的這個動物個體，牠何以在此，何以以目前這樣的樣態生活？我們對於保育這種物種，還能做些什麼？做為一個活生生的生命，關於動物的敘事不應該只是物種資訊簡介。而即使動物現在在此被圈養不是最理想的處境，但面對反動物園立場者的質疑時，與其說出「那就地解散放回大自然啊！」之類的氣話，不如努力讓遊客了解眼前的個體所經歷的，以及此物種正遭遇的，有溫度、有脈絡的不同敘事，如此至少比較符合動物園所標榜的教育功能。而這在現今的技術下其實非常容易做到，例如可以設計讓遊客只要用手機掃瞄QR碼，就能閱讀到有關眼前的動物更豐富的資訊與不同的敘事。只要動物園不執意於提供「快樂天堂」的官方說法，更多的可能性就會出現。[26]

26 例如農委會水產試驗所東部海洋生物研究中心的小丑魚水族館，就曾在館內的大洋池開始展示花點魟之時，在電動物不是娛樂、亦非奇觀。致力於批判奇觀社會的居伊・德波（Guy Debord）曾指出，我們對奇觀的追求是無法饜足的，若只是一直觀看、一直消費，就只會接受這些不斷出現的「驚奇」，而不可能去思考改變的可能性。然而，消費奇觀的行為要改變，「生產」端也必須改變。[27] 換句話說，遊客確實需要一改以娛樂為取向的習慣，但一直以供需法則為由製造奇觀和噱頭的動物園與水族館，也需要改變這種導向的「經營」（運作）方式。在動物園仍以愛之名、以親生命性之名而存在的當下，我但願至少能在這個人與動物互動的空間中，看到更多對動物福祉的關心，而非愛之適足以害之的，人類自私的愛。

（Iris）

子報上說明了這名新成員的來由：「台東縣成功鎮三仙台的定置漁場在五月接連捕獲兩尾豹紋魟以及邁氏條尾魟（*Taeniurameyeni*）和波口鱟頭鱝（*Rhinaancylostoma*）等巨大軟骨魚類！主要是因為定置網的網底直接貼到水深三十公尺的海床上，因此在這個季節遷移的許多大型底棲性魚類如魟魚等都會被捕獲」，電子報也述及搬運過程中魟魚有毒尾刺竟自行脫落的現象，可惜對此沒有提供更多的知識性解說，就迅速導向「魟魚的腹面像微笑的嘴巴，會讓小朋友發出『哇，好像外星人！』的讚嘆」等描述（《行政院農業委員會水產試驗所電子報》第一一〇期，二〇一五年六月二十九日）。如果能擴增知識的面向，例如加入關於定置網漁法的問題、魟魚尾刺脫落原因等資訊，讓現場觀眾以掃碼的方式取得這些訊息，就不失為一種「機會教育」。

27 見德波的 *The Society of Spectacle* 一書。

【第八題】動物標本

標本藝術的動物倫理意義／爭議

從餐廳到藝廊：跑錯棚的動物標本？

Cock and Bull

「到底該點什麼菜好呢？這個問題在倫敦的Tramshed並不太難抉擇，因為這家由英國名廚兼美食專欄作家馬克．希克斯（Mark Hix）創立的主題餐廳只供應兩款菜式——原隻烤雞和牛扒……為了呼應這兩款招牌菜，馬克．希克斯還特地請來好友——大名鼎鼎的英國藝術家達米恩．赫斯特（Damien Hirst）前來幫忙妝點。高聳在餐廳正中央上方的這件巨型裝置藝術品名叫*Cock and Bull*，是赫斯特最拿手的動物標本。在這個大玻璃箱裡，一隻海福特牛被浸泡在藍綠色的福馬林中，背上站著一隻公雞，看起來非常詭異，為整個用餐環境增添了一絲另類與衝突。」二〇一三年《A Day *Magazine*》這個時尚資訊平台在介紹特色餐廳時，曾推薦正要前往倫敦的遊客一訪這有趣的場景，大啖美食。[1]然而面對巨大的動物標本，恐怕不是人人都能把赫斯特的藝術當成某種賞心悅目、增加食欲的「調味料」。畢竟專賣烤雞和牛扒的餐廳卻展出牛和雞的標本，不免令人懷疑其中帶著戲謔的挑釁，似乎意圖使人食不下嚥。例如在二〇二〇年台北當代藝術館所推出的《藝術的向度——陳贊雲攝影展》個展中，拍下這餐廳奇景的藝術家本人就表示，看見餐廳內的標本作品之後，根本不太吃得下。不同於藝術家明確的表態，我的一位學生在展場看見這張照片後，產生的反應是對標本能引起這樣的效應感到好奇：活生生的完整動物出現在餐廳也並非新鮮事，台灣隨處可見的海鮮餐廳就是一例，燒臘店的雞鴨也經常全隻懸掛著販賣，為什麼似乎都沒有造成什麼影響，反而是標本構成了障礙呢？[2]

在此，赫斯特向來引人議論的標本藝術似乎果然產生了某種「啟發」甚至「教育」的效果，就像他最為人知的，把整隻鯊魚泡在福馬林中的那件裝置藝術，[3]就曾被認為足以讓觀者在不悅或驚嚇的反應稍微平復之後，開始思考自己的「反彈」是否名不正言不順：「為什麼動物可以被吃，卻不可以做為藝術品的素材？」甚至赫斯特稱之為「死動物之園」（zoo of dead animals）的整個《自然史》（*Natural History*）系列作品，也不乏認同者，認為他用有毒性的福馬林來「保存」這些動物屍體，是在諧擬整個西方文化「保護／保存」的傾向只帶來了災難性的結果，因為透過科學、科技或是媒體效果不斷完美化的、超真實的自然，就如他作品所呈現的，其實是與自然的脫節。[4]

---

1 Elle撰文：〈2013 Restaurant & Bar Design Awards 得獎推介：倫敦 Tramshed 餐廳〉，《A Day Magazine》，二〇一三年十月二十日。

2 以上係一〇八—二學期修習「文學、動物與社會」課程之地理系王昱堯同學課後回饋，藝術家本人對該標本的態度，亦轉述自參加個展講座活動的王同學。對於同學的好奇，我的想法是，展示生猛海鮮的餐廳，原本就是想以此吸引要求新鮮、「眼見為憑」的客群，所以不至於構成進食的障礙（不忍心見到前一刻還泅泳的魚下一刻就被烹煮的人，自然會迴避這類餐廳）。但動物標本出現在餐廳卻是刻意「跑錯棚」，就如同正文稍後將談及的，出現在藝廊中而非自然科學博物館的鯊魚標本，較可能因其突兀，對觀者造成某種驚嚇或冒犯之感，從而構成某種障礙。

3 赫斯特後來有一系列以鯊魚標本為主題的作品，但最知名的仍是此處所指的《生者對死者無動於衷》（*The Impossibility of Death in the Mind of Someone Living*）。

4 Rob Bartram, "Nature, Art and Indifference," *Cultural Geographies* 12.1, 2005.

赫斯特本人是否有如此深刻的對自然的關切、又是否有意藉動物反思人類社會，恐怕見仁見智。例如他曾將許多魚類標本裝進玻璃櫃內，安排為同一方向泅泳的姿態，有評論者認為這件作品是透過魚群，以一種冷漠、不帶情感的方式，暗喻一個沒有衝突的烏托邦社會其實是相當壓抑的，但此作品展出時，也曾有記者帶著薯條過去搭配，聲稱自己的「薯條裝置」是要去補完赫斯特這個以魚為主題的裝置藝術，因為在英國就是要「炸魚薯條」（fish and chips）才完整，譏笑之意可謂非常明顯。[5] 畢竟赫斯特曾在受訪時半開玩笑地表露出「因為不能剖開人所以就剖開動物」這樣的態度，也向來無意回應各種動物倫理的質疑，難怪不少人會認為藝評者附加於其作品上的倫理意義是溢美之詞。弔詭的是，即使如此，他的作品仍由於太過爭議，確實總是發揮了讓動物議題浮上檯面的作用，也因此被認為能開啟倫理思考的向度。面對這樣的各說各話，或許比起論斷赫斯特個人的「意圖」，更值得討論的，是以動物標本做為當代藝術表現手法的倫理意義／爭議。我們可以說，猶如「介於死亡與永恆之間」的標本如果能成為思考的契機，動物標本藝術的存在就有其正當性甚至必要性嗎？

若單就赫斯特的系列作品來說，我的想法和動物研究者喬凡尼・阿洛依（Giovanni

Aloi）比較接近，我認為在「創作者無心，但觀者有意」下詮解出來的動物倫理意義，未必能合理化這些創作，因為標本藝術畢竟牽涉了動物的死亡，所以如果是要宣稱如此利用動物的死亡可以引發觀者進一步的思考，那麼藝術家必須認真面對的問題就是：這些藝術作品的出現到底是要用來思考什麼，是思考人類對死亡或權力等問題的執迷嗎？那真的非要用動物不可嗎？又一定要用殺死動物的方式來進行嗎？更何況，當藝術家合理化作品的正當性時，往往都是大同小異地點出「人類的偽善」——這些動物即使不是為藝術而死，還不是同樣會死，卻不見得有人關心——我們更需要去問，這種重複的「反思」還需要一再上演嗎？[6]

揭露狩獵戰利品悲歌的標本藝術

《痛（剝皮）》

這並不是要全盤否定標本藝術的動物倫理意義，相反地，如果「創作者有

5 更多關於這件名為*Isolated Elements Swimming in the Same Direction for the Purpose of Understanding*的作品說明，可參考Damien Hirst, et al., *I Want to Spend the Rest of My Life Everywhere, with Everyone, One to One, Always, Forever, Now*。

6 可參考阿洛依的*Art and Animals*一書。

心」，標本藝術的確可以達到挑戰人類中心主義的目的，但要做到這一點，藝術家本身對於倫理責任必須有所自覺，在這個面向上，赫斯特顯然很不足，對於標本動物的來源，也鮮少清楚交代；[7] 相較之下，同樣以動物標本系列而知名的藝術家安潔拉・辛格（Angela Singer）就謹慎且自覺得多，她除了強調自己作品所使用的標本是來自他人捐贈或被棄置的缺陷品，更直言她的系列作品是基於捍衛動物權的使命感所創作：那些在以炫耀及娛樂為目的的戰利品狩獵（trophy hunting）中犧牲的動物，經過她的重新打造，成為一種紀念動物生命、控訴人類殘酷的藝術品，最為人熟悉的《痛（剝皮）》（*sore*（*flay*））就是一個明顯的例子。為了凸顯人類將動物頭像裝飾在客廳牆上的荒謬以及背後的血腥，她將鹿頭標本剝去了皮，裹以不同的「血肉」——以蠟、氧化鐵顏料、紅漆等等，呈現這隻動物曾經的「生命史」：被狩獵、鋸角的鹿在血泊中死去，只因為人們如此樂於把狩獵戰利品做為一種裝飾。而在重製這個標本的時候，她還違反了一般標本剝製術的操作方式，刻意讓標本動物的眼睛特別凸出。一般建議的做法，是在製作標本時把眼睛往顱骨內推，免得當皮毛乾燥之後，太前凸的眼睛像是在瞪視著什麼，但辛格就是要透過這凸出的眼睛來反轉觀看的方向：如果先前狩獵戰利品的存在，是因為人類要觀看動物巨大的頭像、沾沾自喜於人類權力的展現，那麼現在她就要反過來，讓標本以凸出的玻璃大眼瞪視著人。觀者或許會因此感到不舒服，但這也正是她的目的之一。這些重製後或者看似滴著血，或者去了皮，或者露出身上彈孔的標本藝術當然不賞心悅目，所以辛格才要透過這種呈現方式提問：為什麼動物會變成這個樣子？更明確地說，這些作品的創作，源自於她自己的不舒服——對於人類如此剝削利用動物的不舒服，而她認為如果一反標本「常態」的作品能為更多觀者帶來不安、不舒服，或許就能打開不同的思考路徑。

為藝術而藝術？為說教而藝術？

《脆弱的快樂》

辛格的作品把戰利品變身藝術，用以批判戰利品狩獵所造成的不必要死亡，乃

7 赫斯特對於來自動保界的相關質疑一直有些輕蔑，此外，他雖然表示自己的作品就算不使用動物，玻璃缸內裝滿福馬林的裝置本身也足以製造類似效果，但還是反覆使用動物標本，且曾因不滿藝廊在他的鯊魚作品開始出現腐化現象時，採用玻璃纖維的修補品替代，還出錢請漁民捕捉新的鯊魚來重製。可參考Steve Baker的*Artist/Animal*一書。

至質疑一般標本剝製所刻意營造的「保存自然原貌」的科學傾向，顯然頗為直接了當又力道十足。但即使她的標本藝術看似有如此明確的企圖，她還是強調，自己的作品是想讓觀者開始思考問題，而非給他們答案。在她看來，凡是試圖說服觀者去採取某些特定行動的「政治藝術」，都會變得非常乏味，也只是訴諸原本有著同樣關懷的一小群人。[8] 辛格的這番說法，凸顯了藝術家對於藝術的「教育」功能有所保留。

「不願被貼上說教的標籤」或許也是另一位動物藝術家蔻伊・布朗（Chloe Brown）的立場。她的標本藝術《脆弱的快樂》（*A Fragile Happiness*）雖然看起來像是對戰利品狩獵行為的批判，但她卻堅持自己意不在指控狩獵的血腥。此作品呈現了被鑲嵌在牆上的鹿頭，還有九隻小鳥把鹿角當成樹枝，棲息在上，水珠般的裝飾像是鹿的眼淚，從鹿頭的眼眶中流出。藝術家表示，很多卡通會刻畫如下的情境——前一刻看似是狩獵戰利品的動物頭像被掛在牆上，下一幕真實的動物卻出現在牆背後，原來只是頭撞穿了牆，所以「看起來」變成戰利品——這個作品也是要呈現類似的趣味。雖然她同時表示，鳥兒把鹿角當成樹枝在玩，似乎遺忘了鹿的傷痛，這樣的反差可以點出被變成標本的鹿如何地失去了尊嚴，但她更在意的，卻似乎是如何去平衡作品悲劇和喜劇的效果，以免有直接控訴之感。

其實狩獵行為以及戰利品的展示，在歷史上都曾經被當成英雄氣概、陽剛價值的彰顯，所以狩獵者選擇用以展示的戰利品，才會都是頭或角，而不是牙齒或羽毛之類可以做為時尚消費品的小物。[9]藝術家讓這個象徵「陽剛價值勝利」的鹿頭標本流下了眼淚，原本正足以揭露推崇這種陽剛價值的問題所在——例如為滿足此種對勇氣的炫耀，弱勢的動物得付出生命為代價——但藝術家卻未必想擔負這「教育倫理意義」的包袱。畢竟長期以來，藝術一旦有說教的意圖，幾乎立刻會被認為在美學價值上相對沒那麼值得推崇，如何平衡美學價值與倫理意義，也因此是以動物為主題的藝術家得持續面對的挑戰。

8 以上辛格的觀點整理自Steve Baker的"'You Kill Things to Look at Them': Animal Death in Contemporary Art"一文，收錄於*Killing Animal*一書。另參考了辛格接受阿洛伊訪談時的回答，見Giovanni Aloi, "Angela Singer: Animals Rights and Wrongs." *Antennae* 7, 2008.

9 Matthew Brower, "Trophy Shots: Early North American Photographs of Nonhuman Animals and the Display of Masculine Prowess," *Society and Animals* 13.1, 2005.

用標本動物打開多重論述

對藝術家來說，如果作品承載過多動保意義，或許難免憂慮美學性遭到否定；而假使重製的標本被認為缺乏創意、只能從單一觀點來解讀，更可能讓人質疑，如此藝術家與單純的標本製作者差異何在？但對於曾以北極熊標本策展的藝術家布林迪斯・史涅邦德托與馬克・威爾森（Bryndis Snaebjörnsdóttir/Mark Wilson）來說，倒沒有以上的問題，因為他們本身並不進行標本剝製，不需要以此展現自身在創意上的「功力」。他們以北極熊標本為對象，歷經了三年，蒐集到英國境內共三十四隻標本熊，其中有來自博物館的、也有私人收藏品，有的是公開展示品、有的根本被束之高閣。他們追索每一隻標本的「身世背景」——在什麼時間地點死亡、如何來到英國等等，再把這些文字資料、三十四隻熊的照片，連同十隻向各個不同單位借來的標本實體，在藝廊中展出，透過如此的集結呈現，為觀者打開多重論述的可能。

說起何以展開這樣的追尋之旅，兩位藝術家並不諱言，對於標本剝製所涉及的，把活生生的生命從大自然中拔除、做成紀念品這樣的行為，頗不能認同，但他們並未站在道德高點上，把矛頭都指向狩獵者個人。狩獵者個人想滿足英雄主義當然是戰利品狩獵背後的一大原因，但兩位藝術家指出，以教育、科學之名進行的各種「獵捕」同樣需要被檢視，因為當十八、十九世紀興起的博物館處心積慮想達到蒐羅各種動物標本的目標時，等於鼓勵了更多以先驅者、冒險家自居的個人遠征異地，獵捕動物。史涅邦德托與威爾森並不認為自己的標本追尋之旅是高高在上、政治正確的，他們直言這也是一種文化的獵捕，和所有以「知識」為名所進行的蒐集一樣，可能是一種個人與世界連結的特殊方式，但也可能帶有想展現收藏者權威的目的，因此並不能豁免於觀者的評論與檢視之外。

不過，兩位藝術家踏上艱難的尋找英國北極熊標本之旅，一一拍照、關心每隻熊的「脈絡」，再費勁地把牠們從原本被保存、儲藏的地點中借出展示，這樣的蒐集與「獵捕」，自然不能輕易等同於單純展現權力或炫耀所有權的行為。「文化獵捕」之說，更像是藝術家「自覺」的展現，最終的目的，是希望呈現在觀者面前的景象不只能讓北極熊這個單一物種受到關注，也能讓人們願意去思考，在北極熊標本被蒐集、呈現與保存的這段歷史中，人類扮演了什麼樣的角色。

舉例來說，他們發現多數的北極熊在被變成標本之時，已經被重新打造成不同的物件了：總是用後腳站著，做出正要攻擊或撲向獵物的樣子。換句話說，牠們被打造成人們認為可以展現「北極熊性」（polar bear-ness）的樣子。[10]但弔詭的是，就算人們總刻意讓北極熊標本齜牙咧嘴，露出足以展現力量的利爪，但最後仍等於是在凸顯，即使牠們如此強壯，還是被人類的力量所征服。[11]

再以現場展出的，借自薩姆雷頓莊園（Somerleyton Hall）的北極熊為例。在莊園大廳入口的兩側，兩具北極熊標本以對稱的姿態聳立，像警衛般保護著莊園——更明確地說，像是在守護著端放在兩具標本中間的，第一任莊園主人的雕像。一八九七年間，莊園的第一任主人就和當時的貴族一樣，在探險遠征的過程中必定要帶回戰利品。他獵殺了五十五隻北極熊，而其中兩隻，就成了如今雕像的「保鑣」。[12]兩位藝術家不用做太多評論，光是提供這些標本的脈絡，就足以讓觀者有所體會，不管所體會到的，是「讓活生生的北極熊非常努力地變成人類想像中的北極熊」有多諷刺，或是體會到戰利品狩獵背後的殘酷。又或者，也可能是對虛無的體會：動物標本雖有助於增進我們對動物的知識，但有時卻只是變成囤積的雜物，淪為透露出空洞與悲哀，不知道在紀念什麼的，紀念品。

「沒有比在市郊發現的貝殼更像死物的了」（Nothing looks as dead as a seashell in suburbia）。[13]兩位藝術家引用這句話做為展覽的註解之一，對照出為了在異地「活起來」而死亡的北極熊處境。不說教，卻很深刻。或許，這能讓我們日後在看見標本動物時，對於其中牽涉的倫理議題，有更深一層的省思吧。（Iris）

---

10 以上整理自兩位藝術家隨展覽而出版的專書*Nanoq: Flat Out and Bluesome: a Cultural Life of Polar Bears.*

11 可參考Ron Broglio的*Surface Encounters*一書。

12 同註10。

13 同註10。

標本裡，生命記憶纏繞[14]

【篇前回應】

記得小時候，我其實是很害怕動物標本的，不知是因為那僵硬的姿態、或是牠們「像活著卻又不是活著」的狀態顯得詭異，任何動物標本的展場總是讓我不安，想要盡快離開。後來讀到富蘭克．鮑姆（Lyman Frank Baum）《綠野仙鄉歐茲國》（*The Marvelous Land of Oz*）裡面那隻虛構的「甘普獸」（結合麋鹿和山羊特色的動物），雖然因緣際會被撒上魔粉製造成飛行器而「復活」，任務完成之後，牠卻因為拼湊而來的身體太過不倫不類，而要求把自己的頭重新掛回壁爐架上。這個情節一直讓我很在意，但童年時當然既說不出具體的論述、也無法那麼清楚地意識到自己為何在意。妳提到辛格（Angela Singer）的鹿頭標本藝術，是為了呈現動物曾經的「生命史」，並藉此讓觀者思考：「為什麼動物會變成這個樣子？」讓我恍然也許童年時所在意卻無法明言的，也就是這句「為什麼動物會變成這樣」吧。不只在意那曾經存在卻成為空缺的身體，也在意人基於什麼樣的理由把動物的軀體變成現在這個樣子。當然，不同的藝術作品或博物館中的標本，各有不同的製作（創作）脈絡與目的，不宜一概而論，但「雖死猶生」的牠們卻提供了許多線索，讓我們進一步去思考動物標本／藝術背後的權力關係、敘事框架，以及翻轉的可能。

我曾在北海道大學博物館的樓梯轉角和一隻小熊標本相遇，兩年後舊地重遊，牠換了位子，守在電梯門前。失去靈魂的身體沒有眼神，但我依然和牠打了招呼。儘管因為不懂日文，沒辦法從旁邊的解說牌拼湊出年幼的小熊發生了什麼事，讓牠如今身在此處，但博物館中的動物標本自然都是「有故事」的。我印象最深刻的「標本故事」，是約翰・維揚（John Vaillant）《復仇與求生》當中，那隻聰明絕

14 本篇標題乃轉化自珍奈特・勞倫絲（Janet Laurence）《花園裡，植物記憶纏繞》之展覽名稱。

頂、充滿力量，卻不見容於人類世界的阿穆爾虎，在經歷了短暫疲憊與充滿仇恨的一生後，如今成為阿爾森列夫博物館中一具冰冷的標本軀殼。作者是這麼形容的：「牠將永遠拘禁於此，裝在安全的玻璃櫃裡，周圍沒有牠熟悉的景物，還暴露在所有人的目光下。」[15]

對成為標本的老虎而言，是否暴露在人類目光下其實已沒有差別，但對作者來說，這顯然不是他心中一隻阿穆爾虎應有的歸宿。因此，《復仇與求生》與辛格的鹿頭標本藝術儘管如此不同，卻殊途同歸地試著去還原動物的「生命史」，文字與藝術成為「把故事還給動物」的儀式，讓標本不只是人類欲望之下的權力展示或榮光敘事——若觀諸人與動物的互動史，大多數的標本動物並不曾擁有這樣的機會，讓故事得以被「重寫」。

當然，如同鄭麗榕在分析動物園標本時所指出的，將動物做成標本這件事本身已意味著牠們被視為具有「珍貴的價值」。多半是人們有情感與記憶的動物，才會用標本的形式加以保存：動物明星紅毛猩猩一郎、戰爭時期被「處分」的大型動物、或是較為稀有的動物，例如戰後被遊客虐待致死的一隻白猴；其他相對被認為「普通」、「沒有保存價值」的動物，是不會大費周章將其製成標本的。至於像

〈在（後？）疫情時代思考動物園〉篇曾提到的大象林旺，製成標本後還被人類「立傳」的，其實是非常罕見的例子。因為大部分在博物館中陳設、做為教育之用的動物標本，多半「被當成是其物種的代表」[16]。換言之，人們關心的並非牠生前與死後的遭遇，而是將其視為某物種的「範例」。

如同妳在上篇提到的，標本製作和早期科學研究的發展脈絡息息相關。博物學家們的物種發現之旅，不外乎先將這些動植物製成標本，再透過信件往返、研討會與演講場合等進行資訊的傳播與交流。在這樣的過程中，所有生命都是做為其「物種代言人」的象徵意義而存在，以知識累積與傳遞的層面來看固然無可厚非，但當一個生命是因為代表某物種（而非代表牠自己）才顯得「珍貴」，其中是否也隱含著某種價值的悖論？也就是說，牠的生命價值必須先被貶抑到「不值得活」，才能彰顯「具保存價值」的珍貴性。服膺科學至上的社會，可能會對這樣的質疑嗤之以鼻，但從動物倫理的角度來看，就未必沒有思辨空間，如同上篇那兩位藝術家史

15 約翰·維揚著，李品佳譯：《復仇與求生》，台北：麥田，二〇一六。
16 鄭麗榕：《文明的野獸》，台北：遠足文化，二〇二〇。

涅邦德托與威爾森強調的，「以教育、科學之名進行的各種『獵捕』同樣需要被檢視」。

這也是何以二〇一五年美國自然史博物館的研究團隊，在索羅門群島的瓜達爾卡納爾島上發現了稀有鳥類鬚翠鳥（moustached kingfisher）後，竟然做完基本紀錄就把鳥殺死製成標本，會引發眾多批評聲浪。而這個例子當中雙方的論辯理由尤其值得注意，計畫負責人克里斯多福・菲拉迪（Christopher Filardi）否認此舉為戰利品式的狩獵，他為自己辯護的說法是「瓜達爾卡納爾島的鬚翠鳥推估約有四千隻，並不像過去認知的那麼稀少，當地部落甚至還有吃鬚翠鳥的傳聞，因此損失一隻雄鳥不會危及整個物種，卻能帶來巨大的科學效益」；但如同裴家騏指出的，「既然菲拉迪在聲明中強調，是以保育為出發點，他就更應該提出更有力的證據，但是從聲明中，實在看不出把鬚翠鳥製成標本的必要性」，「而最重要的就是必要性」[17]。

當科學研究的資源和技術已遠遠超越遠征隊時期的博物學家時，將難得的物種發現紀錄製成標本的優先順位和必要性是否應該調整？顯然不只是倫理學家的探問，而是科學界本身也逐漸出現不同的聲音和看法。但菲拉迪的聲明中有一個值得留意的訊息，呼應了我前述想討論的議題，那就是「損失一隻雄鳥不會危及整個物種」（事實上他暗示反正不被殺掉也可能被當地人吃掉），姑且不論他想像的科學效益有多巨大，這隻鬚翠鳥的命運確實意味著為了彰顯整個物種的珍貴，個體的存活價值被否定了。

更諷刺的是，這些被慎重做成標本的生命，固然象徵著牠們（或所屬的物種）具有被保存的價值，但成為冰冷的剝製標本後，卻未必都能被珍而重之地看待。有時是年久失修、有時因空間不足，在某些情況下，沾了灰塵顯得老舊的牠們反而如同多餘的、占地方的尷尬存在。記得那次在北海道大學的博物館，我在一排排檔案櫃和書架的通道間，看到一些沒有正式展出的標本，牠們站在那兒，像個突兀卻認真的研究生，那畫面有種說不出的古怪與淒涼。因此，當我看到藝術家珍奈特·勞倫絲（Janet Laurence）展示標本的方式時，內心其實很激動，長久以來我對標本展示的矛盾感受，彷彿透過她的作品找到了答案。

如同詹姆士·帕特南（James Putnam）在評介勞倫絲的作品時指出的，她一直致

17 黃靖雅撰文：〈發現珍稀鳥類趕緊殺死製成研究標本，到底是對是錯？〉，《The News Lens關鍵評論》，二〇一五年十月十六日。

力於探問自然歷史博物館「以動物標本呈現『生命』的矛盾做法」，因此作品往往特別聚焦於那些被放在「儲藏室深處」的館藏標本，例如《走入光中》（*Into Light*）這件裝置作品，她就把自己想像成「前來拯救這些標本動物的藝術家，要將牠們從墨爾本博物館黑暗的庫房中解救出來」[18]。但勞倫斯的作品並非意在控訴人類獵殺或利用動物的歷史，而是藉由藝術手法拆解與重組這些「博物館館藏」，讓牠們產生新的對話性。例如二〇二〇年在台灣展出的《鳥曲》（*Birdsong*），就是與台灣大學動物標本館合作，她將四十隻鳥類棍棒標本平放於圓形的壓克力平台上，透過底部鏡面與燈光在地上投射出斑駁鳥影，不只構築成具有強烈視覺效果的畫面，也讓美學與倫理、科學與歷史，碰撞出新的意義可能。

《鳥曲》

而無論是勞倫絲或上篇提到的史涅邦德托與威爾森兩位藝術家，我認為他們的作品，都可以用帕特南所引用的藝術史學家哈爾・佛斯特（Hal Foster）「檔案藝術」的概念來理解：「運用各類材料以再現歷史資訊的過程，不僅啟動材料的歷史循環，同時也保留材料未來在藝術及歷史中修正的開放性。」[19]也就是說，他們作品的意義絕非只是讓原本被束之高閣的博物館標本重見天日這樣的層次，而是重新納入這些標本動物的「生命」——兩位藝術家的北極熊標本，如同辛格的鹿頭標本藝術，強調了標本動物個別的「生命史」，而勞倫絲的《鳥曲》某程度上採取了相反的取徑。作品中的四十隻鳥類標本，雖然仍可透過其腳上的標籤辨識鳥種（該作品亦有附上個別標本的照片與採集日期地點等資料），但陳列方式讓牠們被匯集成一個更大與更籠統的概念：「鳥」，因此這些標本的個別遭遇是被更加模糊化的，但鳥類的集體命運卻得以在光影中浮現。

另一方面，檔案藝術的思考角度提醒了我們，這樣的再現與修正過程，所納入的「人與動物互動史」，其實同時涵蓋了政治、科學、文化、藝術等面向，換言之，它可以對科學的歷史提出挑戰，同樣也可以對藝術的歷史提出質疑。藝術作品中的動物利用實在太多了，從活體到標本，無奇不有。所幸由於民眾對動物福利意識的逐漸提升，如今有關活體動物在藝術中的不當利用，相對會受到較多檢核；[20]但

18 詹姆士．帕特南〈自然史博物館的誘人魅力〉，收錄於《花園裡，植物記憶纏繞——珍奈特．勞倫絲》展覽手冊，南投：毓繡博物館，二〇二〇。

19 同前註。

20 有關活體動物在藝術中的使用與倫理討論，可參閱筆者《倫理的臉：當代藝術與華文小說的動物符號》，台北：

標本動物的來源，很多藝術家都像妳在上篇提到的赫斯特一樣，並不認為需要明確交代。我曾徒勞地想在一個包含麻雀標本的作品旁，尋找解說牌上的線索，希望它至少可以讓我知道這麻雀是路殺、窗殺、委託製作還是哪兒買來的，最後當然什麼也沒找到。死去的麻雀和玻璃、樹枝、壓克力一樣，只被當成展品「素材」的一部分。

對「麻雀標本到底從哪裡來」耿耿於懷的觀眾如我，或許顯得庸人自擾，但像勞倫絲這樣的藝術家，卻以實際作品證明了人與動物的藝術互動史，同樣可以去回應、創造出「修正的開放性」——既然藝術家可以選擇使用世界上那麼多既存的館藏或個人收藏，開啟標本藝術的多元觀看視角，像赫斯特那樣收購鯊魚製成標本、或其他在倫理上更有疑義的方式，是否可以讓它成為「藝術的歷史」，讓動物元素的使用走向更兼容美學與倫理的新方向？我相信答案會是肯定的。

英國藝術家格里森．佩里（Grayson Perry）在《當代藝術大白話》這本談論當代藝術的輕鬆作品中，曾幽默又無奈地形容：「當有些人做某件事卻一敗塗地，他們便索性稱之為『藝術計畫』。」這固然是因為當代藝術該如何界定著實是個大哉問，所有可以試著框定的界標，也都能一一被解構，但書中所引用哲學家亞瑟．丹托（Arthur Donto）的說法，我覺得是很好的提醒：「藝術作品應該關於某事，具有觀點、風格，並且刻意留白。意即藝術應該吸引觀眾自行填空。它不能只是放在一個地方就沒事了，我們必須要對它有所反應才行。」[21] 同理，標本做為藝術的形式或者一部分，不是放在那裡就沒事了。當然從標本剝製師的角度來看，他們的技術與製品本身即具有藝術價值和意義，就算只「放在那裡」也可以是個藝術品。[22] 不過我們所討論的，主要是藝術家將標本置入作品、或作品本身就（只）是標本的狀況，這些作品究竟能帶出什麼樣的話語與反思空間，就不該只是由藝術家本身的金手指一點，宣稱「那是藝術」就算了。[23]

新學林，二〇一八。

21 格里森・佩里著，金振寧譯：《當代藝術大白話：獻給你我的藝術指南》，台北：阿橋社文化，二〇二〇。

22 可參閱〈動物標本製作界的女性：把屍體變為藝術品〉，《BBC NEWS》，二〇一九年六月十四日；陳怡文撰文：〈標本師剝的「不只是皮毛」　姚正得三十年助千鳥「永生」〉，《蘋果人物》，二〇二〇年一月八日。

23 佩里用了一個生動的例子，說明藝術家的金手指是可以被挑戰的。二〇〇〇年，一群學生參觀伯明罕博物館和美術館時，把架上一個看起來像甜食的東西吃掉了。那是藝術家葛蘭・費根（Graham Fagen）的作品，但那也確實是甜食。讀者或許會聯想到另一個知名的例子——義大利藝術家卡特蘭（Maurizio Cattelan）那根用銀色膠帶黏在牆上，命名為《喜劇演員》（*Comedian*）的香蕉。該作品以美金十二萬元售出後，被紐約行為藝術家達土納（David

其實，若要將標本做為意象，對人與動物關係進行反思，不乏更多有創意的方式。台灣藝術家吳權倫的《標本博物館》就是一個很好的例子。他在台南公園內兒童科學教育中心的標本收藏室，[24]拍攝因缺乏保養而顯得殘破的動物標本，再以電腦繪圖的方式製造出看似厚重華麗實則輕薄的假框影像。吳權倫自陳，由於攝影器材限制加上環境昏暗，導致用閃光燈捕捉的畫面常失焦或過曝，卻也營造出「瞬間的目擊感」，彷彿真的驚擾了一群野生動物，按下快門的瞬間，標本如同再度被射擊死去，「照片成了狩獵後的戰利品」。

《標本博物館》

不同於日本藝術家杉本博司用標本營造生態攝影般的《透視畫館》（*Dioramas*）系列，吳權倫使用3D影像製造出的華麗假框，以及拍攝時不迴避人造背景（因此企鵝標本後面會出現聖誕樹）的做法，都意在提醒觀者標本本身的「死亡性」。另一方面，由於他主張可將源自十八世紀的標本剝製術視為古典的3D技術，[25]因此他的影像創作某程度上也是一種「標本製作」。值得留意的是，相較於讓這些老舊標本（象徵性地）「重獲新生」，吳權倫認為他所做的事，形同讓牠們「再死一次」。他特別提到標本房中的一個鳥類標本，在凌亂而未整理的空間中，掉落在地的牠相較於其他標本更像是「死物」，於是他安排

《透視畫館》

了一個摔破的框、歪斜的角度與很多釘子來安置／製造這隻鳥的影像。（此作品名為〈標本博物館 第一章——墜鳥〉）而影像的再現不為（也無法）召喚重生想像，折翼落地的鳥標本看起來依然如此明明白白地「死透透」，如同妳在上篇引用的那句「沒有比在市郊發現的貝殼更像死物的了」，或許可堪相比的死物，就是在博物館內的落鳥標本吧。

於是我們發現，吳權倫的標本影像作品遭遇了多重的死亡——動物被獵殺的死亡、標本老舊與墜落的死亡、標本博物館被歲月遺忘的死亡、用閃光燈快拍時的「攝影狩獵」，與成像時提醒觀者這一切均為死物之遺照的死亡……《標本博物館》沒有太多說教的話語，卻從多面向打開了標本過往被置於自然科學教育脈絡下

Datuna）拔下來吃掉。之後畫廊又很快地黏上了一根新鮮香蕉。可參見王穎芝撰文：〈史上最貴水果：「膠帶貼香蕉」藝術品賣破三百六十五萬……如今被他一口吃掉！〉，《風傳媒》，二〇一九年十二月八日。

24 二〇一三年科學教育中心因縣市合併改建，標本分送台南各級學校。見吳權倫：《渲染櫃——驗證自然的模型》，台南：南藝大造形藝術研究所碩士論文，二〇一五。

25 他認為標本製作中的假體雕塑與縫合貼皮，和3D軟體的建模與貼圖，無論形式或概念上都具有一定的承繼和對話關係。本篇提及吳權倫《標本博物館》創作理念之處均參見其碩士論文《渲染櫃——驗證自然的模型》，二〇一五。

的樣態。

羅賓・沃爾・基默爾（Robin Wall Kimmerer）在《三千分之一的森林》這本書中曾經感嘆，「很多科學家自認掌握了唯一一種理解自然世界運作的方式，藝術家似乎就沒有那種排他性真理的迷思」。其實藝術家提到藝術，也未必沒有「排他性真理的迷思」，但這篇提到的幾位藝術家皆以實際作品讓我們看到，藝術確實可帶來一種跨界的、不具傷害性也未必要說教的思辨可能與詩性體驗，「以同理的心情，帶領觀者進入自然與人記憶纏繞的世界」[26]。

（Cathy）

26 《花園裡，植物記憶纏繞——珍奈特・勞倫絲》展覽手冊，南投：毓繡博物館，二〇二〇。

【第九題】動物玩笑

沒有「人」因此受到傷害的動物玩笑

在〈被「雙重消音」的，豬的一生〉篇談及「微侵犯」的問題時，曾觸碰到與這個問題相關的，拿動物來開玩笑這件事。隨著人們對弱勢議題敏感度的提升，歧視他者、含有沙文主義意味的玩笑不再被視為無可厚非、不用計較的小事，畢竟被開玩笑的當事者一定不會覺得好笑。但拿動物來開玩笑，始終難以被當成是需要認真對待的一件事，因為看起來並不會有任何人受到傷害——甚至也很難宣稱會對動物本身造成傷害。然而，動物玩笑真的如此無害嗎？要回答這個看似小題大作的問題，就得先「逆勢而為」，把動物玩笑當回事，仔細檢視。

性＋動物＝幽默？

在什麼情況下動物玩笑會出現呢？做為一個總想掃興地點出這些笑話的不妥之處，又總是怕「因小失大」而按捺著的動保人，為了不被認為動輒對別人的言論進行審查，我多半只是默默觀察：動物為何成為玩笑的題材、「笑點」（如果有的話）又何在。觀察的結果是，動物與女性的連結——特別是情色化的連結，以及與食物的連結，最常被視為「幽默」所在，而將動物同時連結到女性與食物兩者的更不在少數，數年前曾引起話題的《烤雞的50道陰影：綑綁、炙燒！令人回味無窮的絕妙雞肉食譜》就是一例。這本書的內容簡介是這樣的：「男主角：蠻橫專制、年輕俊美的廚師，頂著瀟灑蓬鬆的亂髮。臂膀結實，可看出他有健身習慣。他的雙手滑順、白皙、修整漂亮的指甲，無可挑剔。女主角：皮膚嫩白光滑、內裡溫暖潮濕、個性害羞、身體開放的……一隻母雞。」而專欄作家個人意見在評論此書時，則表示作者「用情色羅曼史的口吻寫雞肉食譜，並附上壯男用繩子綑綁赤裸雞身的照片，讀之令人哈哈大笑」[1]。或許不少讀者確實能欣賞這種幽默——食譜竟然能變身羅曼史，此種意想不到的「短路」，以及環繞著性打轉的文字所帶來的「解放」感，都可能是讀者覺得好笑的原因，也讓這本書的行銷深具話題性。[2]

然而我們不是才說過，不管笑話本身多好笑，成為笑柄、被開玩笑的對象往往笑不出來？在這個例子裡的兩類「當事人」——母雞與女性，難道都沒有異議？前者當然是無法有異議，但後者就未必會對這類笑話照單全收了。事實上，不少女性主義者都曾指出這類笑話的失當之處，表明「女性不會覺得好笑」的立場，卡洛·亞當斯（Carol Adams）便是其中之一。亞當斯對於批判肉食文化與父權文化的「共

1 個人意見撰文：〈【專欄—廚房裡的個人意見】你的口氣〉，《博客來OKAPI閱讀生活誌》，二〇一二年一月十二日。

2 關於笑話產生的原因、引人發笑的機制，各派理論說法不一，若根據佛洛伊德的看法，與性有關的話題成為笑點，在於能紓解文明社會對性的壓抑。他認為人們除了會壓抑自身與性衝動相關的意念，也會避免公然談性，以免顯得有失教養，而「黃色笑話」的出現正是要釋放這種壓抑造成的不快，使原始本能中由性衝動得到的歡愉，能夠透過聽或說黃色笑話，失而復得。通常講黃色笑話時使用的技巧是「暗示」（allusion），也就是用極細微、不太相干的替代物來暗指性，使聽者在想像中重建一個完整直接的猥褻意象，而愈是優雅、和公然猥褻語愈是懸殊的黃色笑話——也就是笑話中的替代物和在聽者腦海中喚起的猥褻意象相距愈遠——就愈能被文明社會所接受。《烤雞的50道陰影》顯然利用了類似的機制來製造笑點。更多關於佛洛伊德的說法，可參見筆者的〈性、笑話、潛意識：從精神分析的觀點看淫穢笑話的愉悅／踰越性〉一文。《中外文學》，二〇〇一年八月號。

謀機制」一直不遺餘力，以西方廣告中常見的，把女性動物化、把動物擬／女人化的現象為例，她指出這些看似無傷大雅、博君一粲的連結其實充滿父權／人類中心主義的色彩。例如曾有一則明顯想投男性消費者所好的牛肉廣告，刻意用女體來呈現一般常見的牛肉部位分區圖：一個身體各部分被以「肋排、頸肉、腰肉、臀肉」等等標示出來的裸女，轉頭回眸詢問消費者要哪一塊肉。在亞當斯看來，這類廣告等於是為「人類本位色情主義」（anthropornography）背書，結合女體與動物，只為以「女人／動物想要你」的假象，掩飾色情與肉食所涉及的剝削。將動物擬／女人化亦然，不管是讓母牛像性感女神般亭亭而立、讓畫上口紅的豬展露豐臀，或是讓雞掀起迷你裙露出誘人可口的腿，配上「腿讚，胸部棒」這類的廣告詞，同樣都是想傳遞以下訊息：「動物想要你。受苦？屠宰？非人道處理？沒有的事，是牠們自己想要的。」透過批判此類同時消費女性與動物，還把這種連結當有趣的廣告，亞當斯不只表露了「女性不覺得好笑」的立場，其實也等於替無法捍衛自己的動物，表達了抗議。[3]

值得注意的是，上述這類「玩笑」，多少是基於市場考量——刻意呈現女性／動物的自願被消費固然是要合理化色情與肉食，但也是想透過（自以為）詼諧的手法來吸睛。但在許多情況下，即使無涉任何行銷目的，拿動物來開玩笑的例子還是屢見不鮮，這就比較費解了。難道透過言語「虧一下」動物，就是爽？通常「虧」之所以能讓開玩笑的人得到滿足，往往在於虧人的一方發現了被虧一方的「弱點」之後，因自覺比較優越而感到愉快——不管是覺得自己風趣機智，還是覺得對方笨拙可笑。[4] 但前提是，被虧的一方要懂得虧人的一方意有所指，這種「占了上風」的優越感才能成立，而「虧動物」看似不符合這個條件。那麼，我們又該如何理解這類的玩笑？

動物與食物相映成趣？

在分析「虧動物」這種乍看之下不合理的玩笑之前，自然要先了解這類的笑話是以什麼樣的形式、在什麼狀況下出現。就以先前在〈數位時代的人與（虛擬）動

3 在她的*The Sexual Politics of Meat*與*The Pornography of Meat*兩書中均可以看到類似的例證與觀點。

4 此類的幽默理論稱為「優越論」（superiority theory）。可參考波特萊爾（Charles Baudelaire）的"The Essence of Laughter"，收錄於*The Painter of Modern Life and Other Essays*一書。

物關係〉篇曾提到過的旅蛙遊戲來說，當時玩家們津津樂道分享自家青蛙的行蹤、以及蒐集到的各式明信片，然而一旦青蛙久久沒有捎回訊息，玩家們就會彼此開玩笑，表示走失的旅蛙可能被抓去做「三杯田雞」了；甚至，當警政署臉書粉專趁著旅蛙熱，貼出一張「旅蛙超速照」，提醒民眾如果不想蒐集到這種隱藏版的國家明信片，就要注意交通安全，網友的第一反應也是：如果收到這種明信片，就要立刻把旅蛙變成三杯田雞。[5]

把動物變為食物來製造笑點，並不只出現在諸如此類「純屬虛構」的情境中。更常見的，是出現在動物災難新聞、網路急難求援的留言區。例如二〇二〇年八月間，桃園某屋頂裝設太陽能板的豬舍發生火災，因為救災不易，造成上千隻豬被活活燒死，新聞的留言區卻充斥著諸如「太陽能烤肉派對」、「烤乳豬」、「火烤就是美味」等戲謔的言語。[6]又如二〇一九年年初，國內媒體引用了澳洲坎貝爾鎮（Campbell Town）野生動物保護組織的臉書新聞，報導極端氣候下的一起動物災難事件：南半球的澳洲遭遇熱浪來襲，造成數百隻狐蝠（Flying Fox）死亡；救援人員表示這些狐蝠基本上都被煮熟了，腦子被高溫燒壞，意識錯亂，其中有九成是剛出生的幼蝠。新聞同時也翻攝了死去的蝙蝠堆疊在地上，以及掛在樹上、「屍橫遍野」的照片。但這則新聞被轉發到社群媒體後，卻不乏「幽默」以對的回應，戲謔地詢問：「確定煮熟了嗎？」、「不知道好不好吃？」，或是以「澳洲風味餐」、「火烤蝙蝠俠」做為照片的圖說，又或者把橘黑相間的堆疊屍體比喻為米果，並貼上米果的照片「相映成趣」。至於為受傷或落難動物求援的貼文下方，更常充斥這類把動物與食物連結的「笑話」。每當有人發文求助，表示撿到動物不知該如何處理時，就會有網友隨著物種的不同，給予「做成三杯兔」、「薑母鴨」、「通通拿去做雞精」等不同的建議。[7]這些玩笑，當然不會是為了要用言語虧一下不帶稀有明信片回家的旅蛙，或為了損一損在天災人禍下受難的豬或蝙蝠，所以，到底是說給

5 在這張「國家級隱藏版明信片」中，旅蛙騎車出去兜風，車速飆到一百零一公里，而且沒戴安全帽，讓主人收到了超速罰單。謝珮琪撰文：〈警政署貼出旅蛙「國家級明信片」，網友：寄這張回來馬上煮三杯田雞〉，《風傳媒》，二〇一八年二月一日。

6 見賴佑維撰文：〈太陽能板擋救災 千隻活豬活活燒死〉，《CTWANT》，二〇二〇年八月二十三日。雖然各新聞留言區都可見這類的言論，但以上的戲謔回應多引自批踢踢八卦版對此新聞的推文回應。此外，二〇一九年三月間也曾發生類似事件，只是燒死的豬隻數目沒有這麼龐大，而當時留言中的「玩笑」也很類似。〈豬舍太陽能板火警 數頭豬隻命喪火窟〉，《蘋果即時》，二〇一九年三月二十九日。

7 摘自筆者的〈認真就輸了？——動保人，你為什麼不幽默〉，《鳴人堂》，二〇一八年一月二十八日。

誰聽的呢？

如果用佛洛伊德的觀點來解釋，和黃色笑話一樣，以攻擊、諷刺為目的的敵意笑話（hostile joke），都是說給共謀的「第三者」聽的。這類的笑話要能帶來快感，必然有個說笑話的第一者、做為攻擊或敵意標的的第二者，以及透過第二者才能實現笑話愉悅效果的第三者。而這種模式的重點，在於把第三者召募過來對付第二者這個共同的敵人——取笑、謾罵、貶低、使他難堪等等，如此第一者就會透過壓制第二者得到樂趣，而做為共犯的第三者，因為毫不費力就跟著得到愉悅，所以會不假思索地與第一者站在同一陣線。換句話說，就像在黃色笑話中被意淫或取笑的對象不必然出現在笑話的現場，開動物玩笑時，做為第二者的動物不懂人類語言、根本不在場等因素，也都不妨礙第一者與第三者透過動物玩笑感到愉悅。但接下來要問的是，為何對第一者（及第三者）而言，把動物變成食物會成為一種笑點？我們不是總認為，為了處理吃肉可能帶來的罪惡感，把動物與食物的連結斷開、在吃肉的時候不要想到肉的來源是動物，才比較輕鬆自在，這裡的「笑話」為何卻反其道而行呢？

三種路徑解決「吃肉的弔詭」

如果我們把人們面對「吃肉的弔詭」（meat paradox）時可能產生的各種情況都考慮進去，或許就會發現把動物變成食物的玩笑並非那麼難以理解。所謂吃肉的弔詭，指的是人們不喜歡傷害動物，卻又喜歡吃肉的「不一致」。而當一個人的態度和行為發生衝突時，為了解決這種心理學上定義為「認知失調」（cognitive dissonance）的不適，人們會選擇改變其中一種認知，遷就另一種：要不就是得改變對肉的態度，要不就是得改變對動物的態度。而一般常見的情況，就是或者乾脆吃素，要不然就斷開動物與肉的連結——於是牛肉（beef）不等於牛（cow），豬肉（pork）不等於豬（pig），甚至雞肉也可以不等於雞——即使英文裡的用字都是chicken。這樣的斷開連結等於是肉食者之間共同的默契，也可能是最常見的一種選擇，畢竟多數人即使對經濟動物的處境於心不忍，還是無法放棄肉食。[8] 也因為選擇

8 S. Loughnan, N. Haslam, and B. Bastian, "The Role of Meat Consumption in the Denial of Moral Status and Mind to Meat Animals,"

斷開連結的人占多數，我們才會覺得，刻意把動物又連結到肉的玩笑，有些悖乎常情。但事實上，處理這種弔詭的方式，還有第三種可能：否定動物的道德地位，完全撤除對動物的道德關懷——既然動物不具有道德地位，吃動物當然不需要有任何的道德負擔，甚至，吃動物也不等於傷害動物，因為選擇以這種方式來處理認知衝突的人，往往也傾向於否定動物的受苦能力，而如果動物不具受苦的能力，也就無所謂傷害與否的問題了。

問題是，一旦採取第三種路徑來解決「吃肉的弔詭」——也就是先撤除對動物的道德關懷，再不斷用「動物原本就不具有道德地位」來合理化自己的選擇，之後勢必得不斷地以各種方式來強化與穩固這種認知。而刻意將動物與食物連結的玩笑，就是用以強化的方式之一。以「動物理應成為我們的食物」來處理認知失調的方式，看似讓問題顯得簡單很多：既然動物本來就可以隨時、任意地被人化約為食物，也就沒有必要斷開兩者的連結。於是在前文所舉的例子中，我們看到儘管動物可能正面臨待援的狀況或已陷入悲慘的處境，還是有些人會用戲謔的態度來大開玩笑。只要認定動物不具道德地位，從食用到言語上的消費都似乎有了正當性，因為動物就是該「任人宰割」。

笑話「豁免權」的危害

解釋了此類動物玩笑的成因，並不是要說，既然「事出有因」，笑一笑，應該也沒關係。相反的，如同佛洛伊德所指出的，「每個笑話都會募集自己的群眾，而為同一個笑話而笑是心理一致性的明顯證據」[9]，所以這類動物玩笑愈普遍，就意味著開動物玩笑的第一者找到了更多與之認同的第三者，而這些笑話的存在和交流，就可能反覆強化對動物的漠視，使得更多人認為動物並不需要被納入道德考量。就像所有的種族歧視笑話與性歧視笑話一樣，看似是無關緊要的玩笑語言，但隨著笑

Appetite 55, 2010. 如同此文的共同作者們所指出的，人們在判斷哪些動物值得我們付出道德關懷時，常常會根據「是否影響到自己的利益」來做判斷，因此並沒有一套絕對的標準。曾有心理學實驗發現，如果告訴受試者，有某種甲蟲的生存會因為一個毫無必要的工業發展而受到威脅，受試者多半表示，應該捍衛甲蟲的生存權，但如果告知他們，甲蟲的生存是被一個對人們來說很重要的水庫建設所威脅，受試者對甲蟲生存權的關懷就消失了。同樣地，對許多人來說，如果關心動物會干擾到他們更關心的，吃肉的「利益」，那麼就會傾向於不去面對動物因自己偏好肉食所受到的傷害。

9 引自佛洛伊德的英譯標準版第八卷*Jokes and their Relation to the Unconscious*。

話的散播，歧視的態度等於一再被合理化。

不少研究笑話的學者都曾提醒，有些笑話在強化各種帶有歧視的刻板印象之際，說笑話的人還會主張一種「豁免權」，認為自己只是說笑話，理應擁有不受道德批判的許可證。如此一來，反倒是那些被笑話所嘲笑傷害的對象，顯得不夠有幽默感，而這個「不幽默」的批判，就成了二度傷害。關於動物的玩笑也是如此，雖然因為動物不懂人類的語言，所以看似「無人」會受到嘲笑，遑論二度傷害，但這類笑話如果擁有「通行無阻」的豁免權，所帶來的影響同樣不可小覷，因為「動物議題可以被玩笑對待」的心態，既透露了人們並不想看見動物所面臨的真實處境，也將繼續合理化更多的動物利用。就像先前所提及的狐蝠新聞，當話題變成「火烤蝙蝠是否美味」時，如果要把重點再轉回「人類對生態災難應負的責任」、「人與其他動植物的共存是否可能」這樣「沉重」的主題，大概就很困難了。

雖然開動物玩笑者未必自覺，但透過語言讓動物「一秒變食物」，相當程度上等於在暗示自己掌握著對動物的「生殺大權」；而「第三者們」即使無意，仍等於是以集體的默許甚至起鬨，讓「微侵犯」的效應更為明顯。當然，如同妳先前提過的：微侵犯的問題如果被無限上綱，反而可能造成預期之外的負面影響，而且若非出自內心在意，只是基於不要被抗議而減少某些詞彙的使用，對動物處境也未必有實質幫助。因此，如何讓人們「出自內心在意」，將是減少此類動物玩笑的關鍵，而這很可能又還是牽涉到我們如何處理「吃肉的弔詭」。我始終相信，如果能誠實地面對自己，想吃肉但又不想傷害動物未必只能導向認知失調，也可能找到「中間路線」——例如在衡量個人情況後，確定自己（暫時）還無法吃素，就因此更關心肉食的取得是否符合動物福利的要求，這會不會比「斷開連結」或動輒拿動物開玩笑，來得更有建設性？而卸下了種種因吃肉的罪惡感所產生的過度防衛心理，也才可能開始出自內心地在意動物、甚至會不忍牠們被以各種方式消費之後，還要被言語所消遣吧。[10]

（Iris）

10 當然，以「動物福利」觀做為一種中間路線，對部分動物權人士來說，恐怕還是太妥協了。但我總會想起在百貨美食地下街曾不小心聽到隔壁桌的一段對話：剛考上理想大學的年輕女生對男生說，之前曾拜神許願，如果考上了，之後每天要至少吃一餐素，「你覺得我如果改成每天不吃早餐行不行？這樣我不但沒吃動物，連植物也沒吃，不是更好？」我當下差點笑出來，乍聽頗有幾分道理，但其實是逃避先前的承諾啊。不過這也讓我了解一件事：人之所以會以吃素來還願，表示內心其實認同吃素是一件好事，但即使如此，還是只願意在「特殊情況」下才吃素（甚至在這個例子裡，還努力想找出不兌現吃素承諾的方式），顯然對有些人來說，吃素就是個很高的門檻。與其如此，以中間路線來解決「吃肉的弔詭」，雖不夠基進，但對許多人來說，或許多了些可行性吧。

找出謔而不虐的那條線

【篇前回應】

妳提到動物玩笑時常和食物意象連結在一起，讓我想起之前也看過網路上在討論違反常識和邏輯的動畫設定時，以「三隻小豬家中牆上掛著的『爸爸』肖像竟是香腸」做為其中一個例子。經濟動物兼具動物與食物的「身分」，確實誘發了人們某程度上的焦慮，拿牠們說笑取樂就成為釋放壓力的心理出口之一。開動物玩笑究竟是無傷大雅抑或強化了對動物「微侵犯」的可能，妳已經討論得很詳細了，因此在下篇，我想從另一個角度思考：當玩笑由口語進一步成為行動，若我們繼續抱持「只是開個玩笑，認真就輸了」的態度，在幽默和歧視之間的那條線，是否就有可能由戲謔偏移到「戲虐」？其中兒童／少年又或許是最常為了有趣而以實際行動，用戲謔／虐方式對待動物的一群——沈復

《浮生六記》中因為不忿觀二蟲鬥草間的樂趣被蝦蟆破壞，就「捉蝦蟆，鞭數十」的行徑，應該對很多人來說都還記憶猶新？過去考試但凡考到這個段落，都形容是「正義感」的展現，但某程度上，沈復的行為模式，其實正凸顯出兒童對待動物時常見的「天真的殘酷」。因此，我也希望進一步思考一個較少被討論的議題，也就是「兒童／少年對動物展現的（微）暴力」。

小說家徐則臣曾寫過一個令人印象深刻的謔／虐狗故事。[11] 主角的兩個室友覺得鄰人夫婦養的看家狗老是狂叫，讓人睡不好，決定「折騰」牠一下。他們先用一塊骨頭讓那原本就餓到皮包骨的瘦狗嘗到甜頭，之後時而踢牠、時而撫摸牠，狗為了乞食依舊示好、溫馴忍讓。然後真正的「遊戲」開始了：他們將因冷凝結的排骨湯油膏抹在狗的尾巴尖上，讓牠著急狂亂地追逐自己的尾巴，膏狀湯汁愈抹愈高，主角如此描述那場景：「我不知道一個人絕望時會發出什麼樣的聲音，那狗舔不到沾

11 見徐則臣：《狗叫了一天：北京西郊故事集》，台北：九歌，二〇二〇。

有湯汁的那一截尾巴時，發出的狂躁、滾燙的聲音，有一瞬間我覺得那完全就是人聲。那聲音讓我渾身發冷……我覺得遊戲做過頭了。」

小說以文學性的筆法處理了結局，狗在以超乎想像的角度對折自己的身體後，狂亂地衝出門外，撞死了自己，也造成了另一個悲劇。故事固然是虛構的，但徐則臣所鋪陳的這場「做過頭的遊戲」，我覺得卻生動地提示出人與動物關係中一個重要與常見的面向，那就是無論是否帶有惡意，對動物的戲謔其實可能造成巨大的傷害。而這個事實提醒我們，應該回頭去調整妳所提到的：認為對動物開玩笑無須認真對待，「因為看起來並不會有任何人受到傷害——甚至也很難宣稱會對動物本身造成傷害」的心態。也就是說，無論純粹基於覺得有趣，或是如同小說中的少年們帶有某種惡意報復的行動，當對動物的玩笑由語言的層次「升級」到實際行為，遊戲與虐待、趣味與暴力之間的界線，可能遠比我們想像得更加曖昧難明。

有趣的是，兒童文學中其實有不少線索，提示了兒童與（微）暴力之間的連結——儘管這不太符合認為兒童代表「純真無邪」的傳統印象。但如同評論家杉田俊介在分析《崖上的波妞》時，提出的有趣觀點：「《崖上的波妞》的孩子們，並不是天真無邪、健康無污染的存在，而是充滿了為所欲為和自我中心的存在……孩子們既殘酷且天真無邪的部分，簡直和眾神的暴力、自然的暴力沒有兩樣。」他認為宗介和波妞為了滿足自己的戀愛和欲望，不惜讓城鎮沒入海嘯中、星星墜毀也無所謂，固然是基於「天真無邪」的心態，但那當中同時也有著「過於激烈的暴力，完全無法克制與壓抑」。杉田俊介敏銳地提示出天真無邪的反面，某程度上意味著對行為後果的缺乏意識／不在意，而此種「天真」的本身就隱含著暴力的可能——儘管它們未必帶有惡意，就像自然的暴力一樣。

犯罪研究的專家湯姆．蓋許（Tom Gash）也曾提出可以相呼應的看法，他說我們常以為青少年犯是到了青春期突然「墮落」了（或像很多爸媽以為的，孩子一定「交了壞朋友」），但如果先試著拋開兒童必然純潔的想法，就會發現其實青少年不但沒有變得更暴力，他們的攻擊性反而比童年時還低（研究指出，兩歲到十一歲左右的孩子，打人咬人與踢人的比例其實是逐步下降的）。也就是說，「對於兒童的理想化想像，讓我們忘記孩子的反社會行為通常在家裡就已經開始了，而不是接觸到外界之後才被污染的」[12]。當然，若依此就得出四世紀哲學家聖奧斯汀（St.

12 湯姆．蓋許（Tom Gash）著，堯嘉寧譯：《被誤解的犯罪學》，台北：臉譜，二〇一八。

Augustine of Hippo）的結論：「嬰孩那虛弱無力的四肢是純潔的，雖然他們的心靈不是。」可能會顯得太過偏激，但蓋許點出一個重要而常被忽略的事實，就是兒童「天真的殘酷」確實存在，而且不同於波妞和宗介，這些暴力也可能含有惡意成分。[13]至於惡意的光譜，可以輕微如惡作劇，也可嚴重至重大犯罪的程度。

在此，我不打算討論諸如少年A這種在犯下震驚社會的「酒鬼薔薇聖斗事件」[14]前，就以大量虐殺動物為樂的殘酷案例，而是帶有玩笑成分、看似無傷大雅，但可能一不小心會「玩過頭」的現象。值得注意的是，這些將動物視為玩樂對象的行為，很多時候未必帶有「虐待」的意圖。騷夏在《上不了的諾亞方舟》這本散文集當中，就如此描述童年時玩螞蟻的回憶：

> 我被規定寫功課要在下午三點到五點，這段時間不能離開書桌前。小學生功課不多，有時寫完了作業也不能離開房間，只好坐在桌前發呆，沾糖水在桌面引來螞蟻，再把螞蟻揉死，然後把一隻一隻蟻屍用自動鉛筆芯一隻一隻塞到牆上磁磚縫隙裡，製造出「蟻塚」。

從這段敘述可以很明顯地看出，對他來說，玩螞蟻純粹是為了打發時間而創造出的遊戲——不得不再提一次經典的《浮生六記》，騷夏玩螞蟻的方式，其實和沈復「留蚊於素帳中，徐噴以煙，使之沖煙飛鳴，做青雲白鶴觀」在本質上是類似的，他們對螞蟻或蚊子並不心存殲滅的惡意，而是類似波妞一般，為了滿足天真的欲望，並不在意行為對象的後果。

但是，無論我們據此推論出孩子以動物取樂的行為，應該要有某種「豁免權」——一如妳在上篇提到的那類主張：說笑話理應不受道德批判，或是把這些遊戲一併納入對暴力的防患未然，可能都太過快速與簡化，而忽略了「惡」的複雜。心理學家河合隼雄在《孩子與惡》這本書中，曾提出一個發人深省的看法，那就是「惡的兩義性」。他強調：惡之所以無法根絕，不只因為人心中本來就有惡的存在，也因為惡對人類的生活是具有意義的，所有的創造背後都隱含著破壞。許多孩

13 杉田俊介的觀點與孩子氣背後的暴力思考，部分文字整理並引自筆者的〈動物比人類可愛多了——文學視角下「人獸有別」的任性妄為〉一文，《文訊》，二〇一九年四月號。

14 此為一九九七年發生在日本神戶的連續兒童殺傷事件，年僅十四歲的兇手少年A殺害十一歲男童土師淳及十歲女童山下彩花，引起社會譁然。

子具「實驗精神」的遊戲，其實或多或少都帶有這種創造與破壞的雙重性。這讓我想起阿尼巴列・卡拉契（Annibale Carracci）那幅畫作《兩個孩子逗貓》（*Two Children Teasing a Cat*），看似天真無邪面帶微笑的兩個孩子，正在試圖把一隻螯蝦的鉗，夾在身軀緊繃、且因為恐懼或疼痛而整個耳朵變成扁平的貓咪右耳上。這幅畫非常傳神地表達了孩子帶著好奇心，想看看「如果這樣做，應該很有趣」，或者「如果這樣做，會發生什麼事」的特質。卡拉契用戲弄、逗弄來形容它，恰恰凸顯出這類界於動物虐待和無惡意的戲耍之間的行為，有可能是兒童創意萌生的過程，也可能朝向惡意與暴力傾斜的曖昧性。

《兩個孩子逗貓》

但也正因創造與破壞乃是一體兩面，因此它形同一把鋒利的雙面刃。破壞背後隱含著朝向神祕與未知世界的發展性，它具有某種魅惑人心的力量，卻也同時可能帶來巨大的恐怖。河合隼雄以露意莎・梅・奧爾柯特（Louisa May Alcott）的《小婦人》為例，喬在妹妹艾美滑冰時，聽從了心中「小惡魔」的聲音，沒有告訴她湖心的冰很薄，結果艾美落入湖中，所幸最後被救了上來。河合隼雄提醒我們，如果艾美在這時死了，「就談不上什麼惡的兩義性了」[15]。他認為意識到這種惡魔耳語般的「根源惡」，人才能在關鍵時刻懸崖勒馬。換句話說，惡與暴力不該用全有或全無來看待，它本身就是一個無法消滅的存在，但一旦跨過某個臨界點，它就會「做過頭了」而無法收拾。因此，〈狗叫了一天〉裡面那種在行為之初就帶有玩笑或惡意性質的狀況，毫無疑問更容易一不小心就跨過那條越界的線。

或因如此，虐待動物其實早在十九世紀中葉開始就被視為兒童道德教育關注的主題之一，經典童書《披頭散髮的彼得》當中，就描述了一個會拔蒼蠅翅膀、用椅子砸鳥、虐貓打狗的孩子「殘酷的弗德里克」。這部影響深遠的作品，觸發了被稱為「女生版彼得」的《不愛乾淨的麗莎》。這兩個故事後來和一本叫做《馬克思與莫里茨》[16]的作品，被並稱為黃金三書。它們同樣涉及虐待動物，但「教育」兒童的方式則略有不同。

在「殘酷的弗德里克」中，弗德里克打了狗之後，立刻被狗反擊，不只咬得他小腿流血，狗還比他更快衝回家，喝了他的紅酒，吃了他的蛋糕與臘腸，弗德里克

15 河合隼雄著，林暉鈞譯：《孩子與惡：看見孩子使壞背後的訊息》，台北：心靈工坊，二〇一六。

16 《披頭散髮的彼得》為海因里希·霍夫曼（Heinrich Hoffmann）在一八四五年出版；《不愛乾淨的麗莎》為德國醫生尤里爾斯·律特哲（Julius Lüthje）和插畫家法蘭茲·瑪德萊納（Franz Maddalena）於一八九〇年所作；《馬克思與莫里茨》則為威廉·布施（Wilhelm Busch）一八六五年的作品，以下書中細節參閱韋伯文化出版的中譯本。

只能苦著臉在床上吃藥。至於「不愛乾淨的麗莎」欺負的並非真實動物，而是她的洋娃娃。她刮花娃娃的臉、扯爛她的衣服鞋子和頭髮，還把娃娃扔到小狗頭上。於是小狗狠狠地咬了麗莎的手，「從此她再也不敢虐待娃娃」。將虐待娃娃的麗莎與虐待動物的弗德里克兩相對照，虐待狗和虐待娃娃的意義在這兩個故事中是類似的，差別在於男孩遭到狗的報復，女孩則遭到狗的懲罰，狗與娃娃並不被視為有感受能力，但這無礙於牠／它們扮演道德教化者的「教師」角色。至於臘腸、蛋糕與紅酒並非適合狗的食物，這件事顯然並不在故事的考量範圍內。

但《馬克思與莫里茨》裡的殘酷，更進一步地超越了「調皮搗蛋」的程度。他們兩人把麵包綁在繩子上做為誘餌，讓寡婦伯特太太心愛的三隻母雞與一隻公雞，因為無法掙脫繩子而吊死在樹上，其後還有一連串的惡行。但這個故事也是三本書中「懲罰」強度最大的一個，到最後惡有惡報的孩子被磨坊師傅磨成粉，讓鴨子吃掉了。每個人聽見他們的遭遇後，不但不難過，反而說：「感謝上帝！一切都結束了！以後再也沒有什麼惡作劇了！」

這些報復意味強烈的兒童教化故事，對現今的讀者來說，可能會感到有點驚悚，甚至懷疑是否不合時宜。但它們除了以韻文般的文字節奏、生動的插畫帶來黑色幽默的趣味性之外，主要也是因為當時的教育者普遍相信，小時候虐待動物的行為若沒有被制止，長大就可能危害社會。因此，善待動物被視為道德教育當中很重要的一部分。[17] 偏偏麻煩的是，幸災樂禍同樣是人性的一部分，別人／別的動物的不幸似乎就是能為我們帶來愉悅感，訴諸懲罰與報復的教化故事或道貌岸然的道德教育，顯然不足以解決現實生活中層出不窮的惡意。以情緒研究知名的學者蒂芬妮・史密斯（Tiffany Watt Smith），就曾經非常生動地描述了人樂見別人受苦的普遍心理。[18]

不過，史密斯同樣強調，幸災樂禍的心理具有多重意義。它既代表我們需要透過別人的失敗來平衡內心的羨慕與不適，從別人的痛苦中感受到優越感，卻也同樣反映出我們對正義的追求。如果別人的受苦可以被解釋成罪有應得，人們更覺得自己有權幸災樂禍，換言之，它是我們的「黑暗之心」，卻也「不完全出於惡意，而

17 上述關於童書中動物虐待主題的討論，係引用自筆者的〈善待動物並不困難——安娜・史威爾《黑神駒》〉，《鏡好聽》，二〇二〇年六月一日。

18 其論點請參見蒂芬妮・史密斯著，林金源譯：《幸災樂禍：情緒史專家從媒體政治和社會文化，解讀人性共同的負面根源與心理機制》，台北：木馬文化，二〇二〇。

是我們想要維持一種道德平衡」。某程度上來說，幸災樂禍和妳在上篇所討論的言語玩笑是一體兩面的，因為我們會用嘲弄、貶低的方式來表達對「敵意標的」的不以為然，並藉此得到愉悅。

史密斯提醒了我們，當一個人的優越感來自別人身體的痛苦和弱點，可能會誘使他「希望見到更殘忍的景象」，讓幸災樂禍朝向更暴力的追求；而預期懲罰的心態，則可能產生「正義成癮」的風險——畢竟，每個人認定別人「應有此報」的標準可能相當不同，許多網路霸凌的案例也已經讓我們看到集體的「鄉民正義」所具備的強大越界可能。另一方面，預期懲罰出現的報復心態，更容易讓動物成為人類的代罪羔羊，一如〈狗叫了一天〉當中那兩位室友，對狗進行的報復行動，同樣蘊含著對狗主夫妻放任狗擾鄰的不滿。

因此，我們可以發現，孩子都是天真無邪小天使這樣的想法，本身就是一種天真；但認為一個將螯蝦夾在貓咪耳朵上的孩子，日後就會變成連續殺人犯，也容易失之偏頗。而且，若將所有人的一言一行，都用道德眼鏡放大檢視，反而有可能錯失釐清玩笑與戲謔背後，所隱含的脆弱、不平，或某種集體心理的呈現。就像之前在網路上看到一個防蟲片的廣告，強調該種產品能夠預防衣魚、書蝨與蟑螂，廣告上畫了這三種生物的簡圖，但蟑螂下方的圖說卻「貼心」地標示為「ㄓㄤ ㄌㄤˊ」，彷彿替看到廣告的讀者迴避了那「不能說的名字」。這讓人發出會心一笑的設計無疑打中了許多消費者害怕蟑螂的心理，成為高明的行銷手法。

無論如何，幽默感對於每個人來說，都是重要的釋放心理能量的出口，能令人產生共鳴、又不涉及歧視或暴力的幽默，未必真的那麼難，關鍵在於我們是否擁有足夠的敏感度，去意識自己的玩笑或行動可能造成的傷害。保有幽默與道德敏感度並不衝突，如同史密斯所強調的，「我們內心有能力同時保有矛盾的想法和感覺，幸災樂禍與同情心並非人們以為只能二選一的反應，而是同時能被感受到。」一味譴責玩笑並不能加深彼此的理解，也未必能改善我們覺得不恰當的作為。人若願意充分地提醒自己：看似無傷大雅的言語或行動，不見得是它表面上的樣子，我相信每個人其實都有潛力，去畫出謔而不虐的那條線。

（Cathy）

【第十題】外來種

是最後一根稻草，還是整綑稻草？談外來入侵種

你我都是外來入侵種？

前陣子讀了一本香港作家葉曉文結合大量生態元素的小說《隱山之人》，看到故事開篇就以「外來入侵種」做為第一章的標題時，我頗好奇作家會選擇哪個「入侵種」生物做為討論香港生態的起點，卻發現她其實是藉由小說主角夏花不慎踩死在香港已被判定為野外滅絕的尖舌浮蛙，而發出「我們總是不知不覺地傷害了什

麼，又破壞了秩序。也許對於山而言，你和我都是外來入侵種」[1]的感慨。「人類才是入侵種」的看法，或許稱不上振聾發聵，但確實是眾多不同角度的生態觀點中，一種常見的思考方向——就像網路上流傳的一張圖片，照片中的鹿正在過馬路，但圖說卻提醒我們：與其說鹿在穿越馬路，不如說是馬路穿過了森林。

這類反省的聲音可能會帶來一些罪惡感，但老實說，要人們真心覺得自己才是「入侵種」，沒這麼容易——當然，我不認為人一定要把自己當成自然的入侵種，因為這個概念本身仍相對建立在把人與自然割裂來看的角度，但此種換位思考的方式，卻可以成為我們重新去釐清「入侵種」概念的起點。畢竟，近年外來入侵種造成生態災難的印象深植人心，兼以氣候變遷、環境惡化帶來的壓力，「強勢外來種」對各地原生物種的存續有時遂成為最後一根稻草。但現在的狀況是，這最後一根稻草常被當成「整綑稻草」，人們將某些物種從此告別地球舞台的責任，盡數歸到外來入侵種身上。牠們被賦予妖魔化的形象，一旦被辨識出外來種的身分，就彷彿失去了活著的權利，成為必須剷除的對象。到最後，我們甚至可能認為對生物的

1 葉曉文：《隱山之人》，香港：P. PLUS LIMITED，二〇一九。

知識，只需要足以分辨牠們「是不是外來種」就好，我認為這是很可惜的。記得有次在某個文創園區，正巧聽到前面幾個路人在討論路邊的一隻喜鵲，其中一人好奇地問：「那是什麼鳥啊？」另一個轉頭看了一眼，回答：「那是外來種。」話題就這樣結束了。喜鵲沒有了名字，只剩下外來種的標籤。但喜鵲是外來種嗎？其實取決於你要把多久以前移入的生物視為外來種，換句話說，答案未必如我們想像的那麼單純。

當然，我無意否認外來物種對原生物種確實會造成生存壓力，某些地區的原生種生物之所以滅絕，與人為引進的外來生物有高度相關亦是事實，長年為移除外來種而頭痛的澳洲可說是最典型的代表，當地有若干生物因家貓的出現而步上絕境，大礁島林鼠即為一例。但誠如生物學家愛德華．威爾森（Edward O. Wilson）所提醒的：「大多的滅絕事件的原因不只一種，各原因之間的關係錯綜複雜，不易理清，但追究到最終原因，都得歸罪於人類的活動。」[2]大礁島林鼠早已因當地農民種植鳳梨、夷平硬木群落與大規模的建案，使得數量極度瀕危，家貓的出現則讓林鼠的大限之期提早來臨。[3]因此，對於已然瀕危的本土生物而言，避免強勢外來種對牠們造成雪上加霜、無可挽回的困境當然有其必要。但就算如此，所謂的入侵種生物，絕不是蓋上一個「認證章」就足以蓋棺論定的議題。遺憾的是，生物一旦被貼上外來種的標籤，往往就像前述那隻喜鵲，好像所有討論就到此為止，可以畫上句點了。

是侵略還是適應？

然而，如果我們願意先試著放下在心中定案的結論，就會發現這個問題其實並非真的那麼「黑白分明」，而是超乎想像地複雜。因為對於生物而言，地域的界線其實是不存在的，牠們只是盡一切能力活下去。如同兩百年前被引入美國的紫色千屈菜，在沒有天敵的情況下迅速取代原生生物，被視為造成當地生物多樣性減少的元兇之一。但作家阿奇科・布希（Akiko Busch）卻提出這樣的思辨：

2 威爾森著，金恒鑣、王益真譯：《半個地球：探尋生物多樣性及其保存之道》，台北：商周，二〇一七。

3 見艾比蓋爾・塔克（Abigail Tucker）著，聞若婷譯：《我們為何成為貓奴？這群食肉動物不僅佔領沙發，更要接管世界》，台北：紅樹林，二〇一七。

千屈菜真如我們所設想的那樣是個侵略者，抑或是在這瞬息萬變的生態世界中的競爭者？這樣一種看似掠奪性的入侵，難道不能看做是一種因應外在條件變化，好比說是氣候暖化、棲地喪失而產生的頑強適應力，或是在需要水分才能茁壯的植物的例子中，因應地區水分流失的模式所產生的改變？這難道不能解讀成環境遭到破壞的訊號？又或者是它可能成為一種新的生物多樣性的催化劑？最後一點，難道不是因為我們自己不良的土地使用決策才促使其繁盛於原來沒有分布的區域？[4]

換言之，布希認為，在將其定義為「入侵」之前，我們或許可以試著看到其中更核心的本質，也就是「適應」。造成這些生物需要去「適應」新環境的原因究竟是直接或間接的人為因素，對牠們來說並不重要。無論刻意或無意中將牠們帶到異地、在其棲地開路或開發以致需要另覓居所、或是氣候因素造成食物短缺……牠們並不知道理由，也不需要知道理由。牠們只是試著在發生變異的環境中，讓自己以及後代活下去而已。更重要的是，物種與環境的關係千絲萬縷、環環相扣，每一種生物都在適應新的變化，新的物種未必不會帶來新的多樣性——這並非鼓勵「外來種除罪化」，而是自然界「互動多樣性」下的其中一種樣貌。一如千屈菜也並非只會帶來毀滅。布希引用學者艾瑞克・基維亞特（Erik Kiviat）的發現指出，它同樣是一種可以吸引熊蜂的蜜源植物，只不過蜜蜂受到其它因素影響而減少，讓千屈菜吸引蜜蜂的特點沒那麼明顯罷了。

也就是說，每種生物都必須適應持續變化中的環境，只是在過程中有些得以成功，但更多失敗了，如果我們只願意看到一種答案（無論成功或失敗的案例），永遠只能看見二分之一的世界。就像基維亞特提醒的，問題「不在於我們所看到的，而是我們期望看到的」，如果我們期待看到生物沙漠，就只會看到生物沙漠——因為那些不符合我們預設答案的，都被排除在視野之外了。但如果我們能夠將自己的預設立場視為「容忍修改的知識」[5]，或許就會發現世界上存在著無數顛覆我們既定想像的事實。給我許多啟發的曼諾・許特惠森（Menno Schilthuizen），就在《達爾文進城來了》這本書中，舉了很多生動的例子來說明。[6]

4 阿奇科・布希著，王惟芬譯：《意外的守護者：公民科學的反思》，台北：左岸，二〇一八。
5 同前註。
6 以下有關曼諾・許特惠森《達爾文進城來了》一書的觀點介紹與評論，引用並整理自筆者的〈疆界鬆動與重整的當然，生物在適應環境的過程中發生演化，可說是某種必然現象，但許特惠森的重點在於，都市具有打造全新生態系的演化力量，生物甚至會有意識地改變行為模式來適應都市空間。最具代表性的像是日本仙台的小嘴烏鴉，把車輛當成胡桃鉗——牠們會把胡桃丟在車輪中間，讓車子幫忙輾碎胡桃殼，如此一來就可以省下以往需要飛到高處扔果實，而且還未必會成功的力氣。這樣的行為模式發展到後來，甚至演變成牠們會在路旁等待紅綠燈號誌的變換。

又或者像是歐洲的山雀，曾經非常喜愛搶食當地人早上放在門邊的牛奶，牛奶供應商和山雀之間，因此有過一段長時間的「鬥智」：供應商不斷改良瓶蓋，山雀的開瓶技術則愈來愈精進。直到送牛奶的產業逐漸式微，玻璃牛奶瓶也愈來愈少，這場牛奶大戰才逐漸走向歷史。這些例子可以幫助我們理解都市演化如何發生：「這不是因為會開瓶的基因在族群中廣為流傳（當然沒有這種基因），而是容忍度和好奇心的遺傳傾向（這樣的基因**確實**存在）有助於動物快速學會如何利用人類及人類不斷改變的對策。」[7] 換句話說，解決問題的能力、好奇心、容忍度，乃是觸發生物進行都市演化的推進力。

都市帶來的雙向演化

更重要的是，許多生物所牽動的變化往往不僅止於牠們自身，還有另一種接觸方式，乃是交互關係中的雙方進行彼此適應的雙向演化。例如二〇一一年生物學家在法國南部阿爾比（Albi）觀察到的歐洲鯰魚攻擊鴿子事件：這些鯰魚最初之所以出現在歐洲西部，是當地釣魚協會為了娛樂，野放所造成，適應良好的牠們迅速大量繁殖，然後某天出現了從未發生在其他鯰魚身上的行為——跳出水面襲擊正在洗澡的鴿子。研究人員統計之後發現當地鯰魚大約有四分之一的食物是鴿子，換句話說，原本在池塘底部捕捉魚類和水生無脊椎動物維生的鯰魚棲位已發生改變，在這樣的壓力下，鴿子勢必要發展出在水邊更具警覺心的能力。雖然目前還沒有足夠的研究證據來證明鯰魚行為的變化是否已經驅動了鴿子在體型或行為上的演化，但許

年代——《人類時代》與《達爾文進城來了》〉，《鏡好聽》，二〇二〇年十一月二日。

7 曼諾・許特惠森著，陸維濃譯：《達爾文進城來了：新物種誕生！都市叢林如何驅動演化？》，台北：臉譜，二〇二〇。

特惠森認為，此種模式「已經為未來的雙向演化搭建好必要的場景」。

不過，這個故事的後半部，也就是鴿子可能會開始演化出適應鯰魚獵食壓力的特性，對很多人來說，可能並不屬於過去熟悉的「外來入侵種」敘事模式。我們更常聽聞的，是緬甸蟒蛇在佛羅里達造成狐狸、浣熊、兔子、負鼠、山貓甚至白尾鹿都大量消失的這類恐怖威脅。[8]若主張人類才是造成動物移棲的主因，往往會被認為是過度濫情、無視現實的無知者。但再強調一次，無論是許特惠森這本書或我自己，從來都沒有要否認外來入侵種造成的問題，甚至也不是完全反對移除方案在某些情況下會是不得已的選擇（老實說我時常困惑於為何討論動物議題總是會鬼打牆般地無限跳針，導致需要不斷反覆地重申立場，而且重申立場也沒用，因為許多人根本是看到關鍵字就開槍吧……）因此，當我看到許特惠森說他很清楚有些人的反應會是，「去跟那些目睹自然環境遭到海蟾蜍、兔子蹂躪的澳洲人跟紐西蘭人說這些話」，忍不住覺得很有共鳴。

其實，全球都市生態無可否認地正在改變，無論我們的心態接受與否，這都是必須面對的事實。許特惠森用瘋狂科學家來形容都市這個大熔爐：「馬來西亞的城市裡沿著人行道種植中國的朱槿灌木叢，歐洲的野鴿用力地扯下灌木叢的花芽」……這不是用外來／原生、撲殺／拯救等二分法可以回答與解決問題的世界。若能看到都市演化的動態真相，或許就會同意將保育的能量投注於讓生態系順暢運行，而不是單純的「消滅外來種」，才會是比較實際的選擇——舉例來說，像新加坡這個國家目前的生態系幾乎都不是原生種，若以消滅外來種為首要目的，才叫不切實際吧？

另一方面，對都市生態系的思考，並不等於否定傳統荒野保育的努力，而是試圖進一步探究，當變化如此快速地發生，我們有哪些因應的可能？例如相較於傳統設立廊道（corridor），連結不同棲地來保育瀕危物種的方式，會不會「讓這些物種生活在相互隔離的小型植被地，都市演化的成功機率反而更高」？這些想法或許有賴未來進行更多嘗試、更多觀察，以及更重要的：對修改答案的更多容忍，方能找到不同環境與不同狀況下的「最適方案」。無論如何，可以預期的是，生物會持續演化來應付城市生活，一旦步調跟不上，牠們將退出地球舞台，但其他物種依然

8 參見黛安・艾克曼（Diane Ackerman）著，莊安祺譯：《人類時代：我們所塑造的世界》，台北：時報，二〇一五。

會盡其所能地持續適應與活下去。去欣賞這些生物的適應演化，不代表我們不為失落的物種而哀傷。身為置身其中的一份子，我們能做的或許不多，但每一個公民都可以參與都市演化的觀察，透過資料庫的建立，或許就能對這複雜、動態的城市生態系有更細膩的認知。如此一來，也就不會如同新加坡藝術家趙仁輝所形容的，當這些「外來種的訊息經過層層過濾簡化到大眾手中，人為過程已然消失，只剩物種『有害、該死』的單一結論」[9]。

這件事有那麼恐怖嗎？

而趙仁輝二〇一九年的作品《新森林》（*New Forest*），或許也可讓我們對這艱難的議題，找到另一種思辨的入口。他透過影像合成的方式，製造虛實難辨的生態攝影，其中許多圖像完全沒有附上文字說明，但無論是新加坡的白色翠鳥，或中國藍鵲、台灣藍鵲及兩者的雜交種共存的「不可能的畫面」，都像在回應都市演化這個概念，它們是已經發生的過去或即將發生的未來。其中《中國藍鵲，台灣藍鵲和牠們的混血》這個作品，對台灣民眾來說或許更具有切身感。尤其這是台灣外來種移除史上少數「成功」的經典案例：二〇〇二年在武陵首度發現外來種「中國藍鵲」後，二〇〇七年發現了中國藍鵲與台灣特有種「台灣藍鵲」的雜交後代，移除計畫迅速展開，並於一年後完成。因此，照片中三鳥共存的景象當然並非真實拍攝，但趙仁輝說：「把這個不可能的畫面做成照片後，我會想，這件事真的有那麼恐怖嗎？」[10]

這件事真的有這麼恐怖嗎？這是個多麼「（生態）政治不正確」的感觸啊！但曾在某次演講後聽到台灣動物平權促進會的研究員陳宸億的分享，讓我印象深刻，他說自己曾在座談會播放中國藍鵲的投影片，問在場的民眾是否認得出那是什麼生物，大家都很有信心地回答「台灣藍鵲」。換句話說，大家其實並不真的分辨得出台灣藍鵲和中國藍鵲的差別。這並非要指責民眾缺乏生物知識，而是呼應了趙仁輝那句：「真的有那麼恐怖嗎？」對於一種我們甚至分不出牠與原生種有何差異的物種，牠們的存在真的那麼恐怖嗎？當然，對於生物學家來說，這可能是非常「門外

9 李娉婷撰文：〈趙仁輝的偽科學創作——虛實之間，為外來種闢一片新森林〉，《鳴人堂》，二〇一九年九月十九日。

10 同前註。

漢」、甚至不值得回答的問題。但維持原生物種基因的純粹性，又到底是誰的願望呢？是台灣藍鵲的，還是我們的？一如想要透過基因科技讓猛獁象等滅絕生物重現的努力，在正義與一廂情願之間，誰來決定答案是哪一個？趙仁輝的作品給我最大的震撼與感動，毋寧正是透過「外來」物種與「原生」環境的持續碰撞，以及科學語言和藝術影像的虛實夾纏，讓觀者用不同的角度重省「外來入侵種」的定義與意義。

事實上，就算是所謂的「強勢外來種」，在人的力量介入下，也未必那麼「強勢」。就像作家李娟在《我的阿勒泰》當中描述的一則故事：她在阿勒泰山區經營小雜貨店的母親，在偶然的機會下發現深山中長了木耳。當地人原本不識木耳，但頗有生意頭腦的她以「喀拉蘑菇」之名加以出售，帶動了當地木耳的商機。到山裡採木耳的人愈來愈多，木耳生長的速度很快，不過沒有採木耳的人快。於是除了採木耳以外，人們開始挖黨參、挖蟲草、挖石榴石、打野味、炸魚……原來杳無人煙的深山再也不是過去的樣貌。直到有一天，在木耳憑空出現後的五、六年，它又憑空消失了，從此再也沒有木耳出現。李娟形容：「森林裡曾經有過木耳的地方都夢一樣空著……木耳沒有了，總有一天，它的這場『沒有』也會讓人覺得其實也沒什麼不可思議的。」[11]木耳的生與滅，無聲地訴說著人類無止盡的欲望，可以成為所有生物的「天敵」，我總覺得，比起所有的外來種，這或許才是最恐怖的力量。（Cathy）

11 李娟：《我的阿勒泰》，台北：東美，二〇一九。

回歸「人的問題」思考外來種爭議

【篇前回應】

妳在寫外來種這個主題時突然有感而發地說：「我時常困惑於為何討論動物議題總是會鬼打牆般地無限跳針，導致需要不斷反覆地重申立場，而且重申立場也沒用，因為許多人根本是看到關鍵字就開槍吧……」，讓我感觸很深，雖然這個感慨應該適用於我們書裡的許多主題，但的確外來種這一題更適用，因為如今外來種幾乎已經成為「人人得而誅之」的存在，還真是能夠名正言順地被「開槍」——例如遭到棄養而在台灣大量繁殖、被認為引發生態危機的綠鬣蜥，就有民眾在臉書貼文呼籲「吃綠鬣蜥來保護環境」，儘管有爬蟲類專家對此提出警語，並譴責「拿不知道合不合法的武器亂射一通，把不容易打死的動物打得全身是洞，再來說自己為民除害」[12]有多荒謬，似乎都無法遏阻這種行徑。無獨有偶，南投日月潭的魚虎肆虐、威脅其他魚類生存的新聞一出，業者立刻推出三杯料理，鼓勵大家用吃來「助滅生態殺手」[13]，這些都印證了妳在上篇所說的，任何生物只要一被貼上外來種的標籤，一切討論就畫上句點了。而希望打開外來種相關討論的我們，大概也同時被貼上濫情、不專業的標籤，除了我們，妳引述的藝術家趙仁輝其實也是。儘管如此，我認為持續發出「雜音」還是必要的，所以在下篇中，我除了繼續討論如趙仁輝之類的藝術家如何可能發揮從邊緣挑戰的作用，打開不同的思考空間，也將介紹一些來自生態保育圈的「雜音」，希望能讓更多人了解，保育人士與科學界面對外來種的態度，並不如想像中那麼單一。

妳在上篇提到香港作家葉曉文關於「人類才是入侵種」的反思，但也指出要人

12 兩棲爬蟲萬事屋Herptile's Yorozuya撰文：〈外來種「綠鬣蜥」大舉入侵，把牠們作成料理吃會有什麼問題？〉，《關鍵評論》，二〇二〇年十二月十七日。

13 劉濱銓撰文：〈生態殺手……滅了牠／日月潭端魚虎好料理〉，《自由時報》，二〇二〇年十二月十七日。

們真心覺得自己是入侵種絕非易事，這一點我也深有所感。其實不要說是對「入侵種」身分的自覺了，連要人們面對：外來種「入侵」背後是一個又一個人類蓄意或無意的行為所造成的，[14]都很不容易。自然史與環境哲學研究者梅蘭妮．查林傑（Melanie Challenger）在《忘了自己是動物的人類》一書中，就曾以紐西蘭政府在二〇一八年所展開的「二〇五〇零掠食者」政策為例，指出這個意圖「消滅隨人類抵達當地的老鼠、負鼠和白鼬族群，維護當地原生種的生物多樣性」的計畫，如何規避了人的責任，而生態保育的原則，又如何並非想像般中立客觀：[15]

> 恐龍滅絕後的紐西蘭充斥地方特有種生物，多數為鳥類及昆蟲，少部分是哺乳類。島上的花卉也獨樹一格，樹木體積更是遙遙領先。考里松（kauri tree，紐西蘭貝殼杉）的材積是世界第一。不意外的，人類過去居住以後，精確地說是歐洲移民居住後，考里松被砍伐殆盡。玻里尼西亞鼠（Polynesian rat）最初隨毛利人進入紐西蘭，已經導致某些動物消失，最顯著為在地面築巢的鳥類。毛利人也大量獵捕動物，最具代表性的摩亞鳥（moa bird）沒能逃過一劫。歐洲殖民者帶著家貓出現，造成更多物種滅絕。整體而言，人類遷徙就代表紐西蘭物種

與生態系的浩劫。現在政府將目光集中在意外進入那片土地的掠食者，卻很少提及酪農業問題與農業對川湖造成的水污染。討論生物多樣性的價值時，人類用詞多半含糊，關注所謂健康平衡的生態，實際上則是某些生物或地形有助防洪、減碳、授粉。[16]

換句話說，「人類要為外來種入侵問題負最大責任」這件事，人們不是不知道，也早有不同的論述點出，但常見的反應是：對於外來種入侵，只能除惡務盡，

---

14 可參考林欽傑撰文：〈循環不已的殺戮外來入侵種的移除問題〉，《關懷生命協會》，二〇一八年三月一日。

15 巴努・蘇布蘭瑪尼亞（Banu Subramaniam）亦認為，人們對於當代全球化政治影響下的焦慮、對於力保本土純淨度的想像，已置換為對外來種的情緒，如果不能察覺到這種焦慮與憎恨的深層原因，就可能忽略造成外來種增生的其他潛在因素，甚至制定出針對外來種的錯誤管理政策。她還發現，人們看似對所有的外來種都一視同仁地懼怕或厭棄，但以外來種植物而言，如果它們可以「恰如其分地當好提供資源的勞工」（例如有些不怕本地蟲害的外來種作物因此可以產出更大的經濟利益），人們就似乎可以不去在意這類外來種和本土種雜交造成的變異。Banu Subramaniam, "The Aliens Have Landed! Reflections on the Rhetoric of Biological Invasions", *Meridians* 2.1, 2001.

16 梅蘭妮・查林傑著，陳岳辰譯：《忘了自己是動物的人類：重思生命起源的歷史與身而為人的意義》，台北：商周，二〇二一。

「就像防火，一點火苗就要撲滅，而非爭執是誰引起這把火」[17]。於是源頭的「人」的問題總是輕輕放下，關於外來種的思考也始終非常單一化。面對這樣的處境，我很阿Q地相信「念念不忘，必有迴響」，也就是寄望於篇前回應中我說的「雜音」。像妳提到的趙仁輝這類的藝術家，雖然不像科學家般能直接介入外來種的處理，但單憑不斷提醒應把「人」的責任重新帶進外來種議題這點來說，就已經發揮一定的作用，凸顯了在探討外來種的問題時，若避開「人」在其中扮演的角色不談，為何是有待商榷的。這樣的雜音如果能持續地存在，或許，總有些人會受到非主流、另類的觀點刺激，而願意深化關於外來種的思考吧？

趙仁輝在二〇一九年舉辦《新森林》個展時，展場資料簡介清楚陳述了他的創作目的：「人類介入試圖通過『移除』來『還原』生態的行為在趙仁輝的影像裡成為被質疑的假定，也許『人』所扮演的角色與倫理責任，以及回歸『人的問題』檢討生態問題，才是面對與處理物種衝突的根本。」[18] 秉持著這樣的理念，他試圖讓外來種在人類社會的處境被具象化。例如斑腿樹蛙和沙氏變色蜥，原本只被當成「移除就對了」的入侵物種，但趙仁輝刻意用創作留住了牠們的身影——作品《斑腿樹蛙》乍看像粉色的印花布，近看卻能看見群集的斑腿樹蛙影像，猶如影射了牠們被網羅在麻布袋中的景況；《133,300 沙氏變色蜥》也是類似的呈現方式，只是改採紅底來襯映，似乎意在讓人聯想牠們被泡在大酒桶裡、待捕捉者季末一併去換獎金的命運。[19]

在此之前，趙仁輝在上海、新加坡都曾展出的《聖誕島：自然而然》，也是以外來種與本地環境碰撞的問題為思考的核心，他透過攝影作品與裝置藝術，揭露了人類的活動如何導致這個火山島嶼上的生態平衡徹底被打破，之後人們又如何為了保護稀有物種，進行全島「滅貓計畫」——儘管島上的第一隻貓是人帶來的。而他的裝置藝術《紀念聖誕島上的最後一隻貓》，一件包含貓的骨骼標本（樹脂質地）

---

17 廖靜蕙撰文：〈防治第七年總盤點 斑腿樹蛙除不盡仍需緊盯 專家：龍眼雞勿步後塵〉，《環境資訊中心》，二〇一八年九月十一日。

18 安卓藝術提供。

19 此處的詮釋係參考觀展時導覽人員的說明，這兩幅作品則在以下的報導中可以看到：李娉婷撰文：〈趙仁輝的偽科學創作——虛實之間，為外來種闢一片新森林〉，《鳴人堂》，二〇一九年九月十九日。此外，趙仁輝參與二〇一八台北雙年展的作品《當世界碰撞》也同樣以斑腿樹蛙與沙氏變色蜥蜴為創作主題，可參考筆者的〈藝術的歸藝術，生態的歸生態？——當藝術與外來種碰撞〉，《鳴人堂》，二〇一九年二月十九日。下文關於《聖誕島：自然而然》的討論亦摘自該文。

的捕貓器模型，更如同是做為「對《聖誕島：自然而然》結局的暗示」：據二〇一五年的調查顯示，貓可能已經在島上滅絕，藝術家於是想像科學家們「攜所有島上居民離開聖誕島，回復一個從未被殖民過的聖誕島」[20]。藉此，趙仁輝猶如是說，要一勞永逸地維護聖誕島生態系統的方式，就是「徹底清除所有入侵物種——包括人類，也選擇離開島嶼」[21]。這個不可能的、「人類將自己這種入侵種移除」的提案，重點顯然不在於是否真能被落實，而是如我先前所說的，從邊緣的位置挑戰主流觀點，刺激觀者重省對於外來種問題過於單一制式的想法。過往在思考外來種議題時，人類往往以一種自己可以免責的態度，主張除惡務盡。但如果我們不曾回頭反思外來種到底是怎麼來的、不釐清牠們帶來的惡果和人類的「做惡」之間的關係，恐怕只會重複循環不已的殺戮，甚至愈見暴力與不擇手段。

除了反思人類本身的責任之外，另一個可以深化外來種議題的思考角度，是妳提到的「是侵略還是適應」的問題。英國藝術家泰莎·法默（Tessa Farmer）一件關於松鼠的作品，《灰之暗影》，就同時打開了這兩個面向。法默的創作方式是以昆蟲屍體、植物的根部與其他的天然材料拼湊為一幅幅裝置藝術，成為她知名的「精靈」系列作品。值得注意的是，法默的精靈絕非《小飛俠》

《灰之暗影》

裡的小仙女那種形象：這些大小不超過一公分的精靈是以寄生蜂為原型，每個都裝上了昆蟲翅膀，卻又有著人的特點——頭的型態直接以骷髏呈現之外，並進行各種掠奪行為，猶如隱喻「人類這個物種對自然資源貪婪的利用」[22]。《灰之暗影》這個作品，就是以（隱喻人類的）精靈和外來種灰松鼠共同殺害原生種紅松鼠為主題。乍看之下，我們可能以為法默只是要凸顯紅松鼠所受到的迫害，但其實她卻又在受訪時很「政治不正確」地說：灰松鼠進入英國以來，因為造成紅松鼠數量大減，於是在保育的前提下，成為被迫害的一方，但成功地生存下來就要被懲罰，似乎並不公平。[23]這段話聽起來可能完全違反主流的保育觀點，足以讓她被視為濫情又反智，但如果這樣的作品能讓觀者感覺好奇、想探究藝術家的立場為何如此「不對勁」，或許就會讓灰松鼠成為入侵種的原因有被檢視的機會。一旦認真追究灰松鼠「猖

---

20 VART撰文：〈新加坡藝術家鏡頭下一座印度洋孤島的風物書寫〉，《每日頭條》，二〇一七年九月八日。

21 以上引文出自一點資訊撰文：〈空藝術—趙仁輝專訪：他用戲謔的藝術，紀念聖誕島上的最後一隻貓〉，《Zi字媒體》，二〇一七年九月五日。

22 Catriona McAra, *In Fairyland: The World of Tessa Farmer.*

23 Esra Gurmen, "Tessa Farmer's Creepy Little Fairy Gangs," *Vice*, January 22, 2011.

獗」的原因，會發現始作俑者當然還是人類——一般認為，最初做為貴族寵物的灰松鼠，是因為貝福特公爵十一世（Herbrand Russell）從美國引進了十隻之後，釋放於他的宅邸沃本修道院以及英國攝政公園，又致贈友人做為禮物，才不斷擴散出去。[24]從這個角度來看，精靈（意指人類）和灰松鼠是共犯結構這樣的指涉，其實很符合事實。因為人類的任意豢養與野放、因為灰松鼠在覓食時，比紅松鼠更善於解決問題，[25]善於適應的灰松鼠成為人人喊打的入侵種，甚至在保育的主張下屍橫遍野——當我們看到英國灰松鼠獵人（Grey Squirrel Hunters）這個組織恣意獵殺松鼠之後，還刻意把這些屍體的照片曬到網上，[26]應該能稍微理解法默的感慨，也會願意思考「是侵略還是適應」這個問題，乃至承認在紅松鼠銳減這件事上，人類至少是「共犯」。

藝術家所心心念念的，其實在某些生態學者的主張中也可以得到呼應。紐約州立大學石溪分校生態與演化學系的兩位學者潔西卡．古里維奇（Jessica Gurevitch）與黛安娜．帕迪亞（Dianna K. Padilla）早在〈入侵種是滅絕的主因嗎？〉一文中，就表示在探討外來種侵害的問題時，應該積極帶入對人為問題的討論，她們並透過分析各種相關數據與檢視個別案例，說明不應將外來種籠統地一視同仁、把生態之害全歸咎於外來種。[27]

以針對外來種威脅性所做的研究報告來說，對於同樣的數據資料，怎麼去解讀，結果可能大不相同。例如一篇常被引用的，針對北美瀕危物種的研究，指出外來種造成物種滅絕的嚴重程度僅次於棲地破壞，這份報告研究了兩千四百九十種受威脅的物種，其中受棲地破壞威脅的物種比例高達百分之八十五，而被外來種威脅的也有百分之五十之多。但兩位作者重新研究了這份報告列出的相關數據資料，發現其中九百三十種被認為受外來種威脅的物種，每一種其實平均都遇到二點五種不同型態的威脅，尤其是被指為受外來種威脅最大的原生種植物與鳥類，都是受到多

24 The Newsroom: "11th Duke Blamed for Unstoppable Spread of Grey Squirrels", *Bedford Today*, January 27, 2016.

25 Carrie Arnold, "Which Are Smarter, Red Squirrels or Gray Squirrels? Science Weighs In," *National Geographic*, February 22, 2018. 當然，紅松鼠數量大減的原因絕非只是「灰松鼠更善於適應」這麼簡單，更詳細的分析還可參考*Wildlife Online*網站上的詳細資訊："Why is the Red Squirrel Declining in the UK & What Can Be Done?."

26 Russell Myers, "British Grey Squirrel Hunters Boast How They Kill Animals and Share Pictures Online of CHILDREN Posing with Corpses," *Mirror*, October 15, 2017.

27 Jessica Gurevitch and Dianna K. Padilla, "Are Invasive Species a Major Cause of Extinctions?," *Trends in Ecology and Evolutions* 19.9, 2004.

重威脅的，但是一般引用這份研究報告者卻只凸顯外來種的威脅。又例如若人為畜養的牛造成原生種植物的消失，這份報告也將之列入外來種侵害的範圍，問題是牛既然是人養的，這明明屬於人可以控制的部分，卻也被算入外來種的侵害……以上這些都是光看報告的數據結果無法得知的事情。兩位作者於是提醒，在保育工作上，如果只是想著把外來種塑造成最大的敵人，恐怕反而沒有辦法把力氣花在正確的地方。這種「另類」的聲音，是在探討自然保育議題時比較少被聽見的。當然，這並不是要說，我們無須憂心外來種的破壞，她們只是主張，在相關研究不夠多的情況下，一味認定外來種要負全責，對保育工作未必有幫助。[28]

雖說上述的聲音在保育界比較另類，但也開始有愈來愈多提倡新生態觀（novel ecology）或和解生態觀（reconciliation ecology）的學者出現，主張接受生態系統的變化，思考與新的生態體系共存的可能，甚至「就在人居住、工作、遊樂的地方創造、建立、維持保有生物多樣性的新棲地」[29]。這類的觀點影響所及，就是外來種似乎有了「去污名化」的機會：二〇一一年六月，以馬克．戴維斯（Mark Davis）為首的十八位科學家在*Nature*上發表了〈不要以物種的出生地來評斷牠們〉一文，認為過去關於外來種危害的評估可能言過其實，而「主張回復原本的自然狀態」這種「回到伊甸園式的保育學」本身亦有問題，因為若人類世帶來的劇烈改變已勢不可擋，我們應該做的是學習接受新生態、與之共存。當然這「另一種聲音」立刻受到很多質疑，甚至有上百名生物學家、生態保育學者共同聯名反對戴維斯的看法，而這些反對的意見也登上*Nature*與*Science*兩大期刊，可見戴維斯對於科學界較主流的保育觀產生了多大的震撼。[30]

對這一場論戰，美國威斯康辛大學麥迪遜分校環境研究學院的教授保羅．羅賓斯（Paul Robbins）與地理系學者莎拉．安．摩兒（Sarah Anne Moore）並不選邊站，他

28 另外，關於國際自然保護聯盟（IUCN）針對全球已滅絕、瀕危、受威脅物種所做的調查，兩位作者也依IUCN資料庫重新檢視，發現大部分受威脅的物種也同樣都是受到多重威脅，而不只是被外來種威脅；同時，被列名為生物多樣性侵害度第一名的棲地喪失根本是外來種的五倍以上（比例分別是百分之三十三與百分之六）。因人類的漁獵、設陷阱、毒殺等等而數量減少、受到威脅的物種，則占了百分之七點六，高於外來種的侵害。此外，雖然造成物種滅絕的明確原因往往很難被標定出來，但在七百六十二種已知因人類行為而滅絕的物種之中，只有小於百分之二和外來種有關。

29 可參考Michael L. Rosenzweig, *Win-Win Ecology: How the Earth's Species Can Survive in the Midst of Human Enterprise*.

30 引自Paul F. Robbins and Sarah Anne Moore, "Ecological Anxiety Disorder: Diagnosing the Politics of the Anthropocene", *Cultural Geographies* 20.1, 2013.

們選擇撰文指出，人類世帶來的生態劇變，讓不同立場的科學家產生了不同的焦慮，而傳統保育派和新生態觀的支持者都有各自的「生態焦慮」：以外來種來說，傳統保育派主張剷除外來種，以免傷害原生物種，也就是想減少人類對自然的危害、盡可能恢復自然原本的樣貌，但這其中卻有著「人類恐懼」（anthrophobia），憂心人類本身對生態造成的破壞而亟欲「復原」；另一方面，擁護新生態的一派在面對外來種問題時，則主張不要再讓物種被貼上來自人類文化價值判準的好壞，諸如侵略種或原生種等標籤，但卻有著不斷自我檢視、以為可以免除一切價值判斷的傾向，這種唯恐科學因帶有文化偏見而不客觀的憂心，則是一種「自體恐懼」（autophobia）。兩位作者之所以要指出這兩種恐懼，是有感於某些爭議之所以無解，是因為不同立場的科學家們並沒有認識到自己所持的主張背後的「生態欲望」。他們相信，如果科學家能反身思考何以抗拒或樂見新生態的出現，將能更積極地找出面對生態焦慮的方式。

簡單來說，面對人類世下生態體系的劇烈改變，科學家們可能小心翼翼地不願改變世界，但其實又不能免除這種欲望；又或者害怕新生態體系的出現，卻也想創造新生態，這些從來不曾被處理與正視的生態焦慮，會讓很多爭議淪為自說自話，不同立場者也就只能各自活在各自的恐懼和堅持裡，失去相互理解與溝通的可能。

因此兩位作者在文中以一項「再野放」計畫為例，說明任何一項介入自然的計畫背後，都有它特殊的政治、欲望考量，所以都應該被拿出來檢視，如此或許才能權衡出相對理想的進行方式，而這個再野放計畫的主角正是外來種。由於模里西斯保育區小島白鷺洲（Ile aux Aigrettes）與圓島（Round Island）原本的陸龜已經絕種，連帶牽動烏木和其他生物的死亡，這個計畫於是打算從阿爾達布拉群島把亞伯拉達象龜這種外來種引入；牠們和滅絕的原生種相近，同樣可以傳播植物種子，再野放計畫因此希望能藉以恢復當地生態平衡。

人類恐懼派當然不認同這個計畫，認為人類基於傲慢所做出的這種介入可能帶來難以預料的風險；自體恐懼派則認為，引入外來種以回復想像中的大自然根本是矛盾的，且忽略了科學的規範。然而兩位作者更在意的是，人類到底是如何斷定某些介入是危險的，而某些就是具有復育可能的？他們因此主張，面對這類的爭議，科學家們必須先認清自己的堅持背後的欲望，以及這些欲望和他者的欲望如何夾纏，才可能發現，自己的堅持和恐懼不應該是行動與否的首要考量，必須在各自面對與坦述自己的欲望之後，重新透過討論去釐清：這種介入性的實驗是為何而做、對當地會產生什麼影響、對象龜「輸出方」又是否有什麼好處等等。基本上他們傾向於認同這個再野放計畫，理由是，與氣候變遷相關的討論及決策都是大國做決定，鮮少考量貧窮地區，但如果要進行這個所謂的復育實驗，就會觀察評估氣候變遷對於要移入與輸出象龜的小島可能產生的影響，如此，它們所遭遇的危機——因為暖化造成海平面上升而有沉沒之虞——也勢必會被注意到。比起象龜復育的不可預測性以及引入外來種似乎有違保育原則，讓小島的生存危機被看見這件事其實更重要，加上小規模的再野放所造成的影響應該是可逆的，所以作者們認為，在此情況下讓保育策略性地發揮政治作用，並不是壞事。[31]

這樣的看法與展望或許有些樂觀，也不無爭議，不過透過這個超越「怒吃外來種」的「外來種再利用」計畫，不同的思考角度確實得以被打開，因為「人」的欲望與焦慮被放進了外來種議題的討論之中。思考外來種問題，確實不能不把人的問題考慮在內，除了先前說的，造成外來種入侵的人、共犯結構中的人之外，在此我們看到，決定引入或移除外來種的人，他們如何著手制定政策、為何決定採取某種處理方式，背後有什麼「生態欲望」，也都應該被納入思考。

當然，人的問題就是最難的問題，如同趙仁輝曾說的，「很多時候，也是因為人類的時間軸沒辦法等這麼長，看看十幾二十年後的改變，讓我們必須要現在就決定移除這些物種。」[32]也就是說，除了欲望、焦慮，人還有「時間軸」局限的影響。但就像妳說的，思考外來種的問題原本就不是要無條件捍衛外來種、不管原生種死活，只是不想讓相關的討論一碰到外來種這個關鍵字就戛然而止罷了。就這點而言，我相信只要更多人有心，就算有重重限制，複雜而深刻的討論還是可能開啟的。畢竟多數人應該並不樂見，外來種被單一地污名化的傾向，讓秉著「血腥的正義」進行殺戮的移除，成為我們處理外來種問題時的唯一解方。[33]（Iris）

31 同前註。

32 李娉婷撰文：〈趙仁輝的偽科學創作——虛實之間，為外來種闢一片新森林〉，《鳴人堂》，二〇一九年九月十九日。

33 引自生態工作者汪仁傑個人臉書，其中他提到二〇二一年曾在新店移除綠水龍，大合照見報的呈現方式，猶如進行移除者是正義的一方，向惡勢力外來種宣戰，但他個人認為移除是一場愧歉的殺戮，更不應該在移除外來種時，把無辜動物握在手裡或五花大綁後像罪犯般羅列，然後為移除者冠上英雄形象，因為如此形同享受獵殺的快感，傳遞給社會的也只是違背教育意義的，血腥的正義。汪仁傑臉書撰文，二〇二〇年十二月二十四日。

【第十一題】飲食文化

不是人的睿智，而是人的歷史

文化的本質就是變化

在〈被「雙重消音」的，豬的一生〉篇，我說豬是「最困難的動物議題排行榜」前三名，這個排行榜當然是浮動的，但我心中另外兩位常常穩居前三的「候選者」，其一是外來種議題，再來大概就是文化了。雖然乍聽之下好像有點奇怪，畢竟我們平常的研究領域就是文化研究，說文化很難討論豈不自相矛盾？但無論日本的鯨肉、歐美的肥肝或台灣曾引發爭議的移工吃狗、原住民狩獵、神豬等議題，一旦冠上「傳統文化」（尤其是「傳統飲食文化」）之名，彷彿就失去了繼續對話的空間。若以動物倫理的角度進行質疑，多半會遭遇反質疑，認為以道德強行介入文化更不道德。然而我始終認為，將文化視為一塊不可動搖、不可質疑的鐵板，才是對文化最大的誤解。在此誤解之下的討論，注定永遠是失焦的。

記得二〇一五年，曾參加一場由台灣動物社會研究會舉辦的「動保，移工——運動的十字路口」論壇。當時因為有越南移工在臉書上貼出吃狗肉的照片，引發動保人士反彈，並發起「文明人不吃貓狗」的呼籲；但另一種看法則主張越南吃狗肉乃是當地文化，應該尊重多元文化。雙方難以交集的情況下，甚至由此延伸出：吃豬肉也很殘忍、應該開放吃狗肉、法律怎可限制吃狗肉等等聲音。眼看爭議愈演愈烈，動社遂邀請移工團體與動保團體進行對話。在當時的發言稿中，我曾表示兩種聲音都有商榷的必要。老實說，雖然時隔若干年，但只要遇到任何文化相關的爭議，大家「討論」（或者應該說表達立場）的方式並沒有太大改變。因此，我想先不厭其煩地重申當年的一點想法。

首先，當社會運動在進行訴求的時候，一刀切地用進步 vs. 落後、文明 vs. 野蠻這種二元對立的方式來區隔人我，效果其實是非常有限的。如果總是用情感呼籲甚至只訴諸憤怒的情緒宣洩，以及妖魔化自己不同意的對象，往往只是攪起更多情緒，最終讓其他不關心這個議題的人覺得「貴圈真亂」而已。尤其很多看似憤怒的人，未必真正關心該議題，可能只是順便夾帶他對某些特定族群團體的歧視罷了。這是我這些年觀察某些台灣動保運動號召方式的憂心，那些訴諸強烈悲憤情感的行動未必沒有效果，但副作用也同樣非常明顯，因為它相對激化了對立情緒。

但另一方面，對於吃狗是文化，所以要尊重多元文化這種說法，如前所述，反而是誤解了文化的意義。[1]文化的本質之一就是變化，認為文化不可撼動，其實是一種迷思。更進一步來說，文化未必是在時間長流中自然而然因地域特色、生活方式所形塑，而是可以被商業經濟快速「創造」出來的。《爭議的美味》這本書就曾相當深入地梳理肥肝的歷史，凸顯出傳統是如何被「發明」。作者米歇耶拉・德蘇榭（Michaela DeSoucey）指出，肥肝的起源故事，總少不了鄉村慈祥祖母的手作形象，但事實上「肥肝跟艾菲爾鐵塔一樣被奉為民族象徵，不過是近半世紀以來的事」。一如可帶來巨大收益的「玉林狗肉節」，其「文化資歷」同樣不過短短十幾年的歷史罷了。[2]傳統是隻變形蟲，在遭遇質疑、以及受到市場、社會、政治等各種因素介入時，會變出不同的形貌。執著於「傳統的一定比較好」，不只是一種迷思，也可能落入政治角力或市場經濟的陷阱。[3]

我們捍衛的，是文化還是身分？

不過，德蘇樹的觀點對我而言最大的啟發在於，他提醒了我們，傳統常把人和文化連續性與歷史歸屬感連結在一起，因此提到傳統，往往意味著不可挑戰的「正統」性，但事實上「傳統也是一種選擇的過程」，而且還是一種可塑性很強的過程。這個看法可以引申出兩個方向的思考，其一是人之所以對於否定自己「傳統文化」的聲音如此容易感到被冒犯，除了文化本身的價值之外，是否還有其他因素；

1 有關食用狗肉的文化爭議以及玉林狗肉節等相關討論，筆者在《牠鄉何處？城市．動物與文學》書中，已曾略為梳理過，可參閱該書〈同伴動物篇——當人遇見狗〉，台北：新學林，二〇一七。

2 北京青年報報導：〈「被消失」的玉林狗肉節〉，《搜狐新聞》，二〇一四年六月十七日。

3 有關傳統飲食未必比較好，可參閱筆者的〈人與食物關係的前世今生——《飲食大未來》〉，《鏡好聽》，二〇二〇年十月五日。

其二是反省我們是否可能，或者該如何「重新選擇傳統」——儘管這個詞彙恐怕看似相當政治不正確。

從第一點來說，文化傳統之所以值得珍視，是因為它召喚歷史的記憶，讓人產生身分的歸屬感。傳統的延續不只成為歷史「曾在」的證據，某種程度上也是我們維繫過往生活的儀式。例如一張街道的老照片，固然得以讓我們浮現城市記憶的輪廓，但以「傳統工法」製作出的古早味，則能將朦朧的輪廓轉變為既是歷史的，也是在地的具體線索，證明我們與前人在空間和時間上的彼此相連。換句話說，文化最重要的意義之一，就是帶來身分認同的歸屬感。也因此，當某種生活方式遭到質疑或挑戰時，人們真正在意的，或許未必是「文化」，而是「身分」。

這麼說或許會令人懷疑是否過於武斷，但除了前述的狗肉節或肥肝，還可以找出無數例子證明飲食的選擇與價值如何在歷史上「浮動」，或者說如何被製造出來。以魚子醬為例，十八世紀路易十五收到俄羅斯沙皇送的魚子醬時，他的反應是當眾吐出來；十九世紀時魚子醬也一直被當成低級的食品；一九〇八年法國《皮托雷斯克畫報》上對魚子醬的評論，更表示吃過魚子醬的人，通常對它的回憶都不太好，而且「對眼睛還是味蕾來說都不怎麼舒服」。直到一九一七年俄羅斯十月革命後，傳統食物供給陷入貧乏，魚子醬才變得珍貴起來。俄羅斯的上流社會人士到了巴黎後，魚子醬的地位遂以異國風味、奢侈品等方式被包裝成高級食品。直到二〇〇八年，巴黎一家商店推出的魚子醬價格更達到每公斤一萬歐元。[4] 至於在養生風氣下被推崇的某些食材，過去可能都是廉價甚至沒人要食用的對象。例如近年價格水漲船高的藜麥，相較於如今的熱烈討論，在五〇年代時，紐約時報只出現過一次相關報導，目的是研究它的葉子能否做為菠菜的替代品，該文並溫馨提示讀者，藜麥種子吃起來的味道像肥皂，不建議食用。[5]

再以日本政府強烈捍衛的「捕鯨文化」為例，其實日本食用鯨魚肉的人口並不那麼多，只是戰時食物匱缺的情況下，以鯨魚肉做為補充蛋白質的來源。但日本仍在二〇一八年底宣布二〇一九年六月三十日退出國際捕鯨委員會（IWC），並於退出隔天重啟商業捕鯨。面對國際輿論壓力，日本強調的始終是「悠久的飲食文化」，社會文化人類學家高橋順一甚至在受訪時表示，日本人從繩文時代（西元前

4 弗雷德里克．魯維洛瓦（Frédéric Rouvillois）著，李聖雲譯：《偽雅史》，上海：上海文藝，二〇一一。

5 碧．威爾森（Bee Wilson）著，陳厚任譯：《飲食大未來：全球飲食劇烈變遷的年代，給置身豐盛時代卻無比徬徨者的最佳飲食健康指南》，台北：常常生活文創，二〇一九。

一萬四千五百年到西元前一世紀）就開始吃鯨肉。[6]但是，證明食用某種肉類的歷史悠久，是否等同於在今日的社會環境仍具備合理性與必要性？顯然答案未必是肯定的。否則我們可以從文獻中找到各式各樣的物種都曾有被人類食用過的紀錄：大仲馬（Alexandre Dumas）就在他那本《美食大辭典》中提到歐洲各民族的人都吃熊肉，書中並收錄了莫斯科風味的熊掌食譜；英國中世紀上流社會的菜單則包括烤孔雀、鼠海豚等。[7]回溯最早的飲食紀錄，不等於我們如今在實務上（那種動物至少必須仍未絕種或瀕危）或道德上可以接受。否則孟子早在兩千多年前就說出「熊掌亦我所欲也」，但不代表熊肉、熊膽交易在今時今日仍可以讓多數人接受，不是嗎？

但從日本支持捕鯨的聲音中，可以觀察到一個耐人尋味的態度，就是認為西方反對捕鯨乃是「文化上的帝國主義」。例如IWC日本政府代表森下丈二表示：「日本人不喜歡外國人高姿態告訴他們怎麼做，吃鯨肉的日人已不多，但吃牛肉、吃豬肉的人要日本人別吃鯨肉，日本民眾討厭這一套。」[8]其中的反彈情緒其實分為兩個層次：一是「既然你也吃其他動物的肉，就沒有資格批評別人」；二是認為反對（吃鯨／狗）者帶有文化上的優越感，傷害了自己的民族尊嚴——外國人不要來對我們下指導棋。第一種態度在邏輯上的問題，〈不吃有臉的動物〉篇已經討論過，不再重述；但「文化帝國主義」的背後，其實凸顯出雙方衝突的重點除了捕鯨業者的經濟利益之外，與其說在「飲食文化」，不如說在身分政治——畢竟日本食用鯨肉的人口根本不多。這也是為何牽涉到文化差異的動物議題總是特別難以對話，因為異文化他者的批評，很容易被詮釋為對其他族群文化的無知，並且讓對方感到被冒犯。在原住民狩獵議題、神豬議題上都可以看到類似的衝突發生。

當我們在說「多元」的時候，我們說的可能只是「一元」

但是，綜觀人類的飲食文化史，就會發現它是一個動態過程，每種食材在不同歷史階段的重要性會改變，烹調的方法會改變，當美味以外的其他標準，例如道德

6 楊明珠撰文：〈回顧日本捕鯨與食鯨文化 三百三十年前就有鯨鳥居〉，《中央社》，二〇一八年十二月二十七日。

7 彼得．羅斯（Peter Ross）著，鄭煥昇譯：《大英暗黑料理大全：烤孔雀、活蛙派、煎腦渣，和紫色毒梨子！倫敦市政圖書館館長揭祕100道歷史上驚人食譜》，台北：聯經，二〇一八。

8 同註6。

觀介入之後，我們看待某些食物的態度可能也會改變，沒有什麼是永恆不變的。料理所反映的，是包含生活的資源、社會經濟的狀況、當下的流行、意識形態等各種因素加總後的結果。不過，必須指出的是，任何變化都罕見真正線性的、立即性的全面取代。尤其是動物與人漫長的互動歷史中，人類看待動物的思維與態度，很少因為某個物種地位的提升而產生戲劇性的全盤逆轉，就像吃狗肉之所以對很多人來說成為無法接受的選項，固然是因為狗對很多人而言已成為同伴動物的關係，但把狗當成工具犬（看門狗）、或是食用動物的邏輯，也依然存在於部分社會環境中，這是不爭的事實。

因此，真正的重點不在於「某些文化中有食用狗肉（或鯨肉，或任何其他可以自行填空的選項）的習俗」，而是在某個文化中（曾）有某個現象，不等於那個現象在時空環境不同的狀況下，依然是「對」的。如果不在這個前提下進行討論，任何議題都不會有對話或聚焦的可能。這是為何我強調「承認多元」當然是一種很重要的前提，我們所有的社會議題，無論性別、族群都在強調這樣的價值——老實說，我一直覺得多元根本是一種「必然」，而不是要誰「包容」誰——但是多元無法解決道德難題，因為當我們在說多元的時候，它很弔詭地往往只是「一元」。那背後的潛台詞是：你有你的文化，你有你的道德，你有你的價值，但我其實不相信也不接受，因為我也有我的文化、道德和價值。你覺得狗該保護但我覺得狗可以拿來吃，我們「文化不同，價值多元」，然後對話結束，什麼也沒解決。

有沒有可能改變這樣的狀況呢？老實說我覺得很困難，但不是完全不可能。它必須仰賴更多人願意先放下自己心中的「道德指南針」，然後試著跨越擋在我們面前的那道「移情之牆」（empathy wall），看到牆的對面，那些人的生活、情感與價值選擇。[9] 用更白話的方式形容，其實就是試著去「看見異溫層」。跨越移情之牆，指的是透過對方的眼睛去看世界，這是同理，不是同情，更不是同意。我發現很多人老是把同情和同理混為一談，我們有沒有可能看完之後還是堅持己見，不同意對方的價值呢？當然很有可能，但如果我們試著做了，它就有機會帶來一種新的體

9 移情之牆的概念，出自亞莉・霍希爾德（Arlie R. Hochschild）著，許雅淑、李宗義譯：《家鄉裡的異鄉人：美國右派的憤怒與哀愁》，台北：群學，二〇二〇。該書主要討論美國中下階層的右派白人何以支持川普，以及他們為何覺得自己的「美國夢」被插隊，他們又如何處理自己在意識形態上和實際處境上的種種矛盾。有趣的是，該書出版後引發不少批評，例如認為該書討論的白人「不夠底層」，以及作者依然是為白人種族主義背書等等，某程度上其實也凸顯了「移情之牆」如何難以跨越。

悟，就是真正看見「多元」的存在，從而認識自己世界對面（或者背面）的樣貌，也就有可能體會到，答案不只一種，就算是傳統，也有其他選擇或調整的可能性。

承認人的局限

而跨越移情之牆的意義還在於，看見自己視野的局限。人是有局限的，我總是不厭其煩地強調這點。每個人都必須承認自身的局限，無論情感的局限、能力的局限，以及各種因為我們的族群身分、教育背景、生活環境等因素造成的局限。事實上，每個人的文化能給他的，對於世界的想像也是有局限的。舉例來說，泰・凱勒（Tae Keller）的少年小說《遇見虎靈的女孩》中，韓裔女孩帶著家族故事的記憶，想要找出一隻介於真實和想像之間的「虎靈」，但她的朋友，一個美國男孩，關於老虎的故事版本卻完全不同——他的曾祖父曾經是老虎獵人，但在老虎瀕臨絕種且獵捕老虎也違法的今天，他的父親要他最好隱瞞這段家族歷史。[10]這個故事不只呼應了前述「文化會因時因地制宜，不同時空背景會有不同價值」的說法，也充分凸顯出不同文化所帶給我們的，對於動物的想像與態度可以如何迴異。不同的文化會帶給我們不同的視域、不同的優先價值，也必然會產生不同的盲區。不承認這一點，沒有議題可以往下討論。就像有些人喜歡用偽善去批評別人道德上的不一致，但道德是不可能一致的，因為那是人的局限。承認局限並不是去合理化這種局限，或乾脆覺得反正人都很偽善，那什麼也別做算了。而是剛好相反地，因為自知這樣的「偽善」是一種必然，因此努力往不那麼「偽善」的方向邁進。

我很喜歡唐諾的《眼前》裡面提到亨德里克・威廉・房龍（Hendrik Willem Van Loon）《寬容》裡的一段話，他說真實歷史裡的所謂寬容，是人們「筋疲力盡加傷痕累累的結果。大家打了幾百幾千年再也打不動了，重點是誰也無法真正消滅誰，於是只好坐下來第一次看著頭上的同一個星空。儘管仍然不相信，但願意開始接受彼此的神。因此，寬容不是人的睿智，而是人的歷史」[11]。我們每個人都活在歷史裡。看見同一個天空下彼此的神，未必是（也未必要）接受別人的信仰，但看見神的多元，已經是第一步。這麼做不是因為我們特別睿智寬容，而是試著在歷史當

10 泰・凱勒著，王儀筠譯：《遇見虎靈的女孩》，台北：三民，二〇二〇。

11 本段敘述引用並整理自唐諾著：《眼前》，台北：印刻，二〇一五。

中，艱難地往那個方向靠近。

（Cathy）

本文有關移工與狗肉文化的討論，部分改寫自筆者於二〇一五年十一月十三日參與台灣動物社會研究會舉辦之「動保，移工——運動的十字路口」論壇發言稿。

人類的文化　動物的惡夢

【篇前回應】

如同妳所說的，要以動物倫理的角度介入傳統文化絕非易事，特別是傳統飲食文化。確實，因為質疑他人的飲食選擇，猶如對他們的「日常」做出干預，表面看起來，等於是要被質疑的一方放棄一定程度的飲食自由、在生活習慣上做出改變——即使那些被貼上傳統飲食文化標籤的食物，未必真的是大多數人的選擇，就像妳舉例提到的，日本食用鯨魚肉的人口並不真的那麼多。換句話說，其實問題不是真的在於放棄了這些傳統，人們的「日常」會有多巨大的改變，而是在於包括對族群身分的捍衛在內的，那些複雜的情緒。也因此，即使離開「飲食」的範疇，有些看起來放棄了也不會對日常造成影響的「傳統」，依然還是鐵板一塊。而當這些傳統被「儀式化」之後，更彷彿有了某種不可侵犯性，而且更不可能理會「異文化」的聲音。面對這個被我們列名「前三難」的主題，我只能用一個比較特殊的方式來回應（迴避？）。在下篇中，我將藉由一個與動物完全無關的故事，雪莉．傑克森（Shirley Jackson）的〈樂透〉，對照出動物活在人類傳統文化中的命運。

一九四八年首次刊登於《紐約客》雜誌的〈樂透〉，曾被認為是現代美國小說中最驚悚的故事之一，[12]但開頭的場景卻非常平凡，甚至帶點溫馨：「六月二十七日的早上，晴空朗朗，有著夏天的溫暖氣息；花朵綻放，綠草滋長。村民們開始聚集在郵局和銀行中間的廣場上……有些城鎮因為人太多，摸一次彩得花上兩天的時間，必須在六月二十六日就開始了，可是這個村子，總共只有三百人左右，樂透活動時間要不了兩小時，就算上午十點開始，村民們也還來得及回家吃午飯。最先到場的當然是孩子們，學校剛放暑假……不久男人聚過來了，一面看著自己的孩子，一面聊著耕作和雨水，拖拉機和稅收……女人，一個個穿著褪了色的家居服和毛線衫，在男人後面跟著出現了。她們互相打過招呼，閒聊幾句就走去她們丈夫身邊。」[13]顯然，即將參與「樂透」這個村民活動的，就是全村的男女老少，他們再普通也不過，不是什麼兇惡殘暴之徒（因此即使讀者被「劇透」這是個驚悚故事，一開始可能也不容易想像後來的發展）。甚至樂透也只是一年一度的例行活動，大夥並不特別興奮，就像主持人撒馬斯先生說的，趕快把事情辦完，大家才好各自回家幹活。

故事接著開始鋪陳樂透進行的方式。這是一個分兩階段進行的抽籤活動，第一階段是由家族的族長上台抽籤——通常都是男人，沒有父親的家庭則由成年的兒子代表，再不得已才輪到女人。抽中了某個家庭之後，再從這個家族成員中抽出最後的「樂透得主」。在故事中，第一階段抽中的是比爾．賀金森一家，因此按照儀式的程序，要開始清點賀金森家的人數，以便進入第二階段的抽籤。也就是在這時候，讀者才會開始感到故事略有不對勁之處，因為賀金森太太，也就是故事的主角黛西，對於自己家族中籤一點也不開心，還一直大喊不公平。更詭異的是，在第二

12 引自enotes網站的故事簡介與分析。
13 引自雪莉．傑克森著，余國芳譯：《雪莉．傑克森經典短篇小說選集——樂透》，台北：寶瓶文化，二〇一四。

階段開始前，她明知按照規矩「女兒是跟著夫家抽的籤」，還是嚷嚷要兩個已婚的女兒「也來試試看運氣」，似乎巴不得降低自己的「中獎率」。最後，賀金森一家五口中抽到標記了黑點的紙籤的，也正是賀金森太太，樂透儀式的重頭戲，就此在主持人一聲令下展開：「村民們早已忘記了原來的儀式，也遺失了原來〔裝籤〕的黑箱子，但是大家仍然記得要用石頭。」只見先前還一起聊天的鄰人，瞬間全都成了扔石頭的人，連賀金森家的孩子也加入這個行列。故事結束前，號稱自己已經參加過七十七次樂透、堅持若要保障村莊富饒就永遠不能廢除此活動的華納老爹，鼓譟著：「上啊，上啊，大家。」賀金森太太持續尖叫著，「這樣不公平啊，這樣不對啊。」但終究無能阻止人群撲向她。

這個大半篇幅毫無殘酷氣氛、沒有給讀者太多心理準備的故事，刊登之後引起了很大的反彈——不但雜誌社不斷接到來電與來信表達對這個故事的不滿，傑克森本人也收到類似的信件，特別是她從頭到尾的敘事口氣都如此平靜，連描述暴力的場景時也不例外，更讓讀者感到驚愕甚至覺得反胃。[14] 傑克森寫出極致的殘酷——對殘酷的不以為意、猶如家常便飯，應該不會只是刻意想讓讀者感覺不舒服？那麼她到底是想要表達什麼呢？隨著對故事解讀重點的不同，也有著不同的詮釋，包括人性的黑暗、父權對女性的控制、儀式化行為的危險，以及個人順服於權威下的現狀時可能造成的殘酷，都曾被討論。[15]而後兩者，顯然也可以用來對照思考文化傳統中與動物相關的儀式，因此以下就針對這兩點做進一步的說明。

傑克森在故事中不只一次暗示過，儘管這種「樂透」的儀式行之有年，但不少細節都已經被人們遺忘了，連相關的「道具」也已經佚失：原本用來裝竹籤的樂透箱不見了，取而代之的是一個逐年老舊破損的箱子。儘管如此，村民仍不願意換掉這個「代表傳統的黑箱子」，彷彿守著斑駁褪色、有歷史感的箱子，就等於守住了傳統。除此之外，原本使用的木籤也換成了紙籤。至於儀式中主持人是該站著致詞、還是走入人群？要不要一一對走上來抽籤的人致敬？這些環節都眾說紛紜。連有些人還記得的，主持人得要朗誦的這個儀式，也變成「不成調的讚美詩每年都要敷衍的唱一遍」。透過這些敘述，傑克森打開了質疑傳統習俗的空間：人們所遵循的某些所謂的傳統，會不會已經失去了在今時今日的意義，徒留空洞敷衍的形式，

14　同註12。
15　同註12。

只因「為堅持而堅持」才繼續存在？甚至，會不會根本已經質變？我忍不住想起多年前赴北海道白老的愛努文化村所見的情景，傳統的熊文化，在愛努文化村裡變成以設置熊籠來凸顯，但熊被關在不起眼的園內一角，看來老病衰弱，令人慨歎熊文化帶來的結果如此諷刺。[16]

傑克森對於儀式化行為更明確的質疑，則出現在她透過亞當斯夫婦之口所透露的，放棄樂透活動的可能。[17]亞當斯先生指出，「北村那邊正討論要放棄樂透活動了。」亞當斯太太也說，「有些地方已經停辦樂透了。」可見即使是傳統文化，如果已經不符合當代的價值標準或需求，也應該與時俱進，不管這個與時俱進是廢止，還是調整——妳在上篇提到的神豬議題，其實現在也有了改變的契機，二〇二〇年，北埔鄉公所就促成了第一屆「神豬撲滿大賽」，取代傳統義民祭的神豬競重。[18]然而想改變傳統的聲音，在〈樂透〉這個故事裡卻被代表權威的年長者直接駁斥：華納老爹不但對此嗤之以鼻，還認為這是愚蠢的年輕人才會做出的瘋狂提議，只會帶來災難，因為「六月摸個彩，穀子熟得快」。換句話說，他所代表的傳統意見，就是認為唯有持續進行儀式，才能讓穀物生長良好、保障全村的富足。某種程度上，傑克森這個殘酷到似乎不寫實的故事，在這個層面上卻很寫實：要改變傳統文化習俗之所以如此困難，就是因為即使內部有檢討的聲音，但只要掌權者堅持「正統」、堅持儀式的進行關乎多數人的利益，大部分的人可能就會選擇順從權

16 愛努（或譯阿伊努）有以殺熊來敬熊的儀式。愛努人認為神會扮成各種動物（例如熊），為人們帶來糧食以及生活所需的各種物品，為了招待神並把神送回神國，於是每年必須進行「送靈」儀式，其中又以「iyomante」（熊的送靈儀式）最盛大。「熊靈祭」是指把冬天捕來的小熊飼養一至二年後，舉行盛大的宴會，再把熊「送回神國」（殺死）。如今送靈儀式已不復見，但他們仍以影像資料與模型等等試圖重現其熊文化，以上的資訊也是當時在文化村得知的。在此，我並非要全盤否定文化村為了想重現愛努文化與熊的關係所做的努力，但看到每隻熊都狀態不佳地被囚禁在極小的籠中，實在會懷疑以設置熊籠來凸顯熊文化只是反效果。而熊籠的籠門處接了餵食管，好讓遊客購買飼料後透過餵食管投入籠中、觀看熊乞食，這種把動物當成娛樂的設計，更讓人難以感受到「敬熊」的精神。

17 值得注意的是，儘管亞當斯先生曾提出這樣的質疑，但最後仍聽從權威者發號施令，站在一群村民的最前面，一起扔石頭。面對權威、「傳統」等壓力，要做出不同的選擇顯然並不容易，而發現無能反抗時就投身加入壓迫的一方，也是頗「寫實」的呈現方式。只有亞當斯太太，故事最後點名寫出扔石頭的人時，刻意略過了她。有些評論者認為這個故事具有控訴父權文化的意義，證諸故事中少數表現出溫柔善意的角色都是女性（除了亞當斯太太，還有另一個擔心朋友中籤的女孩），這樣的解讀角度確實有其合理性。

18 詳見台灣動物社會研究會：〈見證神豬重量比賽的創新轉型，動社當然不會缺席！〉，《台灣動物社會研究會臉書粉絲頁》，二〇二〇年九月五日。事實上，二〇一六年文化部就已公告強調：義民祭為重要民俗，但不包括「神豬重量比賽」，而農委會在回應動保界終止神豬競重的呼籲時，也提出了轉型成創意神豬比賽的建議，「包括以米、麵線、鮮花水果等食品做成豬的形狀替代活體神豬；或是結合傳統與藝術，以花布拼貼、或運用稻草與寶特瓶等天然資源製作成神豬」，見快樂姆姆撰文：〈終止神豬重量比賽祭祀〉，《公共政策網路參與平台》。

威，保持沉默，於是「現狀」也就永遠不會改變。

傑克森所虛構出來的這個傳統習俗，確實讓人感覺特別殘酷，但耐人尋味的是，參與這個習俗的人，其實看起來都非常平凡，是與你我無異的一般人。傑克森是想說，人的內心深處都有嗜血的一面、人有強大的殘酷潛力嗎？這雖然也是一種解讀的方向，但相較於這種全面性的人性黑暗說，透過〈樂透〉這個故事，我更想指出的是，與其急於污名化某些我們認為與道德標準不合的傳統文化習俗，或譴責其中的參與者，更有建設性的做法，是去思考這些我們看來難以接受的局面是何以產生的，如此才會有改變的可能。例如故事中的村民，如果他們並非原本就特別殘酷，問題是否出在對儀式的（不得不）默許？也就是說，只要身為共犯結構的一員，對於權威的服從以及對儀式的配合，終將使他們變得殘酷無情，即使一開始沒有任何人的面貌是特別無情的。

至此，或許有些人會懷疑，從一個刻意寫得如此殘酷的虛構故事來思考傳統儀式的問題，是否妥當？但不管是這樣的懷疑，或是讀過〈樂透〉之後向雜誌社與作者本人抗議的反應，一定程度上或許都是想拒絕承認，這樣的故事確實有可能發生，而這種拒認，又和故事中被扔石頭的是「人」有關。人類相殘這種如同食人

（cannibalism）般的殘酷，是自詡文明的社會所不容的，因為我們想相信，人性不可能如此黑暗殘酷。何況故事竟還一直暗示，到了攸關自己利益的關鍵時刻，友情或親情都不算什麼，這更有違我們的期待。人性有沒有這麼黑暗、到底可以多黑暗，是除了〈樂透〉以外的許多文學乃至影視作品都很感興趣的主題，但如我先前所說的，這並非我的重點，所以我想把焦點拉回與動物有關的提問：人類社會裡許多以傳統、習俗之名進行的儀式，會不會正形同對動物扔石頭？而許多殘虐動物的儀式是不是也如故事中的樂透，即使並不心懷虐待之意而為之，結果卻依然構成了虐待？

舉一個令人不舒服的程度可能不亞於〈樂透〉故事的真實例子。保加利亞布羅迪洛沃（Brodilovo）這個村莊，有所謂「旋轉狗」（dog spinning）的傳統儀式，每年春天，他們在河的兩岸撐起支架，用繩子連結兩端並把狗懸吊於河上，之後開始反覆扭轉繩索，以便繩索鬆開時，能帶動狗隨之不停旋轉，終至跌落河裡；這個儀式被認為有預防狂犬病與驅除惡靈的作用，因此村民會歡鬧地在河岸觀看。當地人認為，這個儀式並不是要傷害狗，但不僅反覆旋轉本身會造成狗的驚嚇，跌落水中的狗也因為已經轉到頭暈失去方向感，淹死的機率很高。透過觀光客的揭露與動保團體的抗議，要求廢止儀式的聲音湧進了當地。在輿論壓力下，保加利亞在二〇〇五年廢止了這個傳統儀式（亦有資料顯示是二〇〇六年禁止的）。然而，布羅迪洛沃的村長在二〇一一年卻又恢復該儀式，並表示外界對這個儀式的詮釋是錯誤的——就像妳在上篇提到的，「異文化他者的批評，很容易被詮釋為對其他族群文化的無知」。根據他的說法，儀式中的狗都是主人帶來參與的，只是旋轉十五到二十秒就會落水，不會受到傷害，而且這個儀式對於驅除邪惡、帶來富足至關重要，特別在整體經濟狀況極差、當地又爆發口蹄疫的時刻，更不能免。是否很耳熟？和〈樂透〉裡華納老爹的說法如出一轍。權威人士的堅持，讓被禁止的儀式得以死灰復燃。[19]

二〇一二年時，由於動保人士持續抗議，該村落的居民終於同意「用比較溫和的方式」進行儀式——改成直接把狗丟進水裡，不再先行旋轉，以確保狗落水之後可以游上岸。面對這個改變，村長的發言人在受訪時表示，「雖然不理想，但還是比以前好多了。有些傳統已經生根數百年了，不可能一夕改變。不是一個簡單的禁令就能終止一個傳統習俗。」[20]雖然報導仍稱此儀式為野蠻愚蠢的傳統，抗議的動保人士恐怕也不滿意，但他所道出的確實是改變傳統之難。

目前仍無法確定，保加利亞旋轉狗的習俗在幾經波折之後是否已經廢止，[21]但透過這個例子我們同時可以觀察到與傳統習俗有關的好幾個面向，包括當地人的堅持、反對之不易、乃至修正的可能。儘管無法過於樂觀地認為，隨著動物倫理意識的萌發，原本固著傳統不願改變的一方必定願意做出調整，但我們卻可以藉此思考，想要讓儀式「轉型」，要有多少條件的配合。光是來自外部的力量顯然是不夠的，尤其外部的力量若只是一味污名化或譴責他者的落後與野蠻，只會淪為情緒上的對立——從村長嚴正否認旋轉狗的儀式會助長暴力，強調他的村民是一群勤勞工作、珍惜傳統的人，就不難猜測外界的觀感在他們看來是一種曲解。也因此真正重要的，是妳在上篇提到的，傳統的支持者與反對者同時都需要承認自己的局限、試

---

19 本篇中關於旋轉狗的資料主要整理自"Help to Prevent the Barbaric Ritual 'Trichane'（Dog Spinning）from Taking Place Again," *change.org*，亦參考了Rizo Black, "Dog-spinning – Barbaric Tradition in Bulgaria," *Dog in Travel*, March 29, 2017；"Bulgarian Mayor: 'Dog Spinning' Ritual Harmless Folklore, Not Barbarian!," *novinite.com*, March 9, 2011.

20 Rizo Black, "Dog-spinning – Barbaric Tradition in Bulgaria," *Dog in Travel*, March 29, 2017.

21 然而這個所謂溫和版的影像紀錄，雖然一度可在YouTube上查到，現在又已經被刪除，而二〇一三年時，旋轉狗的儀式似乎有再起之勢，曾經中止的國際連署也跟著再次啟動，只是目前連署已停止，儀式是否仍持續則不得而知。

著看見異溫層，有效的對話才可能開啟，難以撼動的傳統習俗也才有從內部開始逐漸改變的可能。

其實，就算撇開動物倫理的問題不談，光是為了人類自己，我們都不該再對某些儀式基本機制背後的問題視而不見。許多傳統儀式雖有其出現的脈絡，但就如妳所說的，「在某個文化中（曾）有某個現象，不等於那個現象在時空環境不同的狀況下，依然是『對』的。」特別當某些儀式其實只是想將現實中無法處理的問題置換掉時（例如對某些疾病、天災的恐懼），那種想透過某個「代罪羔羊」來趨吉避凶、達成某種「淨化」效果的做法，就更需要被放在今時今日的框架下重新檢視。[22] 如果文明的演進與歷史的教訓已足以告訴我們，那些強調消災解厄或帶來豐足的儀式，相當程度上總是以他者的犧牲為代價——不管這個他者是人或動物，那麼我們還是要堅持，只要是傳統，就絕對不可以改變嗎？

我的答案當然是否定的。雖然我不確定有多少人的答案也是否定的，因為不要說傳統習俗這麼難的一題了，連一些有違動物福利、要動物為人類付出代價的「習慣」，至今都還普遍地存在——例如任何的豪賭發誓都是「輸了就請所有人吃雞排」，又如為了人類的抗爭，動輒帶活體動物「示眾」，無視動物的緊迫驚嚇。但我依然一面難免悲觀，一面期待著改變的可能，就像我很認同的，錢永祥老師在某次座談最後說過的一段話所透露出的希望：「我們今天講了很多原則性、概念性的東西。說到最後，也只有很簡單的一句話：我們把自己的生命稍微打開一點，就會發現很多動物會進來。草履蟲大概不會進來，毛毛蟲大概不會進來，因為我們也有我們的局限。我們不是聖芳濟（St. Francis），我們沒有他那種和各種動物都能溝通的稟賦。我看到一隻蜘蛛，我分不清楚牠哪邊是頭哪邊是腳，你要我把生命打開跟牠互動，我做不到。但我們可以跟很多動物互動。這不是說要大家一定要養狗養貓，或者一定要參加動物保護運動，一定要素食，不是的，只要我們把動物當回事，對牠們多在乎一點，這就很好了。」[23]如果有更多人，對動物多在乎一點，或許

22 事實上也有評論者從類似的方向思考〈樂透〉，認為故事中的儀式想保障的，不只是農作物的豐饒，也是村民子嗣「生生不息」。而生了五個孩子、其中兩個女兒已經結婚的賀金森太太，顯然已過了生育的黃金時間，不再有生產力的女人因此成為合適的代罪羔羊，透過她的「犧牲」、透過某種類似焚燒女巫的儀式，彷彿村子的生產力就得以獲得保障。而傑克森這樣的刻畫，也被詮釋為是暗指父權社會對女性的迫害、對女性生育權的控制。可參考Fritz Oehlschlaeger, "The Lottery: The Stoning of Mistress Hutchinson: Meaning and Context in 'The Lottery'", *Essays in Literature*.

23 梁文道、錢永祥：〈畢竟牠是豬？——對談動物權益〉，《梁文道文集 香港雜評》，二〇一二年八月二十七日。

總有一天，人們不會再把傳統當成神主牌，讓自己的「文化」成為他者的惡夢，而會願意為了動物做出調整，讓牠們在我們的傳統中，能少承受一點苦難。（Iris）

【第十二題】動物影像

不能承受之重？談殘酷動物影像

用全部的眼睛哭泣

臉書的動態回顧，跳出了一則二〇一六年八月間的貼文，是我閱讀法國哲學家德希達對於尼采（Friedrich Wilhelm Nietzsche）「都靈之馬」事件的詮釋之後，有感而發：[1]

1 見*Memoirs of the Blind: the Self-Portrait and Other Ruins*一書。Pascale-Anne Brault, Michael Naas英譯。

尼采，在都靈，因為街上一匹被鞭打的馬而淚眼模糊。[2] 因哭泣而視線模糊，既不是看見，也不是沒看見，是不在乎淚眼看不清，德希達說。這個世界上的人，都爭相證明自己看得最透徹，觀點最正確，觀看與權力掌控的密不可分，當然不只德希達討論過，但是我喜歡他在解構視覺中心主義時，把哭泣這件事刻畫得如此動人。眼睛的要素是眼淚而不是視覺，所以盲人同樣會哭泣；所以觀看可以只用一隻眼睛，眨眼也是，但是哭泣卻需要用全部的眼睛，眼睛的全部（c'est tout l'œil, le tout de l'œil qui pleure）——只要你有兩隻眼睛，甚至你是傳說中的百眼巨人，都不可能只用一隻眼睛來哭泣。

今晚我用全部的眼睛哭泣。試著體會德希達說的，淚眼模糊時才會發現這天啟式的，眼睛的真相：不為觀看或凝視，而是懇求，是訴說愛，喜悅或悲傷。哀悼或喜悅的眼淚來自何人、何處？又是為誰、為什麼哭？如果我們願意懇切地探詢，淚水是從何處流下，盈滿了誰的眼睛，這個世界會不會更值得期待一點？這個假設的問題，是我擅自替德希達問的。

我想德希達一直談倫理，談未來，應該答案是肯定的吧？但很不幸的是，現在，我們依然活在一個嘲笑眼淚的世界裡。彷彿眼淚是懦弱，求助，非理性。然而即使為非人類的生命受虐而哭不被認可，甚至會被許多覺得自己看得最清楚的人睥睨，我還是會用我全部的眼睛哭泣。真的希望有那麼一天，能因為看到人類的傲慢、以及對他者生命的輕賤終於稍稍收斂了，流下喜悅的淚水。

時隔數年，但我清楚地記得，這段文字並不是一般的「讀書心得」，而是因為當時在臉書的動物新聞網上，看到前一年才虐殺了親人街貓大橘子的台大學生，又對第二隻貓下毒手。閱讀相關報導時，我不小心點開了先前大橘子案的影片連結，瞥見地下停車場監視攝影機畫面中，大橘子的最後身影……即使立刻關掉影片，我的情緒仍久久不能平復。長期投入動保，尚且感覺難以承受，那麼其他人呢？我有些懊惱「誤觸地雷」。但另一個念頭也同時萌生：如果一開始，我，甚至其他更多人能鼓起勇氣看完大橘子受虐的影片，會從悲憤中生出更多力量嗎？能多一點機會

2 據傳，尼采曾在都靈遇到一匹被主人鞭打的老馬，又病又老的馬因疲累不堪、不服從主人的指示而被鞭打，尼采見狀，上前抱住老馬的脖子大哭，回家之後便一病不起，直到過世。"The True Story of the Turin Horse（or Nietzsche's Horse）", *Faena Aleph*, Febrruary 14, 2019.

阻止第二隻貓受害嗎？還是只會更想逃避動物虐待這個沉重的課題呢？無意間回顧了自己的動態，把我帶回了我當時沒有心情繼續追問的問題：揭露殘酷影像，是否是動保運動的「必要之惡」？

由於動物保護運動總是希望更多人能關注那些未被在乎的、各種動物受虐的現象，因此想揭露的真相，確實往往就是人們難以面對的，殘酷影像。但歷來這類影像的傳播，卻不時被質疑造假，或是引起反彈。不少人認為，揭露過度殘酷的影像、造成他人不悅甚至不適的始作俑者，猶如「動保恐怖分子」。這些排斥的反應，可能來自於對「感性」的不屑——不希望自己的情感被觸動，也不認同那些伴隨著殘酷影像的，過於激烈的情感。但除此之外的另一個關鍵點，則在於殘酷影像所帶來的，當事者無法立即消化處理的衝擊。關於前者，也就是理性與感性的無謂對立、以及感性如何受到打壓，我們已經有過不少討論，所以在書的尾聲，我想談的是後者，也就是關於該不該揭露、該如何揭露殘酷這件事。

災難影像應該「限量」嗎？

所謂的動物虐待影像包含的範圍很廣，經濟動物遭非人道屠宰、實驗動物在緊迫環境中受試乃至犧牲、流浪動物被惡意虐殺、野生動物被「困獵」（canned hunting）[3]等等都是，但不要說是此類直接了當的新聞畫面會令人敬而遠之，其實連一般收容所認養訊息的貼文，在社群媒體上的點閱率和分享率通常也都很低。這或許也是為何每每可以看到動保團體在揭露動物虐待事件時，會轉發影星強尼戴普（Johnny Depp）的名言：「如果你不想看到暴力對待動物的畫面被張貼出來，你必須遏止的是暴力，而非那些畫面」[4]，藉此釐清「恐怖分子」絕非不得不揭露這些影像的動保人士，而是虐待動物的人；同時，也是希冀更多人有勇氣直視這些殘酷影像，並且因此成為參與改變的力量。關於這點，美國知名評論家蘇珊・桑塔格

3 意指把動物困在一個區域，讓牠們在無處可逃的情況下供人們獵殺。亦可參考註21。

4 雖然在Goodreads網站可查詢到這則經常被視為強尼戴普的名言，但亦有一說是原出處不可考。

（Susan Sontag）也透露過類似的立場，雖然她討論的是與戰爭人禍相關的災難影像該如何呈現的問題，而不是針對動物虐待。

桑塔格一度認為，過多的災難照片恐怕只會漸漸麻木人們對現實的感知，但到了書寫《旁觀他人之痛苦》時，她思考的是，如果現實並沒有改變，減少這些影像的呈現並不會讓恐怖暴力因此減少，那麼，難道我們還要要求災難相關的影像只能「限量生產」嗎？她已不再如此認為。相反地，她覺得如果災難影像能夠讓旁觀者產生一些「羞愧感」，察覺到是我們的（不）作為造成了他者的受苦，那麼這樣的呈現就不會是無謂的，因為「想改變點什麼」的倫理行動力量可能產生。

做為一個確實往往被揪心的影像刺痛，而後採取進一步行動去關心動物的人（不管是捐款支持、或是因此實際參與動保團體反虐待的倡議活動），以上的論述都很有說服力，即使我先前也說過，仍會有難以承受的時刻。但這些年愈來愈深的感觸卻是，要「非同溫層」的大眾從「直視殘酷」中生出力量，並非一件容易的事。事實上，不要說是衝擊度高的影像可能會把不少人推離動物議題，連以文字訊息來推動動保時，都不能不考慮：以比較激烈的方式來架構訴求、試圖凸顯對方如果不在意、不關心動物，會造成什麼壞處的「負面框架」（negative framing），是否真的有效？[5]很多時候，在動保人眼中看來是對於真相的堅持與揭露，但影響所及，還是走不出同溫層；原本就不關心動物議題的人，甚至不會把完整資訊好好讀完。就以鼓勵大眾領養流浪動物的廣告訊息為例，曾有研究報告指出，本身原已對流浪動物議題有一定關心的人，傾向於會在負面框架的影響下考慮領養動物，換句話說，對這群人而言，如果「訊息架構」（message framing）的方式是以「沒有你的領養，安樂死的惡性循環將一直持續下去」之類的文宣來呈現，對他們會產生較大的影響。[6]然而，對於並非同溫層的群眾，負面框架卻產生不了什麼效用。雖然該則報告是專門針對領養廣告所做的研究，但證諸不同類型的動保運動訴求，也不難觀察

5 在廣告行銷上，如果是以正面屬性來描述某產品、或強調使用該產品所能帶來的利益，便是使用了正面的訊息框架，也就是去凸顯「可能的收穫」。反之，如果強調不選擇該產品會造成的損失、凸顯其壞處，則是採取了負面訊息框架。框架效應想探討的，即是人會如何因為訊息陳述與表達的方式不同，而做出不同的選擇。可參考Nam-Yoon Kim, "The Influence of Message Framing and Issue Involvement on Promoting Abandoned Animals Adoption Behaviors," *Procedia--Social and Behavioral Sciences* 82, 2013.

6 一〇八—二學期筆者通識課程曾指定以「廣告中的動物」為小組報告主題，心理系呂昌育與資工系黃捷同學在討論「何以用負面方式呈現的動保廣告較多」此問題時，引用了前註該篇論文，引起筆者對訊息架構問題的注意。而該文的推論係根據對於一百六十五個韓國高中生與大學生的受測結果所做的統計分析。

到類似的結果：受到衝擊、想做出改變的，終究是原本的「圈內人」，而這對於動保的推動，其實未必有利，除了他們本身可能會產生同情疲勞的問題之外，行動的力量也比較難以擴展出去。也因此，我們不得不思考，即使揭露殘酷的真相絕對有其必要，但在呈現方式上，有沒有不同的選擇？以前述的領養廣告來說，既然研究發現，「正面框架」（positive framing）下的訊息——例如以「只有你的關懷與領養能拯救被遺棄的動物」來動之以情——對提升非同溫層者的領養意願，至少稍有助益，那麼關於揭露動物受虐影像這件事，是否也可以循類似的方向進行？有沒有可能，讓影像依舊發揮力量，但不是「震撼教育」般地揭露殘虐？

用正面訊息框架揭露羽絨衣下的殘酷

聽起來並不容易，卻非不可能。例如近年來，羽絨衣製作過程所涉及的動物傷害已開始受到正視。經由動保界的努力，部分羽絨業者活剝鵝毛的行徑被揭露出來——若以機器從死鵝身上拔毛，再清洗、曬乾，利潤不及人手生剝，部分業者因此不斷重複殘忍的生剝手法，以節省原料成本，謀取更多利潤；他們無視被剝毛的鵝隻身上已滿布滲血傷口，仍選擇在無麻醉的情況下，簡單縫合了事，等待鵝毛約一個月後重新長出來，又再次進行拔毛。[7]這樣的過程，透過文字披露已有些怵目驚心，但為了「刺激」消費者能更積極做出改變——例如使用高級人造纖維等替代品取代天然羽絨——國內外動保團體同時也會將活生生被拔毛的鴨鵝受盡折磨的影片上傳，以譴責「羽絨衣下暗藏血絨毛」這樣的惡行。[8]如此「不忍卒睹」的畫面雖然確實可能讓關心動物的消費者從此拒絕羽絨產品，但如果只依賴這類血淋淋的真相做為單一呈現方式，從一開始就避之唯恐不及的人必然更多，問題的嚴重性反而未必能有效地被揭露出來。

相較之下，視覺藝術家羅晟文的北極駐村作品*Down*同樣關心羽絨衣涉及的虐待問題，卻完全不需呈現令人心碎的影像，或許更能召喚「非同溫層」，讓他們開始

7 林依伶撰文、白色閃電轉貼：〈羽絨衣下暗藏「血絨毛」揭露生剝鵝毛殘忍過程〉，《u-car.com.tw》討論區，二〇一二年十一月三十日。

8 相關影片可參考〈羽絨哀歌 活剝鵝毛血淋淋〉，《蘋果動新聞》，二〇一二年十一月三十日；〈全球動物救援運動—80羽絨的殘忍酷刑 高級人造纖維新選擇〉，《生命電視台LIFE TV》，二〇一五年十一月十日；Ling Kwok撰文：〈動物組織揭露羽絨背後的殘忍場面 鵝隻被活拔毛飽受痛苦折磨〉，《港生活》，二〇一九年十二月九日。

對羽絨衣背後的殘酷有感。羅晟文在出發往北極駐村前，自製了一件保證「無涉動物殘酷」（cruelty free）的羽絨衣，他花了兩個月在荷蘭住家附近撿拾鵝毛，再經過清潔、烘乾、填充、縫製，完成這件自製的外套。為此，他還特別出版一本教學小手冊*A Step by Step Guide for Making Your Own Down Jacket*，「內容包括幾月適合採集鵝毛、需要什麼工具、怎樣才能不得罪叫聲像飛機引擎一樣可怕的鵝，而且只要花一兩個月的週末就可以完成一件衣服。」[9] 而這本繪圖風格相當可愛的手冊後來也成為作品的一部分。

羅晟文在幾次公開演講中都曾經分享撿拾鵝毛的影片，在其中可以看到附近的孩子一開始如何觀察他可疑的舉止，又如何在了解原委後一起幫忙撿鵝毛。影片中更可見好奇的鵝群跟著藝術家到處移動，想看他在做什麼，特別是想一窺他手中用來裝鵝毛的塑膠袋裡有沒有食物時，那種探頭探腦的模樣，十分逗趣，也總能引發觀眾的笑聲。*Down*這個計畫的整體呈現方式，因此非常「平和」，儘管標題down一字既是「羽絨」又是「向下」的雙義性，已「耐人尋味地呈現了輕如鴻毛又十分沉重的兩極」。在羅晟文這個過程比電影聲稱的「本片沒有動物遭受虐待或受傷」還要可靠的作品中，[10] 我們完全看不到活剝鵝毛的殘酷畫面，卻同樣可能去思考「羽絨衣能否往更動物友善的方向前進？」這個問題，而影片中的鵝群所展現的，不亞於人類的各種反應與情緒表現，更呈現出人類以外的生命亦有其生動而豐富的一面。這樣的「揭露」既溫馨，也多了些溫柔呼籲的可能性：不論是做為食材還是衣料，動物利用都不該被當成理所當然。減少對動物不必要的傷害，應該是最起碼的倫理責任。

關懷「共死者」不必然需要直視殘酷的勇氣

回到文章最初所提到的德希達。德希達曾以「動物是人的共死者」（commourans [co-diers]）這樣的說法，企圖讓更多人關心動物倫理的議題。[11] 他所謂的共死者，不只是指但凡生物同樣都會死，更是要指出動物和人類一樣，都有走到壽命盡頭的

9 佐渡守撰文：〈用maker的態度為世界做點什麼：視覺藝術家羅晟文專訪〉，《Openbook閱讀誌》，二〇一八年十一月二十四日。

10 同前註。

11 見*The Beast and the Sovereign*一書。Geoffrey Bennington 英譯。

死亡和「遭遇死劫」的不同死法。德希達特別使用了trouver la mort 這個法文才有的詞來解釋遭遇死劫：遭遇死劫不是像自殺那種尋死，而同時表達了既是被死亡找上，也像是在路口轉彎處碰到死亡一樣，被死亡所驚嚇。可能在飛機上，也可能是撞車或在戰場上，人總有未能壽終正寢就意外被死亡找上／遇上死亡的可能，而動物亦然；但凡有限的生命，都可能在那個限期來到之前，就被死亡找上，因來得過早的死亡而驚恐。德希達以「共死」來連結人與動物，讓「在路上遇見死亡」所代表的死亡未知性成為「共同命運」，希望透過這種命運的連結感，讓人類理解，動物與我們分享、共同居住在世界這個社群之內，既是共同生活、共同居住，也是同樣受苦於世——受死亡所苦。這樣的倫理觀，是他一貫理念的延伸——認為動物倫理的契機，在於我們對與動物共通的，「肉身的脆弱性」能有所感。而他的這套觀念，也一直深深打動我。問題是，肉身的脆弱性往往也是人類所不想目睹的，不管是前述活剝鵝毛的畫面，或其他動物虐待的鏡頭，都可能早在引發人們的共感之前，就已經讓他們內心自我保護的警報機制啟動。為了不去感受到那種共通的脆弱性所引起的焦慮反應，更多人的選擇恐怕會是別過頭去，對類似的動物殘酷不再聞問。對「共死者」的體恤，畢竟太沉重。那麼，那些動保人拼命想揭露的真相該怎麼辨？要如何讓更多人回頭再看一眼？也許，答案未必總在於把呈現真實的殘酷視為「必要之惡」；採用正面的訊息架構，讓影像以另一種方式發揮力量，也是可能的選擇。[12]

而身為因心繫動保，不得不一再以文字揭露殘酷的作者，我衷心希望，我們為動物所寫的這二十四個篇章，也能成為一種正面的召喚力量，讓更多人了解，即使不曾或不敢直視動物殘酷，我們還是可以一起，為動物做點什麼。（Iris）

12 具有動保意識的動畫也不失為一種呈現方式，例如皮克斯（Pixar）的短片*Kitbull*看似是以流浪貓與被鍊犬之間的情誼為主題的簡單故事，但因為以生動的筆觸刻畫了浪貓在街頭求生的艱辛，又呈現出被鍊犬遭虐的困境，這類「好消化」的內容有時反而有意想不到的效果，很容易能打動更多群眾，去關注同伴動物的議題。至於動畫在推動動物保護上的成效與不足，可參考筆者的《以動物為鏡：12堂人與動物關係的生命思辨課》一書中〈是想像，還是真實？論動物影像再現〉該章節，台北：啟動文化，二〇一八。

皮克斯短片

我們永遠到得太晚

【篇前回應】

對我來說，殘酷的動物影像所帶來的情感衝擊，有時並不是因為看到什麼血腥暴力的畫面，而是背後所連結的動物處境，讓人感到如此無力。之前看到一幕由斯里蘭卡攝影師Tharmaplan Tilaxan所拍下的，象群在垃圾堆中覓食的畫面，[13]就讓我低落許久。無力感來自於可以清楚想像牠們遭遇的不堪，卻鞭長莫及，沒有絲毫挽救那些生命處境的可能。於是哀傷彷彿成為無能的念想，而這些年來，這樣的念想還有許多許多。牠們有些有名有姓，例如妳提到的大橘子；例如香港那隻被飼主拋下海，好不容易被水警救起，最後仍難逃被扔下二十八層樓慘死命運的銀狐犬小白；例如被以慘無人道的方式虐殺的貓咪茶茶。有些是遠方無名動物的影像，例如斯里蘭卡的大象、皮包骨的北極熊、澳洲大火後死在鐵絲網上的小袋鼠；或是被不當飼養、虐待、走私、販賣、屠宰、撲殺的動物身影。這是一個無止盡的，不斷累加的清單。因為看見了、記住了，於是那些畫面成了魅影，偶爾浮上心頭時，除了惆悵，許多時候，似乎真的也只能「用全部的眼睛哭泣」。誠實地說，這些影像對心靈造成的負荷，難免也會令人有想逃避的時候，該如何直視牠們的命運，從而喚醒關注，在關注之餘又還能做什麼，確實是我不時感到困惑的難題。因此在下篇，我想將動物影像的討論延伸到影像背後的動物處境，以及其所折射出的人與動物關係，這些影像無論是讓人淚眼凝視也好，菩薩低眉也好，該如何才能讓它們與人心的連結成為「有效的」？我想試著回應與思考這些。

我想對很多人來說，其實內心並沒有真的那麼單純地相信「有圖有真相」，但基於某種「口說無憑」的價值標準，許多事件如果少了圖像的力量，彷彿就欠缺了

13 李娉婷撰文：〈斯里蘭卡垃圾場入侵森林 成動物覓食地 野象健康受威脅〉，《DPG動物友善網》，二〇二〇年十月八日。

一點說服力。而那些原本就已經令人不忍卒讀的動物災難新聞，一旦加上照片，往往就是妳在上篇所討論的狀況：過度殘酷的影像，連長期投身動保都未必能承受，對過去並未接觸太多動物議題的人來說，往往就會造成心理上的不悅、驚嚇與不適。「直視殘酷」的視覺衝擊太大，在心理上的拒斥作用，甚至可能讓人開始反過來質疑影像的真實性。不過，我想討論的，並非那些因否認機制而將真實事件當成造謠的人性心理，而是為了讓影像背後的事件引發關注，從而將影像進行某種「微調」、「再製」或「圖文不符」的狀況。這方面的例子當然很多，但或許我們可以從一九三六年的一個牛頭骨引發的爭議，做為討論的起點。

當時，美國達科塔州發生了史上最嚴重的一場乾旱，連蝗蟲都被熱死的土地，讓大量的牛隻幾乎只剩下移至其他州或送進屠宰場兩種命運。而在報導當時慘況的照片中，有幾幀照片卻被指控為造假，其中一張是牛群在北達科塔州的州議會前方吃草的照片，另一張則是一片荒漠大地旁的牛頭骨。「牛群入侵州議會」固然像是一個拙劣的合成照與玩笑，但牛頭骨呢？當時指控負責這個攝影計畫的農業安全管理局造假的證據是，同一具牛頭骨曾出現在好幾張不同地點的照片中，就彷彿「攝影師四處尋找完美的風景來拍它似的」，甚至有讀者對那具頭骨進行了「驗屍報告」，指出以頭骨白化的程度推算，應該是老化死亡的牛隻，至少承受了三年多風吹日曬後的結果，以之當成乾旱的證據顯然是造假。

事情的「真相」是什麼呢？攝影師亞瑟・羅斯坦（Arthur Rothstein）確實移動了那具牛頭骨，他不是在它身邊走動取景，而是在大約十呎的範圍內移動它拍攝了一系列的照片，毫無疑問地讓照片成為某種程度的「擺拍」。有趣的是，牛群在州議會前方吃草的照片，卻出人意料地並沒有在影像上被合成或動任何手腳，因為那些牛一**直**在州議會附近的土地上吃草——只不過那張照片並非在乾旱年拍攝。但就像埃洛・莫里斯（Errol Morris）所指出的，這樣的照片讓人不悅，並非牛頭骨被移動過，而是在於它「暗示」的訊息：「中西部因乾旱而奄奄一息、動物奄奄一息、作物奄奄一息」，再加上圖說，將引導觀看者做出特定的推論，而這些推論卻可能是錯誤或不適當的。[14]

當然，這個問題背後還連結到更複雜的新聞與影像倫理之討論，不是此處有限篇幅可以深入處理的，但這個例子至少讓我們看到，儘管乾旱是真的、頭骨是真

14 埃洛・莫里斯著，吳莉君譯：《所信即所見：觀看之道，論攝影的神祕現象》，台北：麥田，二〇一六。

的、地點甚至也不完全是假的，只是被移動過，然而對讀者來說，它們加起來就等於假的。這恐怕才是所有想要呼籲民眾關注（任何）議題的報導者，都不能不謹慎以對的「真相」——一旦誠信被質疑，受到傷害的不僅是自己，更是你所在意與關注的對象。對於人們原本就會帶有想要迴避與否認傾向的動物議題來說，不誇張地形容，處理稍有不慎，甚至可能讓動物就此陷入萬劫不復的境地，失去可能改變命運的最後生機。若為了揭露動物慘狀，卻將其他地方發生過的事件移花接木誤導大眾，那麼當信任崩盤，只會讓原本就不關心動物的人更無視這些真實的曾經。

而達科塔州的牛頭骨所能給我們的啟示或許還不止如此，它提醒了我們，每一則被選取與揭露的影像背後，都有更多被隱匿在「景框之外」的部分。即使最真實的攝影，也未必通往真相。一般來說，動物災難圖像的造假，比較常見的狀況是前述的移花接木，例如上傳動物屍體的照片指稱某地或某個族群進行動物虐殺事件，[15]圖片是網路搜尋來的，動物確實遭遇了某種不測，只是原因並非如圖說所言的狀況；但除此之外，還有另一種更隱而不顯的造假，就是以動物生態或趣味影像為訴求的擺拍。而此種擺拍有時比災難影像更令我感到不安，因為它背後所連結的「景框之外」的動物虐待，遠比想像中還多、還難發現。

近年隨著生命教育和動保觀念的推廣，生態擺拍的現象已慢慢開始受到注意，尤其幾年前一篇揭露印尼攝影師將野生動物進行不自然擺拍的文章，[16]讓人們驚覺原來那些看來趣味盎然的瞬間，並非攝影師運氣好，或是經過漫長等待捕捉的神奇時刻，而是透過魚線、膠水等刻意設計的結果。除此之外，製造動物喜歡的誘因吸引動物的「誘拍」，固然也有較為友善的方式，但有些攝影師會將昆蟲用大頭針釘住來吸引鳥類，也可能造成被攝對象的傷害，只是這些動物的下場如何，多半不得而知。由於過去得到生態攝影獎項的相片，多半捕捉了動物特殊的肢體動作或表情，讓畫面看來有「故事」，因此以擺拍來造假的做法，始終是生態攝影界的黑暗伏流。

基本上，人為擺拍或誘拍究竟造成多少動物傷亡，幾乎無法統計，不只因為攝

15 必須提醒的是，在網路上散播虐待動物的影片，是有可能觸犯動保法的。可參見洪敏超撰文：〈我國動保法明訂不得散布虐待動物之影像紀錄 台灣司法人權進步協會：若知悉動物遭受虐待可聯繫各地縣市政府動保處〉，《民眾日報》，二〇二〇年九月三日。

16 該文經過廣泛地轉載，原始連結來自一篇「博物雜誌」官方微博的文章：〈傷不起的印尼擺拍攝影師〉，《微博》，二〇一三年七月二十三日。

影愛好者不計其數，也因為偶有爭議出現時，被指控的當事人多半會否認，加上擺拍並不直接等同於虐待動物，而是涉及複雜的生態／攝影倫理，缺乏明確證據也讓這類事件討論起來更加困難。於是生態攝影界有些人將擺拍視為某些狀況下的必要手段，有些人則將其視為害群之馬；何況每個人對何謂「虐待」、「殘酷」、「介入」、「影響生態環境」的定義都不同，誘拍還牽涉到如何看待餵食野生動物的問題，這所有的面向加起來，更加夾纏不清。正因如此，公視《我們的島》在二〇二〇年七月播出《拍鳥成瘋的時代》，試圖討論生態攝影的倫理，播出後引發不同立場的激辯，其實並不令人意外。

但我想談的，更接近莫里斯透過牛頭骨照片所提出的思辨，那就是：「**真正的**議題到底是什麼？」人們究竟是在意那隻牛真正的死亡原因、牛骨被移動（擺拍）了、還是照片不只一張導致失去真實性？但他也提出另一個值得深思的角度：對照片的質疑會不會只是把爭論的本質從達科塔州的農業與環境問題，移轉到攝影和宣傳的辯論？真正的議題是什麼？以生態攝影而言，對我來說，是**意識到**那條可能隱藏在照片後面用以擺拍的魚線，而那條線也標示著倫理的界線。傷害確實存在，但也確實不是全部。有些精彩的照片背後隱藏著魚線和鐵絲，有些並沒有。因此，是意識到，不是看到。有些線，我們現在看不見，但未來的某天可能會浮現。

就像生態工作者汪仁傑，在《拍鳥成瘋的時代》的爭議後，發表了一篇回顧自己生態攝影歷程與見聞的文章，提到他所知的種種狀況：

有人把A地的動物帶到幾百公里外的B地拍攝；有人把稀有的蛇圍起來拍到蛇奄奄一息；有人把死蛇盤起來，拍成像是活的；有人把動物帶回家養，布置環境拍成像是在野外拍的；把一隻野生動物郵寄給另一個想親自按下快門的人……這些都是曾經發生的事情。

過去他並不認為這樣的拍攝方式有何問題，但現在的他更傾向另一種選擇，那就是在野外的不期而遇。那些照片未必有完美的構圖，卻「保存著當下的心情，光線與溫度的記憶鮮明，然而最珍貴的，是自己和另一隻動物的關係：一期一會的巧遇，然後分離」[17]。這樣的改變，正是來自於那條「倫理魚線」的浮現。

17 汪仁傑臉書撰文，二〇二〇年七月二十九日。

而當我們開始意識到照片背後可能存在的魚線，對網路上看似趣味或特殊的動物照片，就會多一分檢視的眼光，而非全盤接受。而這樣的眼光本身，就有可能造成影響與改變。尤其隨著Instagram、YouTube等以照片、影像為主的個人網路平台成為趨勢，有愈來愈多案例，是飼主或網紅為了吸引點閱，刻意製造出看似逗趣的動物畫面，但這些畫面背後的拍攝過程，對動物來說可能未必那麼「有趣」。韓國就有YouTuber被踢爆長期以來愛護動物、救助貓狗的形象，其實是為了吸引網路人氣的刻意經營，對待動物的方式更涉嫌虐待：例如讓貓挨餓以便順利拍攝餵食影片，或為了戲劇效果購買倉鼠，謊稱為朋友的寵物，再設計貓和倉鼠的「第一次接觸」，導致倉鼠被咬死。[18]又如日本亦有網紅上傳將倉鼠染成藍色、裝入小玻璃瓶「處罰」的影片，但這些刺激點閱率的舉動引發了眾怒，許多網友並不覺得有趣，而是以虐待動物的理由進行檢舉，[19]這就是檢視的眼光可能帶來的影響。

當然，檢視的目光也可能成為別人眼中的「正義魔人」，更絕非所有的網路質疑都不容置疑，但毫無疑問所有的質疑都提供了另一種觀看的角度，召喚出不同的價值標準。就像〈沒有「人」因此受到傷害的動物玩笑〉篇提到的，那些覺得不好笑的人，或許才能揭露國王根本沒有穿衣的真相。二〇二〇年九月有台灣獼猴疑似昏迷或死亡後遭到擺拍，民眾將酒瓶放在獼猴身上，自己則倒在獼猴旁邊，一起做出醉漢路倒的姿態。台灣獼猴共存推廣協會的祕書長林美吟就批評道：「其他野生動物被路殺或死亡的時候，會被這樣擺弄開玩笑嗎？台灣獼猴剛討論要被移除保育時，疑似被槍殺的獼猴屍體被擺弄時引起公憤，真正被移除之後連死亡都變成笑話了嗎？」[20]老實說，其他野生動物死亡的時候，也未必沒有擺拍狀況，非洲近年備受關注與批評的「困獵」，[21]獵人得意與獵物合影的擺拍照同樣備受抨擊。但無可否認的是，當多數人對該物種的態度愈輕蔑或甚至帶有敵意，這類「玩笑」被正視的機會也就愈低。

換句話說，無論揭露災難、記錄生態、抑或純屬趣味，所有的影像都必然不會

18 吳昱賢撰文：〈韓獸醫系學生搶當網紅 被踢爆假愛心、真虐貓〉，《DPG動物友善網》，二〇二〇年五月十五日。

19 胡巧欣撰文：〈YouTuber自稱倉鼠愛好者 把愛寵染成藍色遭網民炮轟〉，《香港01》，二〇一九年五月二十日。

20 黃育仁撰文：〈獼猴疑死亡遭擺弄成「醉漢」 林美吟怒：連死亡都成笑話？〉，《華視CTS》，二〇二〇年九月二十八日。

21 若想進一步了解何謂困獵，可參考由Born Free製作的動畫短片*The Bitter Bond: Award-winning Short Film by Born Free Foundation*, Born Free, September 24, 2019.

只通往唯一一種解讀的路徑——即使造假的影像亦然。這正是影像複雜、麻煩卻也迷人之處。就像伊恩・傑佛瑞（Ian Jeffrey）形容的，攝影的後現代美學之所以對確定性抱持保留態度，正因為「他們知道我們到得太晚，知道我們是錯誤印象的犧牲者」[22]。所謂「到得太晚」固然是談論攝影的本質，卻也是我看到那些動物災難影像的心情，身為觀者，我們永遠到得太晚。但另一方面，影像並不總是過往記憶的化石，它同樣預示著未來。許多停格的瞬間總讓我惦念著，影像中那些動物的未來，或沒有未來；惦念著那些景框之外，我未必能知道的敘事。

但如果說，影像能帶來什麼改變的力量，或許就在於它所召喚的「惦念」。曾經和朋友一起在收容所中帶出一隻貓，起因正是一張照片。影像中的牠為了躲避粗暴沖洗籠子的水柱，像蜘蛛一樣攀在鐵絲網上。那個畫面讓人放不下，儘管有無數放不下的畫面，但因為看到了，過不去，就出手了。而那張照片觸動到的不只我們，後續更因此引發媒體關注，該收容所長期以來的問題遂得以受到一些檢視。當然，一張照片改變不了流浪動物或收容所的複雜困境，但它無疑是一個起點、一個觸媒、一個引發行動的可能。而這樣的照片，或許就是小說家吳明益所形容的，具有「情感有效性」的照片。他曾以自己的拍攝經驗，談論「情感有效性」的概念，那是當兵時偶然看到的「一隻死去的兩腿僵直的雞」：「透過觀景窗，可以看見雞的眼窩微微下陷，完全是機遇的安排，那死雞的旁邊，恰好有一個印著裸女的空檳榔盒。它就在那裡。」這是可遇不可求的照片，如果經過擺拍，就失去了照片可以延伸出的各種話語可能，因此他毫不猶豫地按下快門。但在那之後他卻發現，自己只是「像兀鷹一樣被死亡的氣息所吸引的攝影者而已」，那是一張或許「有意味」，卻缺乏「情感有效性」的照片。[23]

那麼，到底該如何讓影像背後的真實世界觸動到人心？在這本書的最後，我們終究要繞回這樣的思考。任何大道理或災難的揭露，如果對其他人而言只是空洞的說教、高調的道德訴求或無感的數字堆砌，其實說得再多都是沒有用的。文字也好、影像也好，如果不具情感有效性，很難召喚行動的意識。但是，我也相信召喚的路徑不只一種，透過文字敘述所引發的強烈心像，未必比不上實體照片所帶來的震撼；或如妳說的，溫和的影像也不代表沒有力量。你引用的德希達那句「動物是

22 伊恩・傑佛瑞著，吳莉君譯：《解讀攝影大師：認識他們的創作人生、觀點與作品觀看之道》，台北：原點，二〇二〇。

23 吳明益：《浮光》，台北：新經典文化，二〇一四。

人的共死者」（commourans [co-diers]），同樣受苦於世——受死亡所苦，深深地打動我。而這一切努力，無非都是希望人們用眼睛、也用心去看見受苦於世的生命，以文字銘刻、影像封印牠們曾經的苦難，並且希望這些關於過往的記憶，有可能打造出一個稍微不同的未來。

（Cathy）

為動物尋找寫作蜜源的人——宗慧與宗潔的對談側記

記錄者：小美

如果哪天有個遠得要命星球需要一份關於地球的動物論述，我想最適合的大概是黃宗慧、黃宗潔兩位老師的「聊天紀錄」了。

那天，我和宗慧老師、宗潔老師、本書編輯淑怡（以下稱宗慧、宗潔與淑怡），約在東區巷弄間的餐廳，目的是側記她們姊妹的對談，一方面襯映這本書的「對寫」形式，一方面補充在書裡「聊得不夠」的部分。這本書中，宗慧與宗潔針對十二個主題分別撰寫文章，雖為對寫形式，亦能獨立成篇看待。最重要的是，她們除了回應彼此的論述，亦在其間「岔」去其他路徑，在既有的論述基底、動物新聞的脈動、動保經驗、動物相關文本分析，以及與動物相處的回憶之中，捕捉那些，無論以什麼形式，我們一般人也曾有過的，與動物「相遇」的時光與記憶。若說這二十四篇文章是網狀水脈，那麼她們任一份「聊天紀錄」——除了此處的側記，也包括臉書聊天室裡無數次的對談——就是某處方融的雪水，匯聚之後終要朝動物的方向流淌而去。

就是愛養名種犬貓，行不行？

這場聊天紀錄從很日常的話題開始。宗慧的友人曾因看到其他朋友在社群媒體曬貓照，於是從對貓「完全不感興趣」，發展為動念想養隻貓。被特定品種貓萌到的她知道宗慧養了許多貓，因此向她詢問購買品種貓的相關問題。自己做為一個動保人，豢養的動物又都是撿到或認養的「米克斯」，宗慧一時間不知道該如何回應。

其實她不只一次遇到這類的狀況。過去還曾有學生詢問，「動保人士總是主張不要養有品種的，但品種貓、狗已經被繁殖出來了，沒有人養，牠們下場不是更慘嗎？」如果要聽她真心的答案，當然就是「沒有買賣就沒有繁殖的需求、就沒有傷害」，但她知道提出這類詢問的，有一部分人心裡已經打定主意想養品種貓狗了，只是又在意「輿論壓力」，所以會為自己的行為找理由，如果提供一個「符合動保政治正確」的答案給對方，也未必能改變什麼。她同時想到身邊有好幾個朋友，一開始雖然飼養品種貓，但之後卻因為喜歡上貓而開始領養米克斯或幫助浪貓。換句話說，與其一開始就堅持自己的選擇才是對的，企圖說服別人順應自己看待這個問題的角度，或許不如提供對方更多資訊，讓他們自行做出判斷？例如面對想養品種貓狗的人，可以告訴他們到收容所領養也是一個管道，而對於覺得「用買的比較好」的人，至少要讓他們知道，如何避免向配種間隔時間過短的黑心繁殖業者購買等等。同時，做為一種柔性的勸退方式，或許也可以透露品種貓狗的遺傳疾病問題，請對方若是要養品種貓狗，一定要先做足功課，並且對於日後可能要負擔的醫療照顧做好心理準備。

淑怡也分享了朋友「既做貓中途又買貓」的行為，坦言這讓她很錯亂。同為喜歡貓的人，她佩服朋友願意分配時間精力擔任貓中途，但因為偏好扁臉貓（如金吉拉），一面做中途送養一面買品種貓，還是讓她有些不解，即使對方聲稱自己是去「合法貓舍」買來的。對此，宗潔的回應是，品種貓狗在很多人眼中確實有牠的美（淑怡認同地表示，自己雖然支持領養，有時候也會覺得波斯貓真的好美）。而「每個人對美都有自己的想像和追求，那個東西很真實」。對有些人而言，不清楚購買品種貓狗背後牽涉的許多問題，又是透過「合法」管道購買，就會對於購買後得背負各種道德「追問」感到不平。甚至有些時候，有的人所養的品種狗是領養來的，但還是會被質疑：「那你可以領養米克斯啊！」可能就更覺得動保人士干涉太多。

談到領養，宗慧認為現實就是，品種貓狗永遠比米克斯容易送養。宗潔接口說，所以只要一有繁殖場倒閉、品種貓狗免費送養的消息傳出，永遠可以看到一堆人排隊，卻很難奢望有人為米克斯而排隊。但話說回來：「我們永遠都可以再多要求一點，可是別人能夠做到什麼程度，有他們各種價值、立場上的限制。」因此，如果朋友想養品種貓狗，她認為自己也不會立刻阻止，但會試圖強調遺傳疾病這部分的問題，希望他們不要只看眼前，因為「各種品種犬貓，各有牠們品種背後，幾乎是贈品一樣附帶的疾病」，宗潔說。當然，她也會根據與友人的熟識度，去評估自己能夠「介入」到什麼地步。

當我們與海生館企鵝的距離剩下0.1毫米時……

刀叉與杯盤輕碰發出叮叮噹噹的聲響之中，熱烈的討論進入了下一題。淑怡問起兩位老師對於屏東海生館推出「我與企鵝的0.1毫米照護體驗活動」有什麼想法。她自己看到這個標榜可以餵食企鵝的活動迅速預約額滿，立即想到的是活動對企鵝的壓力；但其實在不太在意保育議題的朋友面前，她談起動物園的態度都很含蓄保守，不想高調指責，因為：「確實帶小孩去，他們很快樂。」對此，宗慧有些無奈地表示這種問題確實很無解，一來，人們總是不想放棄「動物娛樂」，二來，推出這類活動的組織會以「我們要經營得好，就得賺錢，這些錢也是用來回饋動物」為由，合理化這些活動。她認為除非相關負責人基本的意識與態度有所改變，否則這種把營利放在前面、動物福利放在後面的活動仍會層出不窮。

宗潔則認為，如果承接先前名種貓狗議題時聊到的，「與其讓決意養品種貓的朋友買到黑心繁殖場出售的，不如建議她去找合法貓舍」，那麼海生館可不可以類比為較好的「合法貓舍」？也就是說，既然大眾就是不可能放棄以動物為娛樂，那麼由海生館推出這種號稱可以讓人「了解企鵝生態習性」的活動，是不是還比「黑心農場」來得好些？宗潔的想法是，海生館顯然也考慮到輿論壓力，知道不能無限制開放民眾入場餵食企鵝，採取了以高價管制進場人數的方式，這確實可以避免發生過度餵食的狀況，像某些生態農場，一把牧草十塊，完全不控制遊客要餵食多少，這種亂象就不會在海生館發生。但她依然認為，這是某種「開倒車」的做法：海生館做為一個指標性的「保育」組織，向遊客收取高價來餵食企鵝，為一般民間單位或農場所示範的，恐怕不會是「應該向海生館的優良管理方式看齊」，而是「向遊客收費的動物餵食活動大有可為」，從運動層面來看，是需要被批判的。問題在於我們要批判到什麼程度？就像先前說的合法貓舍，也是類似的道德難題：難道只因為還有更糟的狀況，所以「相較之下好一點的」，我們就不該批判了嗎？

提到「更糟的」，宗慧立刻聯想到藝術家羅晟文在執行「白熊計畫」時發生的一件事。去各地動物園觀察北極熊的他，在「南京海底世界」的現場看到有人負責招攬遊客買魚：以便宜的價格出售桶裝的魚，還示範用魚桶的鐵蓋敲打牆壁，吸引熊來吃。蹲點觀察熊一整天的羅晟文始終沒買，於是被「鼓勵」和催問：「你那麼喜歡大白熊，怎麼不來餵？」但這類沒有管制總量的餵食，只是暴露出管理層面的鬆散。宗慧提到，「或許我們天生都多多少少有點餵食癖？想從中得到慰藉。動物接受餵食，你就產生牠需要你的錯覺。實際上，牠單純就是在接受食物。」但即使我們有這種天性，也不能成為不當餵食的藉口。因為許多動物展場所鼓勵的餵食和推出的「互動」形式會造成許多問題，像北海道的熊牧場，就因過度餵食蘋果，導致態開始出現「乞食」行為。

宗潔補充，她對企鵝餵食體驗活動最難以認同的部分，在於海生館其實無法交代，鼓勵民眾和企鵝這種原本與我們的生活距離極遙遠的生物「互動」，意義何在？「這和鼓勵與貓狗互動、學習和同伴動物相處不同。或者退一步來說，每個國家會發生人和動物生活空間重疊的物種都不同，例如在美國，浣熊可能會跑進住家，對人們來說甚至達到『厭惡動物』的程度了，那麼鼓勵和這類動物互動，或許至少有機會讓人們以較友善的方式對待牠們。但是，鼓勵遊客去和平常生活場域完全沒有重疊、根本不會接觸到的生物——像是國王企鵝——互動，意義在哪裡？」宗慧玩笑說，除非這活動是要為未來的企鵝飼養員做前導訓練，否則只是讓花得起相對高價餵食企鵝的遊客，買到「一種奇特的經驗」[1]。

1 關於動物園能提供人與動物「互動」之迷思，可延伸參閱黃宗潔：〈換位的凝視：從泰國綠山動物園和《虎王》談動物園的「互動」迷思〉，《新活水》，二〇二一年七月九日。該文並補充討論了二〇二一年疫情後動物園「寶寶潮」的現象。

「鐵板一塊」的動保議題：從外來種移除到實驗動物倫理

關於外來種議題，則從擎天崗水牛遭刺網圍籬所困，影響覓食致餓死的新聞（二〇二〇年十二月）聊起。當時有許多爭論都聚焦在擎天崗的牛是否為外來種的問題上。對此，宗慧和宗潔以為，比起外來種爭議，有更「優先」的問題要解決和討論，比如牛當下的生存狀態，以及牛來到此地的諸多成因。宗慧提到，生物只要一被貼上外來種標籤，移除就變成「絕對正確」的選擇，甚至不在乎手段，也不會想繼續深談相關議題。宗潔則舉香港梅窩牛做為對比：以梅窩牛來說，是過去農民改行、將牛留置的結果，如今因為環境變化和區域開發，牠們變成「流浪牛」，遭撞死的不在少數，該如何安置也有不少討論。這些牛雖然被當成「原居牛」看待，但面臨的問題並不會因這樣的標籤得到解決，反之亦然。[2] 又或者疫情後港人無法出國旅行，露營的風氣大盛，導致西貢塔門的草地沙漠化，許多牛隻吃了塑膠垃圾後餓死，二〇二一年二月一對牛母子雙雙餓死的新聞就引起不少關注。這些事件都提醒我們，真正重要的是這些動物面臨的困境本身，而不是外來／原居與否。同樣跟著農民移居的水牛，在台灣被視為外來種，香港則視為原居牛，換言之，外來與否，難道不是看我們要回溯多少年而定？

對此，淑怡詢問，「外來種並不全部都該死」，或是重新定義外來種（例如「水牛已經來了四百年，是否仍算外來種？」的相關思考），是否屬於比較新近的說法？宗潔回應，一方面國外相關研究比較多，一方面生態相關的各種現象也都在變化，所以確實在有些譯作的影響下，開始聽得到不同的聲音，試圖翻轉對外來種一成不變的看法。宗慧認為，這幾年「人類世」相關譯作增多，而地球生態的急遽變化，也讓以「恢復舊有生態環境」為職志的傳統保育派立場受到一些質疑，原先落在邊緣位置的「新生態派」聲音漸漸能被聽見。像是《意外的守護者》就從「公民科學家」的立場重新對原生種 vs. 外來種這樣的思維模式加以檢討。但坦白說，面對外來種的態度、處理外來種的方式，和過去沒有太大差別，多數科學家受到新觀

2 關於梅窩牛的處境與歷史，可參見《香港01》系列報導。

梅窩牛報導

念的影響並不大，也因此外來種這一題，依然是「鐵板一塊」，難以撼動。有時不同的立場之間甚至涉及科學與人文的某種對立：如果主張外來種的移除過程也要顧及動物福利，或認為生命教育的範疇也該涵蓋外來種，就會被認為這是科學「門外漢」過度訴諸感性的看法，而對貓狗這類「外來種」的情感，有時也被夾纏在一起受到批判，因為流浪貓狗成為「生態殺手」的潛力，讓某些科學至上派覺得移除才是唯一正解，沒有太多討論的空間。

同樣常令人感慨有如「鐵板一塊」的，還有動物實驗的爭議。宗慧認為雖然動物實驗的問題，比起過去，似乎受到了一些重視，但如何發展取代動物實驗的其他方式？如何更積極地減少動物實驗？這些面向的進步都很緩慢。「在乎實驗動物的人如果沒有很多，監督的力量就會很薄弱，而研發其他方式或做出改變的動力也就會同樣很薄弱。」宗慧認為，一般人恐怕還是不脫「經過動物實驗的產品才是安心使用的保證」這樣的觀念，她以自己的經驗為例，某次去化妝品專櫃買保養品，因為事前在網路上查不到該品牌有沒有做動物實驗的資訊，因此只能詢問專櫃人員，對方立刻以加強語氣說：「當然有！」「其實我是想選購友善動物的產品，但她顯然預設我要買經過動物實驗保證的。」宗慧補充說，類似的情境也出現在她想要選購人造皮革的產品時——還沒開口詢問，店員就急於趨前向她保證「這是真皮的！」

宗慧的經驗讓宗潔忍不住岔開話題，提到飲食方式所涉及的動物倫理問題，因為她想起自己某次去電餐廳訂位時，也有類似的狀況。由於有些餐廳會號稱所提供的海鮮都是現場撈煮，於是她詢問對方：「請問你們的魚是活魚嗎？」，店家可能以為來電者想要保證新鮮的活魚，但她說不出口的是，自己想確定餐廳煮的是「死透了的魚」。後來只好強調，不要現撈的，「冷凍的魚」即可。此外，過去有些人認為餐宴要有魚翅才體面，早期若在婚宴場合拒絕食用魚翅，並評論魚翅如何殘忍，也會出現對別人的好意「潑冷水」的尷尬場景。還好現在愈來愈多人拒吃魚翅，宗慧笑說，曾在臉書的動態分享看到某位不想回家吃年夜飯的臉友和家人的對話：「今年有沒有魚翅？」「有有有」「那我不回去了……」。

話題繞回實驗動物。宗潔說，她認為反動物實驗和純素的議題有點相像：會有一批非常關注該議題的人，他們會成立自己的社群並熱忱地分享資訊，比方未經動物實驗的產品有哪些、可以支持的品牌等等。宗慧也提到，一些不塑社團也有類似的資訊交流，討論如何「克服」各種會用到塑膠的行為。不過，關於美妝與醫藥產品是否涉及動物實驗的討論，兩人都認為前者或許還可從標示看出（淑怡就表示看過洗髮精瓶身放上兔子標籤，表示友善兔子，沒有經過動物實驗），後者牽涉的層面太廣，幾乎不可能得知哪些產品經過動物實驗。

宗潔認為，這類的議題最終或許都得回到「原點」去討論。「與其期待消費者自發性選擇（不塑、無動物實驗的產品），透過類似像台灣動物社會研究會的行動，讓企業界設法減少『不必要』的動物實驗，或許會更有成效。因為我們無法得知所有生活用品的動物實驗做到什麼程度，透過消費者端能產生的改變相對也比較有限。」

宗慧則問到，如果醫藥上的動物實驗很難透過動保去使力，是否針對動物智能或行為所做的相關實驗，比較可以做為優先倡議減量的目標？她看過許多國外研究的討論，認為這類的動物實驗往往一開始的假設與設計都已經「框限」了動物的可能性，有些只為了證明動物是否具有這種或那種能力，或者去分辨牠們解決問題的途徑與人類如何不同。像這類即使做完實驗還是只能用人類有限的認知模式去詮釋動物心理或行為的實驗，是否有必要？不過宗潔反而覺得，這類「認知」實驗的爭議，有時是來自不同學派間的「相互批評」，但這類實驗如果經過妥善設計，也可能促進大家對動物的「改觀」，或思考自己對待動物的態度與方式是否必須做出改變。比如《你不知道我們有多聰明》這本書裡，就強調過往許多動物認知實驗，凸顯的反而是人類認知和想像的局限，但「你知道動物有多聰明之後，看待牠們的態度是會動搖的」。她認為可以優先施力、刪減動物實驗的場域，或許是教育系統：學校科展或自然教育常以科學之名，進行一些既重複又不必要的動物利用，但我們需要透過不斷養蠶寶寶才能學到牠的蛻變，又或是把孔雀魚丟進泡過免洗筷的水讓牠們死去，才知道免洗筷有毒嗎？宗潔認為這類實驗是最能夠以「替代方案」執行的。

反思自身的動物書寫

談及「動物書寫」這個概念在台灣的發展，多少受到一些西方生態環境論述的影響。宗慧提到，若是比較嚴格定義的動物書寫，劉克襄、廖鴻基或朱天心或可視為代表，只是相對於自然、環境等議題來說，專注於以動物為主題的作家並不太多。但若以比較廣義的角度來看，宗潔說：「我期待的動物書寫，不用以動物當主角，但可以讓讀者反思人與動物的關係。」比如李娟的書寫或是吳明益的《單車失竊記》，雖然動物在文本中的篇幅未必很多，卻因帶入各個層面的思考，與動物相關的意義就會被生產出來。

若以「人與動物的關係」來看待動物書寫這個類別，它也無須再囿於任一文類之中。宗慧與宗潔的「動物書寫」，從早期從事動保至今，（動保）運動層面的意義儘管是最大目的，但她們的經歷與「書寫」軌跡，也逐漸成為台灣談論動物時，無以繞過的有力聲音。

被問到如何在老師、動保人士與寫作者這三種角色之間做切換，宗慧很快回應：「我的起心動念都是為了運動（做動保）。」從最早報紙專欄、到後來自己的研究「轉向」，甚至是教學，皆以動保為優先考量。她提到初始在報紙投稿，是「迫不得已」，看到有動物虐待的相關新聞但大眾卻冷漠以待，才出手。「最好不需要我寫，因為要我寫就是有壞事發生。」很多不願看、不忍看的新聞，為了書寫也必須看，「心裡是相當痛苦的。有時一面寫還一面氣到發抖。而且那時候動保的觀念，比現在更低落。」

由於宗慧心心念念都是動物，外文系的她也將原本專注的性別與精神分析研究，移轉到跟動物產生連結。「我等於是跟著西方動物研究論述的腳步，很快地跟上。」她的研究也有助於教學，讓動物倫理的觀念藉此傳達給學生甚至是一般大眾。「這些東西都需要研究做為基底，但我的教學與寫作背後同樣都是有一個運動的目的。」儘管人文學者去做動物研究，這樣的「跨界」有時會被視為「踩過界」，但宗慧認為，這些批評至少顯示出自己的論述對原本既定的觀念產生了一些「動搖」，若做研究與論述沒有辦法產生更多影響，是相當可惜的事。

那麼宗潔的動物書寫呢？「最早不是想寫東西，而是要去解決眼前的問題」，她說。在那個沒有網路平台的年代，為了宣導動保理念，她跑去幫忙編輯「世界聯合保護動物協會」的油印刊物。協會人手不足，固定投稿的人來來去去也就那麼幾位，且多為一線救援的愛心媽媽，不太擅長寫作，每期她都必須多提供幾篇文章，為了避免整份刊物感覺都像編輯自己寫的，只好「一人分飾多角」，還要求姊姊們也用筆名幫忙投稿，她笑說當時常用家中貓狗的名字，「拼拼湊湊」就又是一個筆名。例如「歐東美」就是姊姊宗儀當時用過的筆名，用以紀念家中過世的狗兒歐卡、東東、小美。

宗潔補充，除了編刊物，她也曾在報紙、雜誌寫動物主題的文章。除了評論有關動物的新聞或事件，也寫過貓狗的溫馨故事，然而宗潔說：「在那個年代，寫這些稿，你不會把它當成一種寫作。」「都是為了運動。」宗慧說。

關於這本書

所有書寫都回到運動場域的兩人，被問到過去受邀為動物寫書時的反應，第一時間其實都是「我都講過了」、「不想再寫了」、「擔心重複」。宗慧說她的書寫，「都是基於運動，不是要立志成為作家，或在這個文類開疆闢土。」對於書寫，她一直處在比較「被動」的狀態，她提到第一本書《以動物為鏡》，從編輯邀稿到成書出版，前前後後大概拖了兩年，以她急驚風的個性，其實很不尋常。為何最後還是繼續寫？一部分原因是長期處在一線救援，備感痛苦，想退下來，但又覺得還是得為動物做點什麼，所以寫書是一種方式；另外也是受到錢永祥老師的鼓勵，認為她應該透過寫書去影響更多人。此外，編輯辰元鍥而不捨的等待，也讓她不能有負所託。

「我現在不那麼抗拒寫作了。」宗潔認為，現在動物研究與相關議題看似成了一門「顯學」，但許多攸關動物實際困境的問題，往往涉及各種社會結構、政策、文化等人與動物關係的複雜脈絡，有待進一步釐清。眼見「理論」的盛行與實際動物處境的落差，會覺得與其感嘆這種落差，「不如自己把話講清楚。」宗潔堅定地說。

宗慧與宗潔都是擔心「自我重複」的人。關於動物，她們也已各自出過書。這次受淑怡之邀展開對寫，對兩人而言是一次新的嘗試，因此更能燃起寫作的動力。書寫過程因著姊妹之間的某種「默契」，並未遇上太多難題，畢竟兩人的日常對話原本就總是離不開動物，聊天的訊息經常是宗慧丟一個新聞連結，或宗潔貼一則動物事件，就開始談論起來。碰面聊天也是如此，聊著聊著經常會迸發出新的觀點與想法，然後半開玩笑地懊惱剛才沒有錄音，「不然聊天的內容整理一下，就是一篇六千字的文章了。」

兩人如何看待彼此的書寫？宗慧打趣說：「就是，『剩下的，就是妳的事了。』因為我們真正動手寫之前，總是會互推，說些『這個我寫過了（或我不想寫），交給妳寫』這類的話。」當被問到寫作時，會出現類似「競爭」或將對方當作某個「對手」看待的時刻嗎？宗慧說，就「時間」來說確實好像在競爭，但其實這是因為兩人個性像同個模子出來似的，都有點「強迫症」，所以一個人完成了上篇，另一個人就會很快寫完下篇。兩人經常先向對方預告：「我最近沒空寫，寫完先不要傳給我。」怕的就是一收到稿子又忍不住回應，而結果確實也是一面說沒空，一面又火速地完稿了。淑怡立刻證實了這樣的說法：「我那時候甚至會想說，現在是在ＰＫ嗎？想說老師妳們可以慢慢來沒關係。怎麼好急喔，一個人寫完，另一個人也馬上……我是很歡迎，但氣氛會不會太緊張了點？」

書寫時怎樣「繞過」對方寫過的觀點，會不會擔心書寫的「重疊」？奇妙的是，明明兩人關心的主題、閱讀的內容都是有所重疊的，但在寫的過程卻並未遇過這樣的問題。宗慧說：「如果對方寫了自己本來也打算提到的論點，那就呼應一兩句之後，自己再開發出別的面向來寫。或是說如果看到對方從這個方向切入，就選擇從另外的方向補充。而且對話過程中有些新的想法就這樣激盪出來了。」「因為你寫一寫就會知道如何避開重複之處。所以有趣的是，在開始寫之前雖然常覺得：『哎呀這題其實之前都講過了』，但寫著寫著確實就會發現還有很多想寫，或是之前沒有提到的角度。」宗潔回答。

淑怡則補充何以發想邀兩位老師對寫。一來是因為關心動物議題的她觀察到台灣相關的作品，以翻譯書居多，她疑惑「台灣為什麼不能自己出版本土的相關論述」？因此，透過宗慧與宗潔先前的著作，知道兩位老師關注動物後，就抱著「試試看的心情」提出邀請。二來，她回憶自己大學曾是學校動物社團的成員之一，後續也曾與幾個動保團體接觸過，但覺得做法和理念與自己不太能契合，最後選擇用「自己的方式」繼續關心動物，這個提案，也可以算是實踐了自己的動物關懷。宗慧回應，這也是她願意寫書的原因之一：「很多關心動物的人，其實會很需要相關的書寫做為參考基礎，讓他們相信，自己為動物做的事確實是有意義的，或找到適合自己的、關心動物的方式。」「或是幫助他們思考，面臨質疑的時候，該怎麼整理自己的想法。」宗潔接著說。

動物閱讀的源頭

用以結束這次對談的提問，是好奇兩位老師動物閱讀的源頭。宗潔說自己小時候就「自帶」動物雷達，只要是動物主題，都會觸動她。要認真從「閱讀」說起，除了林良之外，她印象深刻的故事多數仍來自翻譯作品，「記得小時候東方出版社有一系列科普的少年讀物，像《動物與植物》、《水中動物的生活》，都畫得很可愛，但如果說到把動物知識和文學結合起來，我覺得當時這類的作品並不那麼多，印象最深是水牛出版社有一本布萊頓的《櫻桃園》，是很精彩的少年小說。」至於卡通的部分像《龍龍與忠狗》、《小浣熊》、《頑皮熊》、《小鹿斑比》，都是小時候很喜歡的故事。但只要有動物，免不了都有一些傷心的場面。宗慧呼應說自己後來愈來愈不看動物相關的書或卡通，就是因為害怕會有令自己感覺傷心的情節。若要說她的動保「啟蒙」，是迪士尼卡通《小姐與流氓》。電影裡人類有了嬰兒就忽略動物的情節，寫實地呈現了同伴動物的困境，而捕狗的情節雖讓她很傷心，卻也讓她對流浪動物的處境產生共感。《仙履奇緣》是另一部她印象深刻的卡通，當時覺得老鼠很可愛。儘管現實生活曾被真的老鼠嚇到，但對於捕鼠籠中的老鼠，還是忍不住同情，因為電影中被抓的老鼠，顯得那麼恐懼。

「那妳小時候沒有讓妳覺得受到創傷的卡通嗎？」

「《龍龍與忠狗》那種創傷嗎？」

「嗯，之類的。」

「小時候的卡通都很創傷啊。」

「小時候的創傷反而是那種，迪士尼的貓都是惡棍啊，為非作歹的情節讓我好長一段時間不喜歡貓。」

「小時候看《小英的故事》，賣掉驢子的情節一直讓我很在意。」

「是，為什麼要賣掉？」

「是，怎麼可以賣掉！」

無論是見面的閒聊，或是群組裡的文字訊息，關於動物的所有，宗慧與宗潔的對話總是「未完待續」。在她們那段相互回應彼此文章的時間裡，儘管一面驚訝於文章字數的不斷攀升，一面也在她們那些彎折、縝密又細膩的敘事與動人記憶裡，看見她們的書寫像是蝴蝶尋找蜜源，為我們探勘了她們所能知道的關於動物的一切。我想起山姆・史蒂芬森（Sam Stephenson）為了寫攝影師尤金・史密斯（Eugene Smith）的傳記，輾轉去訪問了藝術家瑪莉・法蘭克（Mary Frank）。訪問過後，有次他打給瑪莉，問她之後的創作。瑪莉先是跟他說可能是繪畫，最後卻話鋒一轉：「但這一切都只是推想——因為，誰知道呢？決定就像蝴蝶。我在鄉下的家裡研究蝴蝶。牠們的舌頭就像手錶彈簧；是線圈狀的。蝴蝶從這一朵花飛到下一朵花，為了尋找花蜜，伸出牠們的線圈，測試每一朵花。我也在尋找花蜜。」

小美，花蓮時光書店店員，雙貓的墊員。喜歡書和逛書店。

國家圖書館出版品預行編目(CIP)資料

就算牠沒有臉：在人類世思考動物倫理與生命教育的十二道難題 / 黃宗慧、黃宗潔著. -- 初版. -- 臺北市：麥田出版：家庭傳媒城邦分公司發行, 2021.10
面； 公分. -- (人文; 23)

ISBN 978-626-310-093-0 (平裝)

197.4　　110013485

人文23

就算牠沒有臉
在人類世思考動物倫理與生命教育的十二道難題

作　　者　黃宗慧、黃宗潔
責任編輯　陳淑怡

版　　權　吳玲緯
行　　銷　何維民　吳宇軒　陳欣岑　林欣平
業　　務　李再星　陳紫晴　陳美燕　葉晉源
副總編輯　林秀梅
編輯總監　劉麗真
總 經 理　陳逸瑛
發 行 人　涂玉雲

出　　版　麥田出版
104台北市民生東路二段141號5樓
電話：(886)2-2500-7696　傳真：(886)2-2500-1967
發　　行　英屬蓋曼群島商家庭傳媒股份有限公司城邦分公司
104台北市民生東路二段141號11樓
書虫客服服務專線：(886)2-2500-7718、2500-7719
24小時傳真服務：(886)2-2500-1990、2500-1991
服務時間：週一至週五09:30-12:00・13:30-17:00
郵撥帳號：19863813　戶名：書虫股份有限公司
讀者服務信箱E-mail：service@readingclub.com.tw
麥田部落格：http://ryefield.pixnet.net/blog
麥田出版Facebook：https://www.facebook.com/RyeField.Cite/

香港發行所　城邦(香港)出版集團有限公司
香港灣仔駱克道193號東超商業中心1/F
電話：852-2508 6231　傳真：852-2578 9337

馬新發行所　城邦(馬新)出版集團【Cite (M) Sdn Bhd.】
41-3, Jalan Radin Anum, Bandar Baru Sri Petaling,
57000 Kuala Lumpur, Malaysia.
電話：(603) 9056 3833　傳真：(603) 9057 6622
E-mail：services@cite.my

印　　刷　沐春行銷創意有限公司
電腦排版　宸遠彩藝有限公司
設　　計　許晉維

初版一刷　2021年10月
初版三刷　2023年1月

定價／430元
ISBN：978-626-310-093-0　　ISBN：9786263101173（EPUB）

cite城邦媒體 麥田出版
Rye Field Publications
A division of Cité Publishing Ltd.

廣 告 回 函
北區郵政管理局登記證
台北廣字第000791號
免 貼 郵 票

英屬蓋曼群島商
家庭傳媒股份有限公司城邦分公司
104 台北市民生東路二段141號5樓

▼

請沿虛線折下裝訂，謝謝！

讀者回函卡

cite城邦媒體

※為提供訂購、行銷、客戶管理或其他合於營業登記項目或章程所定業務需要之目的，家庭傳媒集團（即英屬蓋曼群島商家庭傳媒股份有限公司城邦分公司、城邦文化事業股份有限公司、書虫股份有限公司、墨刻出版股份有限公司、城邦原創股份有限公司），於本集團之營運期間及地區內，將以e-mail、傳真、電話、簡訊、郵寄或其他公告方式利用您提供之資料（資料類別：C001、C002、C003、C011等）。利用對象除本集團外，亦可能包括相關服務的協力機構。如您有依個資法第三條或其他需服務之處，得致電本公司客服中心電話請求協助。相關資料如為非必填項目，不提供亦不影響您的權益。

□ 請勾選：本人已詳閱上述注意事項，並同意麥田出版使用所填資料於限定用途。

姓名：______________________ 聯絡電話：______________________

聯絡地址：□□□□□ ______________________

電子信箱：______________________

身分證字號：______________________（此即您的讀者編號）

生日：____年____月____日 性別：□男 □女 □其他________

職業：□軍警 □公教 □學生 □傳播業 □製造業 □金融業 □資訊業 □銷售業

□其他______________________

教育程度：□碩士及以上 □大學 □專科 □高中 □國中及以下

購買方式：□書店 □郵購 □其他______________________

喜歡閱讀的種類：（可複選）

□文學 □商業 □軍事 □歷史 □旅遊 □藝術 □科學 □推理 □傳記 □生活、勵志

□教育、心理 □其他______________________

您從何處得知本書的消息？（可複選）

□書店 □報章雜誌 □網路 □廣播 □電視 □書訊 □親友 □其他________

本書優點：（可複選）

□內容符合期待 □文筆流暢 □具實用性 □版面、圖片、字體安排適當

□其他______________________

本書缺點：（可複選）

□內容不符合期待 □文筆欠佳 □內容保守 □版面、圖片、字體安排不易閱讀 □價格偏高

□其他______________________

您對我們的建議：______________________

____